YANGCHENG — JIAOYU — XILIE — JIAOCAI

人际沟通与礼仪（第3版）

RENJI GOUTONG YU LIYI

史　锋◉主　编

张　徽　汪　静　凌　云◉副主编

北京师范大学出版集团
BEIJING NORMAL UNIVERSITY PUBLISHING GROUP
北京师范大学出版社

图书在版编目(CIP)数据

人际沟通与礼仪 / 史锋主编 . —3 版 . —北京 ：北京师范大学出版社，2020. 9(2024. 1 重印)

ISBN 978-7-303-25992-2

Ⅰ. ①人… Ⅱ. ①史… Ⅲ. ①人际关系学－高等职业教育－教材 ②社交礼仪－高等职业教育－教材 Ⅳ. ①C912. 1

中国版本图书馆 CIP 数据核字(2020)第 121302 号

图书意见反馈　gaozhifk@bnupg. com　010-58805079
营销中心电话　010-58802755　58800035

RENJI GOUTONG YU LIYI
出版发行：北京师范大学出版社　www. bnup. com
北京市西城区新街口外大街 12－3 号
邮政编码：100088
印　刷：天津旭非印刷有限公司
经　销：全国新华书店
开　本：890 mm×1240 mm　1/16
印　张：14
字　数：295 千字
版　次：2020 年 9 月第 3 版
印　次：2024 年 1 月第 19 次印刷
定　价：38. 80 元

策划编辑：鲁晓双　姚贵平　　责任编辑：鲁晓双
美术编辑：焦　丽　　装帧设计：焦　丽
责任校对：康　悦　　责任印制：马　洁

前　言

沟通是人类社会存在的重要方式，是人与人之间信息交流、情感碰撞、共识合作的桥梁。正确的沟通方式、合理的沟通技巧是建立良好人际关系的重要手段。建立在人与人相互尊重基础上的有效沟通，离不开规范的礼仪。整洁的仪容、优雅的举止、得体的言行和真挚的情感，成为实现有效沟通的良好手段和媒介，其力量和价值是无可比拟的。沟通从“礼”开始。知书达礼、待人以礼是现代人不可或缺的基本素养，是一个人参与社会竞争并最终赢得成功的无形资产。

我们根据《高等职业学校专业教学标准(试行)》的精神，结合本书第一版、第二版使用反馈情况对本书进行了修订。修订后，本书以理论与实践并重、教学与训练结合为原则，每一模块理论性内容后，紧接着设置相应的实训内容，力求理论简洁明了，实训操作实用易做，实现教中学、学中做，学训结合、理实一体。

本书的编写以习近平新时代中国特色社会主义思想和党的二十大精神为指导，全面落实立德树人根本任务，按照国家教育方针和高职院校人才培养目标的要求，以人际交往所需要的沟通能力与礼仪规范为基础，着眼于学生的职业能力与素质的提高、道德修养与品格的培养。

本书体例新颖别致，书中穿插的沟通与礼仪“小看板”“小故事”“小佳话”和“小贴士”等融知识性、文化性、趣味性、实用性于一体，将课程思政和中华优秀传统文化融入教材之中，突出了教材的思想性和文化传承性，使得本书既可读，又可学；既可教，又可育。

本书编者是具有多年从事沟通与礼仪教学及实践经验的高校教师。主编史锋负责全书体系的构思、内容的确定、编写的组织和统稿；副主编凌云、汪静、张徽负责统稿和润色。史锋(安徽绿海商务职业学院)负责编写模块一(单元 2)、模块四(单元 3 和单元 4)，凌云(安徽职业技术学院)负责编写模块一(单元 1)、模块二、模块三；汪静(安徽职业技术学院)负责编写模块四(单元 1、单元 2)；张徽(安徽职业技术学院)负责编写模块五。

本书在编写过程中，广泛听取了行业企业人士的建议与意见，安徽长泰科技有限公司总经理黄仁高、安徽迪科数金科技有限公司总裁助理钱颜娇两位行业企业专家直接参与了教材的修订，提出了很好的建议。

本书的编写，参考借鉴了国内外大量沟通与礼仪著作和教材，限于篇幅，未能一一注明，在此表示诚挚的谢意。尽管编者尽心尽力，但由于水平有限，难免有不足之处，敬请各位专家、同行及读者不吝指正(发邮件至 yaoguiping@126. com)，以便我们进一步修订、完善。

编　者

目　录
CONTENTS

模块一

认识人际沟通与礼仪

学习目标

1. 了解沟通、人际沟通与礼仪的含义。
2. 理解人际沟通过程的要素，认识人际沟通的障碍。
3. 掌握人际沟通与礼仪的原则。
4. 了解沟通与礼仪的关系。
5. 懂得学习人际沟通与礼仪的重要性。

小格言

人际关系是人与人之间的沟通，是用现代方式表达出《圣经》中“欲人施于己者，必先施于人”的金科玉律。

——戴尔·卡耐基

你会沟通吗？你知道如何与人进行有效的沟通吗？人的一生就是与人沟通的一生，任何人在工作和生活中都离不开沟通。沟通不是万能的，但没有沟通是万万不能的。沟通是人生中的一种工具，是人与人之间信息交流、情感碰撞、共识合作的桥梁。沟通就像在跳交际舞，必须要相互尊重。有效沟通是建立在人与人互尊互敬的基础上的。因此，沟通是从“礼”开始的。本章将介绍人际沟通与礼仪及其原则等内容。

案例导入

墨子用人的故事[①]

耕柱是春秋战国时期一代宗师墨子的得意门生，但他老是挨墨子的责骂。

有一次，墨子又责备了耕柱，耕柱觉得自己非常委屈，因为在众多门生之中，耕柱是大家公认最优秀的，但又偏偏常遭到墨子的指责，让他面子上过不去。

一天，耕柱愤愤不平地问墨子："老师，难道在这么多学生中，我竟是如此差劲，以至于要时常遭您老人家责骂吗？"

墨子听后，毫不动肝火："假设我现在要上太行山，依你看，我应该要用良马拉车，还是用老牛来拖车？"耕柱回答："再笨的人也知道要用良马来拉车。"

墨子又问："那么为什么不用老牛呢？"耕柱回答："理由非常简单，因为良马足以担负重任，值得驱遣。"

墨子说："你答得一点也没有错，我之所以时常责骂你，也是因为你能够担负重任，值得我一再地教导与匡正你。"

感悟心语：

只有良好的沟通，才能架起理解的桥梁。正因为墨子和耕柱进行了有效的沟通，耕柱才会理解老师的良苦用心。

单元1 认识人际沟通

学习笔记

每个人自出生起，就要与他人交往，有交往就会有沟通。家庭生活中、学习工作中无不需要沟通。可以说，无论我们在做什么，或者想做什么，要想获得成功，必须学会与人沟通。美国石油大王洛克菲勒说："假如人际沟通能力也是同糖或咖啡一样的商品的话，我愿意付出比太阳底下任何东西都珍贵的价格购买这种能力。"

一、什么是人际沟通

（一）沟　通

很多人会认为沟通是件很容易的事，"我们不是每天都在沟通吗？""我告诉他了，所以我已经跟他沟通了。"其实沟通并不能单纯用这些事实来说明。沟通不是一个永远有效的过程，只有清楚认识沟通的含义，才能体察出我们在沟通能力方面存在的缺陷，从而能进行有效的沟通。

沟通是信息、思想与感情凭借一定符号载体，在个人或群体之间进行传递并获取理解的过程。

① 徐剑．墨子用人的故事[J]．理财杂志，2009(10)：30。

沟通是双向性的，一定是两个及以上个体或群体之间的传递过程才是完整的沟通，否则只能是一个人的自言自语或内在的思考反省过程。而要达到良好的沟通目的，必须全面了解沟通所传递的内容，即信息、思想及情感。这些内容不但要被传递，还要被充分理解。

沟通·小故事

秀才买柴①

一个秀才去买柴，他对卖柴的人说："荷薪者过来。"卖柴的人听不懂"荷薪者"(担柴的人)三个字，但他听懂了"过来"两个字，于是把柴担到秀才面前。秀才问他："其价如何?"卖柴人听不太懂这句话，但他听懂了"价"这个字，于是就告诉秀才价钱。秀才接着说："外实而内虚，烟多而焰少，请损之!"意思是说，木材的外表是干的，里面是湿的，燃烧时烟多火焰少，请减些价钱吧！这回卖柴人根本听不懂秀才说了什么，于是担着柴就走了。

点评：

沟通是人们分享信息、思想和情感的过程，信息、思想与情感只有被接受，沟通才富有成效。自己懂，而别人不懂，是许多人在沟通中存在的问题。

(二)人际沟通

人际沟通是指人与人之间的信息、思想与情感的相互传递的过程。如饭后与父母的闲聊、与好友牵的电话聊天、与辅导员谈心等都是人际沟通。

人际沟通可谓无处不在。在家庭中，有父母子女、兄弟姐妹、夫妻之间的沟通；出了家门，会有邻里之间的沟通；进入学校，便会有师生、同学之间的沟通；步入社会，则有同事、朋友及上下级之间的人际沟通。因此，沟通已渗透到我们社会生活的方方面面，而懂得沟通、勤于沟通的人则更容易成功。

(三)人际沟通的要素

沟通是人类所从事活动当中最复杂的一种。一个完整的人际沟通过程包括发送者、编码、信息、渠道(媒介)、解码、接收者、反馈、背景、噪声等要素。

如果你正在溺水并大呼"救命"，那么你就是一个信息的"发送者"，你所发出的信息是"救命"，而你所使用的发送编码就是你的语言，你所用的渠道是喊叫，背景和环境则是正要吞噬你的波涛，噪声就是波涛声。如果你的信息没有接收者，那么你的沟通就失败了，你将会被淹死。

美国哈佛大学调查结果显示：在500名被解职的员工中，因人际沟通不良而导致工作不称职者占82%。

美国普林斯顿大学对一万份人事档案进行了分析，结果是：智慧、专业技术、经验只占成功因素的25%，其余75%取决于良好的人际沟通。

① 金丽、李天田．沟通有结果[M]．北京：北京大学出版社，2012：92.

1. 发送者

发送者是指发送信息的主体，是信息源与沟通发起者，是沟通的起点，是沟通过程的主要要素之一。发送者可以是个人、群体、组织、国家等。发送者的主要任务是收集、加工及传播信息。

2. 接收者

接收者是信息传递到达的客体、信息受众。信息为接收者所接收，这是沟通的根本目的。如果没有接收者，沟通也不能实现。接收者的主要任务是接收发送者的信息、思想和情感，并及时地把自己的信息、思想和情感反馈给对方。

由于人与人之间的信息交流是一种双向的互动过程，所以，发送者与接收者只是相对而言，这两种身份可以发生转换。

沟通·小看板

双向沟通与单向沟通[①]

假设甲和乙是进行人际沟通的双方，当甲发出一个信息给乙时，甲就是沟通的主体，乙则是沟通的客体；乙收到甲发来的信息后也会发出一个信息(反馈信息)给甲，此时乙就变成了沟通的主体，甲就变成了沟通的客体。由此可见，在人际沟通过程中，沟通的双方互为沟通的主体和客体。但有时，乙收到甲的信息后，并不发出反馈信息。那些有反馈信息的人际沟通，常被人们称为双向沟通，如两个人之间进行对话；如果只有一方发出信息，而另一方没有反馈信息的人际沟通，则被称为单向沟通，如电视台播音员和观众之间的沟通。

学习笔记

3. 编码

编码是发送者将信息转化为可传输符号的过程。这些符号或信号可以是文字、数字、图像、声音或身体语言等。

4. 解码

解码是接收者对所获取的信息进行理解的过程。如果解码错误，信息将被误解或曲解。沟通的目的就是希望接收者对发送者所发出的信息做出真实的反应及采取正确的行动，如果达不到这个目的，就说明沟通失效，产生了沟通障碍。

5. 信息

信息是沟通传递的内容，包括中性的信息、理性的思想与感性的情感，是沟通活动能得以进行的最基本因素，具有丰富的内涵。当我们说话的时候，说出的话就是信息；当我们写报告的时候，写的内容就是信息；当我们做手势的时候，手的动作就是信息。

① 李亚民．组织行为学[M]. 北京：科瀚伟业教育科学技术有限公司，2017：121.

6. 渠道

渠道是媒介、信息传递的载体。信息的传递通常可以借助于语言或非语言符号。语言符号有口头和书面两种形式，口头语言可以通过面谈、会议、电话、演讲等多种渠道进行传递。书面语言可以通过书信、文件、报刊、电子邮件等渠道进行传递。而非语言符号则可以通过人的眼神、表情、动作、服饰仪表、空间距离等多种形式进行传递。渠道的主要任务是保证沟通双方信息传递所经过路线的畅通。

学习笔记

7. 反馈

反馈是接收者将收到并理解的信息传达给发送者的过程。反馈可以是有意的，也可以是无意的。如课堂教学中，学生可以用"喝倒彩"的方式有意反馈出他们对教师讲授内容及所采取的教学方式的不满，也可以在课堂上显得疲惫、精神不集中，这种无意间神情与动作的流露，反馈出他们对教师讲授内容及所采取的教学方式不感兴趣。在有效沟通中，反馈是必不可少和至关重要的。只有通过反馈，沟通双方才能真正把握沟通的有效性。

8. 背景

背景，即沟通环境，沟通总是在一定的背景中进行的，同样的一次沟通在不同的背景下所产生的效果是不一样的。沟通发生的环境直接影响到沟通的效果。例如，在一个支持性小组中，圆形的座位排列方式能让小组成员之间交流更顺利；在心理咨询室中，环境的布置也能直接影响来访者的心情等。一般认为，对沟通过程产生影响的有心理背景、社会背景、文化背景、物理（时空）背景等因素。

沟通·小看板

主要背景因素[①]

1. 心理背景

心理背景是指沟通双方的情绪和态度。它包括两个方面：一是沟通者的心情、情绪。沟通者处于平静、稳定状态与处于悲伤、焦虑状态下，沟通者的沟通意图和行为是截然不同的，后一种状态下沟通者的沟通意图不强烈，思维也处于抑制或混乱状态，编码和解码过程受到干扰。二是沟通双方的关系。如果双方对立或关系冷漠，心里有成见，沟通过程就会出现偏差，不能准确地理解对方的意思。

2. 社会背景

社会背景是指沟通双方的社会角色关系，不同的社会角色具有不同的沟通模式。有时，社会角

① 杜慕群．管理沟通[M]．北京：清华大学出版社，2009：8.

色也会成为沟通的障碍。比如，有些下级往往对上级唯命是从，不敢进言等。为了进行有效沟通，在沟通时必须选择适合自己与对方的沟通方法与模式。

3. 文化背景

文化背景是人们在一定的社会文化传统中所形成的价值取向、思维模式和心理结构的总和。文化已经转化为人们精神的核心部分，是人们行动、思考的内在依据，它实际上影响着每个人的沟通过程，影响着每个沟通环节。当不同文化发生碰撞、交融时，人们就会发现这种影响。如东西方文化背景的不同，会给他们的沟通造成或大或小的干扰和难度。

4. 物理背景

物理背景包括空间背景和时间背景，是指沟通发生的场所及时间。不同的物理背景往往造成不同的沟通气氛和沟通效果。因此，选择适合的场所和恰当的时机进行沟通是非常重要的。

沟通·小故事

船长的智慧①

有一艘在大海中航行的船遇到事故，即将要沉船了，很多人上了救生船。但船上还有五名不同国家的人拒绝上救生船离开。船长对美国人说：“您的船票中包含了保险费，因为目前出现危险，您将得到巨额保险理赔。”对中国人说：“您年迈的父母还在家乡等您，您快上救生船吧！”对德国人说：“我以船长的身份命令你，马上撤离到救生船上！”对法国人说：“难道您不想去品尝当地的美食吗?”对伊拉克人说：“到救生船上去是真主安拉的旨意。”然后这五位乘客都上了救生船。

点评：

这位船长的高明之处是他具有很高的跨文化认知度，抓住对方文化中最主要的价值观，他了解美国人看重个人利益，中国人看重孝道，德国人看重执行命令，法国人看重生活享受，伊拉克人看重宗教信仰。因此他能成功地说服乘客上救生船。

学习笔记

9. 噪声

噪声即沟通过程中各种各样的干扰因素，它存在于沟通过程的各个环节，并可能造成信息编码和解码中的不确定性，导致信息传递和接收时的模糊与失真，进而影响沟通的有效性(见图 1-1)。噪声可能来自周围环境，也可能是渠道本身的问题，还可能是发送者或接收者的心理因素所致。例如，和朋友推心置腹地谈心时，周围突然有人大声喊叫；上课时，教室过分闷热，同学们难以集中精力学习；电话中杂音及“蜂音”；收音机的失真等。

① 丁传奉，陈时禄．管理基础与实践[M]. 北京：北京理工大学出版社，2019：174.

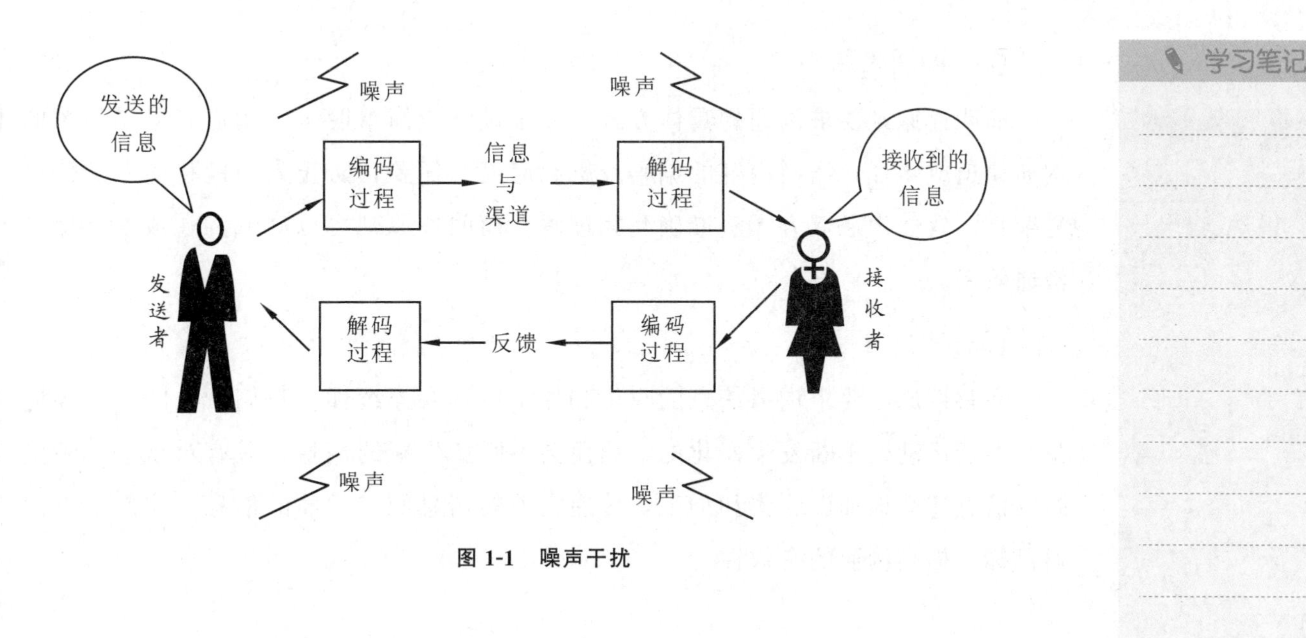

图 1-1　噪声干扰

学习笔记

沟通·小看板

避雷针效应

在高大建筑物顶端安装一个金属棒，将其用金属线与埋在地下的一块金属板连接起来，利用金属棒的尖端放电，使云层所带的电和地上的电逐渐中和，从而保护建筑物避免雷击。雷电因疏导而通，建筑物避免了雷击；人因疏导而通，避免了相互间的不协调。疏导就是沟通。

二、人际沟通的原则

人们在社会生活中进行人际交往与沟通时，不仅要有良好的、正当的动机，遵循普遍的社会道德规范，而且还需要遵守一定的规则，即准确、清晰、简明、完整、及时、有建设性和礼貌等原则。

(一)准确性原则

有效沟通的前提是必须有真实、准确的沟通内容。如果内容不准确、不真实，沟通就会因此失去其价值和意义。为了保证沟通的准确性，要求在信息收集过程中注意选择可靠的信息来源；在信息加工过程中采用科学的方法，尽可能排除人为因素对信息内容的客观性进行干扰。

小贴士

马克·吐温说："恰当地用字极具威力，每当我们用对了字眼……我们的精神和肉体都会有很大的转变，就在电光石火之间。"

(二)清晰性原则

清晰性原则要求必须将沟通的各项事宜，如渠道的结构，沟通的时间要求、地点要求、内容要求、频率要求等，进行明确、清晰的告知，尽量避免含混不清。其目的在于使沟通人员准确理解沟通要求，明白他们在沟通中所担当的角色，从而最大限度地排除沟通人员对沟通要求的误解，保证沟通能够顺畅高效地进行，以达到沟通的预期目标。

学习笔记

(三)简明性原则

简明性原则要求沟通的具体方式、方法设计应简单明了，沟通应采用最短的沟通渠道或路径，沟通内容的编码及解码应简明扼要，防止人为地将简单的信息复杂化，致使沟通双方无法准确互相理解。简明性原则可以降低沟通成本，提高沟通效率。

(四)完整性原则

完整性原则要求沟通信息的收集和加工应具有连续性。我们所处的沟通环境是在不断运动、不断发生变化的，因而会不断产生新的信息。只有对这些不断更新的信息连续地加以收集和加工，传递完整的信息而非片面的信息，才能实现沟通目标，提高沟通的有效性。

沟通·小故事

答　案①

宾夕法尼亚大学法律系教授艾德恩·凯迪博士，教书已教了20年，每学期他在上第一堂课时，总是在黑板上写下两个数字：4和2。

然后，他问学生："结果是多少？"

许多学生都争相作答。

有的说："6。"他摇头。

有的说："2。"他摇头。

最后有人得意地说："我知道了，那是8。"他仍没点头。

学生一阵纳闷后，凯迪博士才说："你们根本还没问这是个什么题目，是加法、减法、乘法或除法，你们不了解问题，又怎么能说出正确的答案呢？"

点评：

生活中，我们亦是如此，在信息还没有收集完全、问题还没弄清楚之前，就急忙下结论，做出似是而非的判断，如此怎能得到最正确无误的答案呢？又怎能实现有效的沟通呢？

(五)及时性原则

坚持沟通及时性原则，就是要求在信息传递和交流过程中一定要注意信息的时效性，要注意传递信息产生与发生作用的时间范围及条件，整个沟通的过程必须在信息的有效期内完成，否则就会失去沟通的意义。新闻报道就是典型的例子。只有及时沟通，才能有效利用机会，问题、矛盾才能得以及时解决；只有及时沟通，才能使信息不因时间问题而失真。

① 张健．智文星空[M]．北京：朝华出版社，2005：222.

(六)有建设性原则

沟通的目的是促进沟通双方的信息传播、态度和观念的转变、思想情感的交流。因此，沟通中不仅要考虑所传递的信息是否清晰、简明、准确、完整、及时，还应该考虑沟通内容、渠道、方式等是否具有明确的针对性，也即是否有建设性。不同的沟通目的，应该用不同的沟通渠道和方式，只有这样才能更有效地达到沟通目的。

(七)礼貌性原则

得体的语言、姿态和表情能够在沟通中给对方留下良好的第一印象，有利于沟通目的的实现；相反，粗俗的语言和举止会使沟通无法进行下去，更不要说达到沟通目的了。生活中如果多学几句礼貌用语，那么在沟通中所表达的话语不仅能使对方容易接受，让人感受到你很懂礼貌，还会让沟通富有伸缩性。

沟通·小佳话

孔子尊师①

公元前521年春，孔子得知他的学生宫敬叔奉鲁国国君之命，要前往周朝京都洛阳去朝拜天子，觉得这是个向周朝守藏史老子请教“礼制”学识的好机会，于是征得鲁昭公的同意后，与宫敬叔同行。

到达京都的第二天，孔子便徒步前往守藏史府去拜望老子。正在书写《道德经》的老子听说誉满天下的孔丘前来求教，赶忙放下手中刀笔，整顿衣冠出迎。孔子见大门里出来一位年逾古稀、精神矍铄的老人，料想便是老子，急趋向前，恭恭敬敬地向老子行了弟子礼。进入大厅后，孔子再拜后才坐下来。老子问孔子为何事而来，孔子离座回答：“我学识浅薄，对古代的‘礼制’一无所知，特地向老师请教。”老子见孔子这样诚恳，便详细地抒发了自己的见解。

纵观《论语》，其中所体现的孔子与弟子的沟通原则有平等、尊重原则和谨言慎行原则。平等、尊重原则，是沟通的基本原则，与人沟通时要秉持平等、尊重，沟通才能进行。

三、人际沟通的障碍

所谓人际沟通的障碍，是指信息在传递和交换过程中，由于信息意图受到干扰或误解，而导致沟通失真的现象。在人际沟通的过程中，常常会受到各种因素的影响和干扰，使沟通受到阻碍。沟通障碍是普遍存在的，它可以发生在沟通过程中的任何一个环节。在生活和工作中，很多矛盾、误会及冲突都源于沟通障碍。

(一)语言障碍

语言是人类最重要的沟通工具，也是最基本的信息载体。由于语言的复杂性

① 郑明璋．为政智慧[M]．杭州：浙江人民出版社，2017：101.

和差异性，造成了沟通中的语言不通、词义不明、措辞不当、隔阂误会等语言障碍。这些障碍不仅存在于跨文化沟通中，也存在于我们的实际生活中。我国作为幅员辽阔统一的多民族国家，各民族间不同的语言或者同一民族中不同的方言也是影响沟通的一大障碍。尽管人们可以通过手势或其他动作等来传递信息，但其沟通效果也会大为削弱。

（二）文化障碍

人际沟通在某种程度上是一种文化现象。在信息沟通过程中，双方的文化差异，往往会影响传播的效果。由于文化水平、文化传统、民族习俗、伦理道德等的不同，造成行为习惯、思维方式、价值观念、礼貌礼节等方面的差异，使人们对同一信息内容产生不同的主观感受，进而形成沟通障碍。如中国人崇尚谦虚，在应对别人称赞时，总是习惯性地说“哪里，哪里，过奖了”，这在崇尚个人奋斗的西方人看来，不仅否定了你自己，也否定了称赞者的鉴赏力。

沟通·小故事

世界需要沟通[①]

一天，一对丹麦夫妇沃德洛和索伦森在纽约一家餐馆用餐时，将 14 个月大的女儿放在婴儿车里，让她在餐馆门外睡觉。他们一边用餐，一边透过玻璃窗照看熟睡着的婴儿。过路行人看到这个孩子“无人照管”，便打电话报了警。沃德洛夫妇与闻讯而来的警察发生争执，随后以虐待儿童及妨碍公务被拘留 4 天，他们的女儿也被纽约儿童收容所工作人员领走。

此事一经曝光，丹麦舆论大哗。许多丹麦人认为，美国人简直疯了。把孩子放在餐馆外的推车里，而自己进去用餐在丹麦是司空见惯的事，因为餐馆里往往空气污浊，噪声很大，父母们宁愿让孩子待在户外呼吸新鲜空气。然而，纽约儿童收容所所长认为，让孩子单独留在外面太危险了。按照美国法律，这是违法的。

……

点评：

丹麦人与美国人相互指责的原因是对对方国情及法制认识的不足。此事告诉我们，不要一味地拿自己的标准去衡量、指责及要求别人，而应从他国、他人的观念习俗，去思考、理解、处理问题，如此，世界上的麻烦会比现在少得多。

（三）个性障碍

个性障碍主要是由于人们不同的个性倾向和个性心理特征所造成的沟通障碍。人们的气质、性格、能力、兴趣等不同，会造成对同一信息的理解不同，从而使沟通不畅。个性的缺陷，也会对沟通产生不良影响。一个虚伪、卑劣、欺骗

① 罗芬芬．心理学调整你的心态[M]．吉林：吉林出版集团股份有限公司，2019：43.

成性的人所传递的信息，往往难以为人所接受。

(四)心理障碍

现实的沟通活动常常受人们的认知、情绪、态度等心理因素的影响，这些心理因素也是沟通的障碍。

认知偏误。很多人带有偏见，这些偏见久而久之就形成了沟通的障碍，如人们往往认为在理性思维方面男士优于女士等。

情绪波动。情绪障碍对信息的传递影响很大。当人们在情绪非常低沉或非常高兴时，往往会变得非常不理智，这时做出的决定或进行的有关沟通容易主观化。

态度变化。一般认为，态度是沟通的基础，良好的态度是有效沟通的开端。如果交往双方持不同的态度，积极的、消极的，科学的、非科学的，那么沟通就形成障碍。

沟通·小看板

有趣的试验①

美国心理学家凯利以麻省理工学院两个班级的学生分别做了一个试验。上课之前，试验者向学生宣布，临时请一位研究生来代课。接着告知学生有关这位研究生的一些情况。向其中一个班的学生介绍这位研究生具有热情、勤奋、务实、果断等品质；向另一个班的学生介绍的信息除了将“热情”换成了“冷漠”之外，其余各项都相同。两种介绍的结果是：下课之后，前一班的学生与研究生一见如故，亲密攀谈；另一个班的学生对他却敬而远之，冷淡回避。

介绍中的一词之别，竟会影响到代课者整体的印象。学生们戴着有色眼镜去观察代课者，而这位研究生就被罩上了不同色彩的晕轮。

(五)角色地位障碍

我们每个人在生活中都扮演着多种角色。在沟通中如果角色定位错误，或者没有意识到双方角色的差异，都会对沟通造成不好的影响。

在现实社会中，由于年龄、职业、社会地位等的差异，不同的人常常具有不同的思想意识、价值观念和道德标准，从而造成沟通困难。诸如职业的不同造成沟通的鸿沟——“隔行如隔山”的“行沟”，年龄的差距造成沟通的障碍——“代沟”等。

(六)环境障碍

沟通环境会在很大程度上影响沟通效果。光线昏暗、声音嘈杂、空气污浊、

① 华生．莫非定律[M]．北京：中国致公出版社，2017：59.

位置偏僻等都会分散人们的注意力，影响沟通的效果。这些环境因素一是干扰信息传递过程，消减、歪曲信息；二是影响沟通双方的心境，在不同的场合下，人们的心理压力、情绪及沟通氛围都有很大的不同，这些都会造成沟通障碍。

学习笔记

总之，在沟通中，人们经常会受到各种障碍的困扰。为了达到有效沟通的目的，人们必须在思想上引起足够的重视，尽量避免产生沟通障碍。一旦遇到了各种障碍，就要依据具体情况，运用沟通技巧沉着应对。

四、我们为什么要学习人际沟通

当今社会，沟通能力已经成为衡量一个人人际关系的重要指标，并在人际交往过程中起着至关重要的作用。在学习、工作、事业发展方面，我们需要别人的支持、合作才能成功，这就要靠你与老师、同学、上司、老板、客户等的沟通能力了。生活更是如此，从交朋友到谈恋爱，再到婚后的家庭生活，以及后来的亲子关系，无不需要沟通。一个人要想在激烈的竞争中胜出，不仅需要较高的学识，更需要拥有很强的沟通能力。

（一）人际沟通是人们生存和发展的必要条件

小贴士

戴尔·卡耐基说：“一个人事业的成功，只有15%是靠他的专业技术，另外的85%则要靠人际关系和处事技巧。”

社会性是人的本质属性，这就决定了每个人都必须参加社会的经济、政治、文化、教育等活动，而这些活动都依赖于人际沟通。对人类而言，沟通是一种自然而然的、必需的、无所不在的活动。而随着社会的日益开放，人际交往的日益频繁，人际沟通成为社会生活的基本内容之一。对于青年人来说，培养良好的人际沟通能力，不仅是学校生活的需要，更是将来适应社会的需要。一个没有交际能力与沟通能力的人，就像陆地上的船，永远无法驶向辽阔的大海。

沟通·小故事

“排球”朋友①

电影《荒岛余生》中的男主人公被困在孤岛上，因为孤独，把一个排球作为最好的朋友和精神寄托。当他的排球朋友Wilson消失在大海中时，他奋力去救但没有办法救回来，他大喊着：“I'm sorry!”这情景感动得让人落泪。

点评：

我们离不开他人，更离不开沟通。

（二）人际沟通是人们维护身心健康的必然要求

在人际沟通中，人们进行情感交流、诉说内心的喜怒哀乐，宣泄积郁，排解忧愁，从而得到他人的理解、支持和帮助，这无疑使人际沟通成为人们维护身心

① 阮喜珍．礼仪与沟通[M]．武汉：武汉大学出版社，2015：14.

学习笔记

健康的重要手段。青年人正处于一种渴求交往、渴望理解的心理发展时期，有效的人际沟通，是他们建立良好的人际关系、保持心理健康发展的必然要求。

沟通·小看板

“交往剥夺”实验①

实验者让被试者一个人待在一个房间里。这个房间没有窗户，只有一盏油灯、一张床、一把椅子、一张桌子和洗漱设备，没有钟表、电话、收音机、电视、书报、笔、纸。传送带按时给被试者送饭，但看不见一个人。结果，在短时间内被试者还可以睡觉、思考问题，但是几天后便出现恐惧、焦虑等症状。接着几天这种症状消失，出现一段平静的适应期。再以后，这种孤独和隔离不仅破坏了被试者应付日常交往的能力，而且使他感觉到精神崩溃，出现变态心理。

(三)人际沟通是肯定自我和完善自我的客观需要

人们对自己的认识并不完全是主观自生的产物，更多的是在人际沟通中，通过感受、反省、比较他人对自己的认识和评价逐渐形成、发展的。通过人际沟通，人们能够明确他人对自己的态度和评价，从中可以肯定自我、正确地认识自我，找出自身的长处与不足，从而做到扬长避短，使自身的素质不断提高。

(四)人际沟通是人际关系协调和改善的重要因素

我们每个人都生活在一定的社会群体之中，人际关系是个人和社会交往的一个纽带。人际关系并不是凭空建立起来的，沟通在其中起到了非常重要的作用。人际关系建立以后，如果缺乏正常的沟通，就会使关系停滞或流于形式，甚至会恶化、中断。相反，通过有效的沟通，互相交流思想情感，人际关系就会得到协调和改善，并朝着健康、亲密的方向发展。

(五)人际沟通是丰富人生和成功事业的重要保证

在现代社会中，人际沟通与人们生活的各个层面息息相关，成为人们成长、生活、学习和人际关系发展中不可或缺的重要因素。人际沟通有益于个人身心的健康、人格的健全和完善，有益于建立友谊、融洽关系，有益于人际关系的协调、冲突的解决。

有效的人际沟通让我们高效率地把一件事情办好，让我们享受更丰富美好的生活。善于沟通的人懂得如何维持和改善相互关系，更好地展示自我需要、发现他人需要，最终赢得更好的人际关系和成功的事业。

总之，如果没有沟通，人们就会缺少一条通往成功的途径，缺少一份关爱，缺少一种天长地久的友谊。

---

① 沈杰．沟通无处不在[M]．北京：新世界出版社，2009：5.

然而，有效的人际沟通离不开良好的礼仪。干净的仪容、优雅的举止、得体的言行、真挚的情感和规范的礼仪，成为人与人之间沟通的桥梁，其力量和价值是无可比拟的。

单元2 礼 仪

在现代社会中，礼仪修养已日益成为一个人和一个社会文明程度的标志。礼仪是沟通的技巧，是敬人之道。随着人际沟通得越来越频繁，人们越来越注重沟通中的礼仪运用。可以说，沟通是从“礼”开始的。

一、 什么是礼仪

(一)礼仪的含义

老家规

在我国，“礼之起于祀神”。《说文解字》释：“礼，履也，所以事神致福也。”进入文明社会后，礼仪活动由原来的敬神活动发展为人与人互相尊重、互相表达敬意的活动。

简单地说，礼，即礼节、礼貌；仪，即仪容、仪表、仪态、仪式等。礼仪，就是指人们在社会交往活动中约定俗成的律己、敬人的行为规范、准则和程序，具体表现为礼貌、礼节、仪表、仪式等。

(二)礼貌与礼节

> 小贴士
>
> 如果您失去了今天，您不算失败，因为明天会再来。
>
> 如果您失去了金钱，您不算失败，因为人生的价值不在钱袋。
>
> 如果您失去了文明，那您就是彻彻底底的失败，因为您已经失去了做人的真谛。

礼貌是指人们在相互交往过程中表示敬重、友好的行为规范。它是人的言语动作、仪表仪态的表现，属于行为方面的修养，侧重于体现一个人内在的气质和素养。如仪表的适度修饰、待人接物的彬彬有礼、言谈举止的谦虚恭敬等。孟德斯鸠曾说过：“礼貌使有礼貌的人喜悦，也使那些受人以礼貌相待的人们喜悦。”(《论法的精神》)

礼貌分为礼貌语言和礼貌行为两部分。礼貌语言是一种有声的行动，如一声“您好”、一句“祝您旅途愉快”等；礼貌行为是一种无声的语言，如一个微笑、一个鞠躬等。这些都是礼貌的具体体现。

礼节是人们在日常生活，特别是在交际场合，相互表示尊敬、祝颂、致意、问候、慰问、哀悼等惯用形式。它是待人接物的行为准则，是礼貌在语言、行为、仪态等方面的具体表现。如相见时的问候、拥抱，待客时的端茶倒水，生日时的卡片祝贺等。

礼节与礼貌的关系是：没有礼节，就无所谓礼貌；有了礼貌，必然伴随有具体的礼节。

(三)礼仪与沟通

沟通是人类社会存在的重要方式，有效沟通必须借助于规范的礼仪作为手段和桥梁。礼仪中有沟通，沟通中有礼仪。

沟通是为了一定的目的，进行信息、思想与情感相互交流，最后达成共识的过程。有效的沟通，离不开礼仪的具体操作。沟通从“礼”开始。礼仪是沟通中不可缺少的“润滑剂”，礼仪是实现有效沟通的良好手段和媒介。

礼仪是人与人交往中的行为规范和准则。有交往，有沟通，便会有礼仪这一社会规范。沟通的需要使礼仪的产生成为必然，并且良好的礼仪要通过沟通的有效性来体现。

学习笔记

二、礼仪的原则

礼仪的原则是指人们在社会交往中处理人际关系的基本法则与标准。它对礼仪行为具有规范作用，要求人们去遵守、去照办。

(一)尊重原则

“治礼敬为大”“守礼莫若敬”，这是中国古训，也说明礼仪的核心是尊重。

尊重，包括自尊和尊重他人。自尊是赢得他人尊重的前提，尊重他人则是礼仪的基本要求，是一个有教养的人必备的基本素质。在人际交往中，要常存敬人之心，处处不可失敬于人。尊敬和友善，是处理人际关系的一项重要原则。人与人之间只有彼此尊重才能保持和谐愉快的人际关系。尊重他人有助于成功，有助于我们构建和谐社会。

礼仪·小看板

尊重是什么①

礼仪最重要的要求是尊重；尊重，是礼仪的灵魂与根本。尊重上级是一种天职，尊重同事是一种本分，尊重下级是一种美德，尊重客人是一种常识，尊重对手是一种风度，尊重所有人是一种教养。

尊重，不仅是一种美德、一种个人修养，更是一种责任和本分。

礼仪·小故事

山谷的回应②

有这样一个有趣的故事：一个小孩儿缺少礼貌意识，不懂得见到大人要主动问好、对同伴要友好团结。聪明的妈妈为了纠正他这个缺点，把他领到一个山谷中，对着周围的群山喊：“您好，您好。”山谷回应：“您好，您好。”妈妈又领着小孩儿喊：“我爱您，我爱您。”不用说，山谷也回应道：“我爱您，我爱您。”小孩儿惊奇地问妈妈这是为什么，妈妈告诉他：“朝天空吐唾沫的人，唾沫也会落在他的脸上；尊敬别人的人，别人也会尊敬他。因此，不管是时常见面，还是远隔千里，都要处处尊敬别人。”小孩儿似乎也明白了这个“大道理”。

① 刘幸福．素养抛引[M]．北京：中国财富出版社，2019：81．

② 谢湘萍．如何建立好人缘[M]．北京：中国友谊出版社，2018：62．

点评：

礼仪是双重的。爱人者，人恒爱之；敬人者，人恒敬之。你处处尊重别人，得到的回报就是别人处处尊重你，尊重别人其实就是尊重自己。

（二）真诚原则

学习笔记

苏格拉底说："不要靠馈赠来获得一个朋友，您需贡献您诚挚的爱，学习怎样用正当的方法来赢得一个人的心。"可见人与人交往时，真诚是首要原则。

诚于中，形于外。心中有"礼"，言行才能有"礼"。真诚是一个有教养的人最宝贵的品格，也是礼仪最基本的特性和最基本的要求。真正的礼仪是发自内心对人真诚的尊重、关心和爱护，并用自然得体的言行表达出来的行为。任何虚伪的、做作的、表里不一的，甚至是笑里藏刀的行径都是对礼仪的曲解和玷污。

（三）宽容原则

古人云："有容德乃大。"宽容是一种美德，是一个人良好品德的外显。在人际交往过程中，由于个人经历、文化、修养等因素而产生的差异不可能消除，这就需要求同存异、相互包容。宽容的原则要求人们在交际活动中运用礼仪时，既要严于律己，更要宽以待人。豁达大度、有气量，不计较、不追究，体谅他人、理解他人、善解人意，有容人之雅量。

礼仪·小佳话

六尺巷的故事①

清朝大学士张英桐城相府与姓吴的邻居之间有一空地，吴家修房砌墙越过了中界，张的家人写信报告，本来想请在朝廷做大官的张英出来制止。谁知，张英批诗一首寄归："一纸书来只为墙，让他三尺又何妨。万里长城今犹在，不见当年秦始皇。"家人得书，深感愧疚，立让三尺；吴家被张家之举所感动，也退让了三尺。"六尺巷"由此得名，两家的礼让之举成为一段千古佳话。

礼让宽容，是中华民族的传统美德，是受推崇的人格境界。礼让宽容，让出了君子和整个中华民族的气度。

（四）平等原则

以礼相待是礼仪的核心内容。平等原则是指尊重交往对象，对任何交往对象都必须一视同仁，给予同等程度的礼遇。不允许因为交往对象彼此之间在年龄、性别、种族、国籍、文化、职业、身份、地位、财富，以及与自己的关系亲疏远近等方面有所不同，就厚此薄彼、区别对待。人际交往中"投之以桃、报

① 郭瑞民．古往今来话中国　中国的礼仪文化[M]．芜湖：安徽师范大学出版社，2012：175.

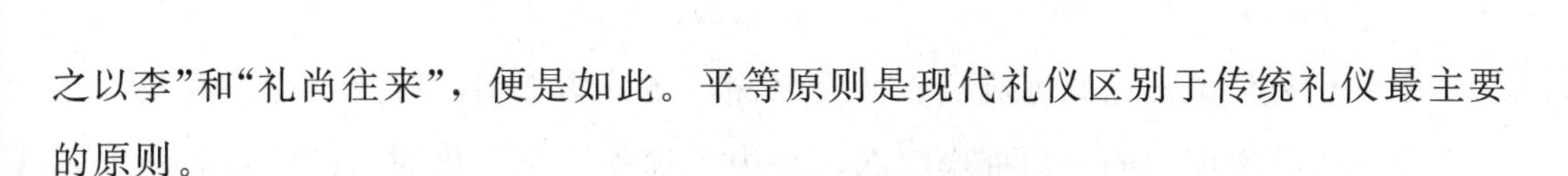

之以李”和“礼尚往来”，便是如此。平等原则是现代礼仪区别于传统礼仪最主要的原则。

（五）自律原则

礼仪不同于“重在他律”的法律，而主要在于自律。自律是礼仪的基础和出发点，是施行礼仪的基本保障。自律原则要求人们在社会交往过程中要自我要求、自我约束、自我对照、自我反省、自我检查，古训中“非礼勿视、非礼勿听、非礼勿言、非礼勿动”，实际上就是礼仪自律的具体要求。

（六）适度原则

礼仪是一种程序规定，而程序自身就是一种“度”。礼仪无论是表示尊敬还是热情都有一个“度”的问题，没有“度”，施礼就可能进入误区。

适度原则要求运用礼仪时要因人、因事、因时、因地而恰当处理，要注意技巧，把握分寸，认真得体。凡事当止即止。做得过了头，或者不到位，都不能正确表达自己的敬人之意。古语云：“礼过盛者，情必疏。”如握手时，毫不用力是失礼，用力过大同样是失礼。

（七）从俗原则

从俗就是指交往各方都应尊重相互之间的风俗、习惯，了解并尊重各自的禁忌。由于国情、民族、宗教信仰、文化背景的不同，在人际交往过程中，存在着“十里不同风，百里不同俗”的现象。为此，在交往中必须要做到入乡随俗，尊重他人特有的风俗习惯，与绝大多数人的习惯保持一致，切勿目中无人、自以为是、我行我素，或少见多怪、妄加非议。

小贴士

英国哲学家培根说：“礼貌举止好比人的穿衣，既不可太宽，也不可太紧。”

三、习礼、知礼、守礼、行礼

礼仪·小佳话

周总理的外交风度①

我国近现代历史上有许多伟大人物，在礼仪修养上堪称楷模。如周恩来总理在外事活动中就十分注重礼节。在他病重时，因为脚过度肿胀而穿不上原来的鞋，只有穿拖鞋走路。工作人员心疼周总理，让他穿着拖鞋参加外事活动，认为外宾是能够理解的，但周总理不同意，他说：“这不行，要讲个礼貌嘛！”于是，他请工作人员为他特制了一双鞋，留着接见外宾时穿。

周总理在外事活动中注重礼节，展示了中华民族的品格和形象，受到外宾的盛赞，也成为后人的楷模。

礼仪是吸引他人的名片

① 郭淑锋．职业沟通能力训练[M]．济南：山东人民出版社，2014：53.

学习笔记

中华优秀传统文化源远流长、博大精深，是中华文明的智慧结晶。礼仪，是中华传统美德宝库中的一颗璀璨明珠，是中华优秀传统文化的精髓。身居礼仪之邦，应为礼仪之民。知书达礼，待人以礼，应当是当代青年的基本素养，也是现代社会公民必备的基本素质和精神追求。

然而，不知从何时起，“礼”开始在我们的日常生活中淡化了。在社会的各阶层、各角落出现了一些不知礼、不守礼、不文明的行为，诸如不会问候、不会谦让、不会尊重师长；视行为不羁为个性、视粗俗鲁莽为光荣；讲究吃、讲究穿，就是不讲“礼”；不缺钱、不缺财，唯独缺“德”。没有“礼”的社会是失范的社会，不讲“礼”的社会是有问题的社会。礼兴才能人和，人和才能万事兴。和谐社会，应是人人习礼、知礼、守礼、行礼的社会。

所谓习礼，就是要对社会交往中的各种礼仪进行较为系统的学习；所谓知礼，就是要在社会交往中详细了解人们在礼仪方面的“可为”与“不可为”；所谓守礼，就是要在实践中自觉地遵守礼仪；所谓行礼，就是以礼仪的规范作为自己行动的重要指南，依礼行事，非礼勿行。

礼仪是知与行的统一，其关键不在于习与知，而在于守与行。

自觉、系统地学习礼仪、知晓礼仪，是践行礼仪、养成文明行为习惯的基础。古人云：“先学礼而后问世”，“不学礼，无以立”。

良好礼仪的养成，依靠礼仪的践行。古人云：“礼者，履此者也。”只有通过“礼”的践行才能培养人的高尚美德。荀子就认为“礼者，法之大分，类之纲纪也，故学至乎礼而止矣。夫是之谓道德之极”（《荀子·劝学》）。我们应该将知识与品行有机地结合在一起，在习礼的过程中，去体验守礼和行礼的真谛，不断规范自己的行为，让“行”与“知”并进。

礼仪无处不在，无时不有。习礼、行礼不可能一蹴而就，必须立足日常、注重细节，时时习礼、处处行礼，坚持不懈、持之以恒，日积月累、久久为功。

活动平台

活动一　旋回沟通

[活动目的]

学习人际沟通交流，练习表达及倾听。

[活动要求]

1. 地点：教室。

2. 时间：40～50分钟。

3. 方式。

(1)将人员分为两组。

(2)事先设计若干个讨论题(宜新奇有趣，性质内容及题数根据需要时间长短

学习笔记

而定)，进行讨论。

[活动内容]

1. 过程。

(1)两组成员站成两圈，分内圈和外圈。

(2)给出第一个讨论题，内圈和外圈两两对谈。两分钟后换第二个讨论题，同时内圈人员按顺时针方向移动一个位置，再进行对谈。以此类推，直至讨论完毕。

2. 分享。

(1)每次沟通是否顺畅？有无障碍存在？

(2)大家一起将在讨论时认为对方最突出的或很受感触的意见提出来，与其他成员共同分享。

活动二　大学生礼仪修养调查

[活动目的]

了解大学生对礼仪的认知度和对礼仪知识的知晓度。

[活动要求]

1. 地点：校园。

2. 方式。

(1)4 人一小组。

(2)校园问卷调查。

[活动内容]

1. 设计与制作礼仪问卷调查表。

2. 实施问卷调查，调查对象要求应涉及不同年级和专业的大学生。

3. 分析、归纳与总结问卷调查结果，并撰写调查报告。

4. 师生组成评委，评选出其中一、二、三等奖。

案例分析

沟通的障碍

张：看来工作进展顺利。

王：根据你提供的数据是这样。

张：如果我们按计划进行，工作将顺利完成。

王：除非出现我们力量不足的问题。

张：我们肯定能够完成任务。

王：但愿如此。

张：你这是什么意思？

王：看来你不愿意正视自己在这个项目上的问题。

学习笔记

张：请说下去！

王：你就是这样！

张：我并非如此！

王：看，这就是你一贯的作风。

张：我不同意你这样说，我知道自己没错。

王：但事实是我们缺乏足够的力量。

张：我同意。

王：那你为什么说不是？

张：什么？我那样说了吗？我只是说，尽管如此，只要我们努力也能完成任务。

王：如果你早这样说，我就会赞成你了。

问题：

1. 张和王的观点一致吗？

2. 两个人产生争执是由于在沟通方面存在一些什么障碍？

自我检测

1. 沟通水平测试。

按照自己的实际情况，在五个等级中选择相应的分值："总是"5 分，"经常"4 分，"不确定"3 分，"偶尔"2 分，"从不"1 分，将分值填入括号内。

(1)能自如地用语言表达情感。 (　　)

(2)能自如地用非语言表达情感。 (　　)

(3)在表达情感时，能选择准确恰当的词语。 (　　)

(4)他人能准确地理解自己使用语言和非语言所要表达的意思。 (　　)

(5)能很好地识别他人的情感。 (　　)

(6)能在一位封闭的朋友面前轻松自如地谈论自己的情况。 (　　)

(7)对他人寄予深厚的情感。 (　　)

(8)盲目地暴露自己的秘密。 (　　)

(9)能与自己观念相同的人沟通情感。 (　　)

(10)能与自己观念不同的人沟通情感。 (　　)

(11)持有不同观念的人愿意与自己沟通情感。 (　　)

(12)他人乐于对自己诉说不幸。 (　　)

(13)轻易评价他人。 (　　)

(14)明白自己在沟通中的不良习惯。 (　　)

(15)与人讨论，善于倾听他人的意见，且不强加于人。 (　　)

(16)与人争执，但能克制自己。 (　　)

学习笔记

(17)能通过工作来排遣自己的心烦意乱。（　）

(18)面对他人请教问题，能告诉他该做什么。（　）

(19)对某事持异议，能说出这件事的后果。（　）

(20)乐于公开自己的新观念、新技术。（　）

您的得分是______。

这是对您现在的沟通水平测试：得分越低，说明沟通力越弱；得分越高，沟通力则越强；如果总得分在75分以上，说明沟通力强、水平高。

问题：优点在哪里？不足在哪里？如何改善？

2. 自测礼仪修养。

您是不是真的很有修养呢？不妨将下面这个简单的自我测验做一次。用“是”或“不是”回答下列问题。

(1)您对待售货员或饭店的女服务员是不是跟您对待朋友那样很有礼貌呢？

(2)您是不是很容易生气？

(3)如果有人赞美您，您是不是会向对方说“谢谢”呢？

(4)有人尴尬时，您是不是觉得很有趣？

(5)您是不是很容易展露笑容，即使是在陌生人的面前？

(6)您是不是会关心别人的幸福和舒适？

(7)在您的谈话和信件中，您是不是时常提到自己？

(8)您是不是认为礼貌对一个人无足轻重？

(9)跟别人谈话时，您是不是一直很注意对方？

学以致用

1. 根据以下沟通情境，找出可能出现的沟通障碍。

沟通情境	沟通障碍
突发疫情线上教学	
服装销售售后服务员接到客户投诉电话	
小李在机器轰鸣的车间里向老王传达开会通知	

2. 在动车车厢内，笑容甜美的服务员小陈推着餐车缓缓走来，她一边送餐，一边询问：“先生，您是吃饭还是吃面？”甲先生回答：“要米饭。”小陈接着问邻座的乙先生：“先生，您要饭还是要面？”乙先生愣了一下，面带愠色并大声回答道：“要饭！”话音刚落，周围的乘客笑道：“我们也要饭！”小陈顿时脸红了起来……

问题：(1)请大家帮助服务员小陈分析一下，为什么会产生沟通障碍？

(2)如何进行有效沟通？

学习笔记

3. 下列行为是否正确？如果不正确，请说出正确的做法。

模块实训

实训一　书画传令

[实训目的]

了解沟通不良所导致的消极作用及单向沟通存在的问题，体会沟通的过程。

[实训要求]

1. 地点。

教室。

2. 方式。

(1)15 人一组，至少三组。各组可同时进行。

(2)准备一张图画(不能过于复杂)，各组每人准备好纸和笔。

(3)选出一位主持人。

[实训内容]

1. 每一小组先派一人到主持人桌前，仔细观看桌上的图画 10 秒，然后按自己所记的印象画出来。

2. 第一个人完成后，第二个人上来，观看第一个人的画 10 秒，也凭自己的印象画出来。以此类推，直到最后一个人完成。

3. 每人在绘画时，只能一气呵成，不能修改，也不能向其他人泄露任何信息。

4. 展示图画结果，将各组每个人的图画并排挂出，找出前后的差异。

5. 讨论信息在传递过程中存在的问题，分享每个人的体会和感想。

实训二　比比谁高

[实训目的]

了解沟通的重要性，训练如何面对情境的转变。

[实训要求]

1. 地点。

教室。

2. 方式。

(1)6 人一组。

(2)每组准备一套工具(吸管 60 支、万字夹 1 盒或扑克牌 2 副，也可以是任何

学习笔记

可搭建的材料）。

(3)活动分三次进行，每次 4 分钟。

[实训内容]

1. 先发给每组一种材料，在规定时间内利用材料搭建一个物体，要做得尽量高和稳。

2. 比较各组物体，又高又稳且没倒下的小组为胜。

3. 同样的活动再做一次。

4. 第三次，发给各组另外一种材料(事先各组不知情)，在规定时间内做好，各组进行比较。

5. 讨论在活动中组员之间的沟通如何，分享在面对材料变化时大家的心情如何？是否可以表现得更好？

实训三　口述绘图

[实训目的]

了解如何进行有效沟通。

[实训要求]

1. 地点。

教室。

2. 道具。

纸、笔。

3. 方式。

(1)两人一组实训；一人负责口述，一人负责绘图。

(2)选择一些简单的图。(什么图都可以)

(3)比较绘图者的绘图与原图的差异。

[实训内容]

1. 口述。

口述表达方：负责表述所见到的图，不能看对方绘图给予暗示。只能问对方是否完成绘图。

2. 绘图。

绘图方：负责将对方口述的图案画在纸上，不能提问，也不能让对方知道自己画了什么。

3. 讨论。

根据差异比较，讨论如何用有效的语言来表达才能使对方理解。

实训四　镜头里的校园文明

[实训目的]

感受礼仪修养的重要性，体会礼仪寓于细节之中。

学习笔记

［实训要求］

1. 地点。

校园。

2. 方式。

两人一组实训。

［实训内容］

1. 各小组用照相机或摄像机拍摄校园内不文明的现象，制作成 PPT，并附上解说词。

2. 各组演示 PPT。

3. 各组派一名代表参与并点评。

4. 教师做总结性点评。

学习反思

模块二

人际沟通技巧

学习目标

1. 了解口头沟通、书面沟通和网络沟通的特点。
2. 掌握并学会运用身体语言沟通、副语言沟通和环境语言沟通。
3. 在与人沟通中，能运用口头沟通技巧、书面沟通技巧和网络沟通技巧。
4. 理解倾听的重要性，掌握倾听的技巧。

小格言

始吾于人也，听其言而信其行；今吾于人也，听其言而观其行。

——孔子

沟通是一门高超的人际关系艺术。良好的沟通能力并不是先天的，而是后天锻炼出来的。沟通的艺术来自生活的实践锻炼，来自人生的不断总结。要想拥有和谐的人际关系，生活、事业、情感都顺风顺水，就一定要努力掌握人际沟通的技巧，提高自己的沟通能力。只有如此，你的沟通才会有的放矢，才会作用非凡，才能使你的友谊和朋友日益增多，使你的生活和事业都变得色彩缤纷，使你的人生道路越走越宽。本章将向你展示人际沟通中的语言沟通、非语言沟通及如何倾听等各种技巧。

案例导入

天生我材必有用①

德国著名音乐家门德尔松被称为“交响曲之父”，他的许多作品至今还被音乐界奉为经典。然而，他的骨骼发育不好，个子很矮，更要命的是他有点儿驼背。

身体的缺陷无疑影响了他的婚姻，在很长一段时间中这位天才音乐家都是孤身一人。一次，门德尔松去汉堡一个朋友家小住，朋友的女儿弗美姬是个天使般纯洁、美丽的姑娘。门德尔松深深地爱上了她，但又自惭形秽，迟迟不敢开口。终于他鼓足勇气几次试图接近姑娘，但姑娘都找借口跑开了。

门德尔松明白姑娘逃避的是什么，他知道如果就此放弃，一场美满的婚姻可能就离他而去了。过了一些日子，他又勇敢地敲开了弗美姬的房门，开口问道：“你真的相信人们的婚姻是上帝注定的吗？”“是的，我相信。”姑娘回答。

门德尔松说了这样一段话：“对，我也相信，每个男孩子出生时，上帝都告诉他，哪个女孩子将来会同他结婚。我出生时，上帝为我指出了那个女孩子，并说你的妻子将是一个驼背的人。我大声喊道，上帝，一个女孩子驼背对她太残酷了，让我来替她驼背，让她是个美丽的姑娘吧！”

弗美姬惊诧地抬起头，久久地望着门德尔松那双明亮、智慧、深情的眼睛。后来她成了门德尔松的妻子，辅佐门德尔松成就了一番辉煌的事业。

感悟心语：

只要掌握了人际沟通的技巧，往往只是一句话，就让复杂的事情变得简单起来，让陌生人成为老朋友，让看似不可能的事情成为现实。沟通是心灵与心灵之间的契约与对话，它不仅是一门学问，更是一种艺术，谁懂得有效运用这种艺术，谁便能创造奇迹。

单元1 语言沟通技巧

> 小贴士
>
> 美国沟通大师保罗·蓝金研究显示：领导人的沟通时间有45%花在听，30%花在说，16%花在读，9%花在写。

语言是人们交流的最基本形式，语言符号系统是沟通的重要载体。人们主要通过语言来传递信息，它是信息沟通最有效、最便捷的方式。语言沟通可分为口头沟通和书面沟通两种方式。在生活和工作中，良好的语言沟通往往会产生意想不到的收获。

一、口头沟通

口头沟通是人们之间最基本、最常用、最直接有效的语言沟通方式。口头沟通可以是简短的问候、寒暄，也可以是较复杂的交谈、演讲、谈判等；可以是正式的会谈，也可以是非正式的讨论；可以是面对面的谈话，也可以是不见面的电话交流等。而最常见、用得最多的则是交谈与电话沟通。

① 一鸣．爱从不卑微[J]．现代妇女，2010(10)：44.

(一)口头沟通的特点

1. 快速传递，即时反馈

口头沟通的优点是快速传递和即时反馈。在这种方式下，信息可以在最短的时间内被传递，并在最短时间内得到对方回复。如果接收者对信息有疑问，迅速的反馈可使发送者及时检查其中不够明确的地方并进行改正。

2. 全面真实，直接有效

在口头沟通中，人们传递了包含文字语言、声音语言、肢体语言的全面信息，而这些全面信息又被沟通对方所接收。较之书面沟通，口头沟通更真实。同时，在口头沟通中，双方不需要借助其他信息渠道，而是通过自己的视觉器官、听觉器官及心灵直接接收感知到对方发出的信息，较之书面沟通，口头沟通更有利于问题的解决。

3. 作用持久，影响力强

口头沟通需要双方直接接触，或能看到，或能听到，并能感觉到，因此作用更持久、影响力更强。对于思想、情感的沟通，口头沟通方式更为合适。

但是，口头沟通也有缺陷。信息从发送者一段段接力式传送的过程中，存在着巨大的失真的可能性。每个人都以自己的偏好增减信息，以自己的方式诠释信息，当信息传达到接收者时，其内容往往与最初的含义存在重大偏差。而且这种方式不是总能省时，有时甚至浪费时间。

沟通·小看板

党的二十大报告指出，讲好中国式现代化故事是对外讲好中国故事、传播好中国声音的应有之义，是向世界展现可信可爱可敬中国形象的重要路径。

讲好中国式现代化故事，需要有效的、适宜的沟通策略。

(二)谈话的技巧

1. 沟通前的准备

(1)明确沟通目的

为实现有效沟通，沟通者每一次沟通前都应有其确定的目的，如果事先目的不明确，沟通就失去了它的实际意义。沟通者应根据不同的沟通目的，收集资料做好充分的准备，如在沟通前有必要明确是要交换思想、传递信息还是交流感情等，以便在沟通过程中做到有的放矢、有备无患，使沟通取得事半功倍的效果。

(2)了解沟通对象

沟通者面对不同的沟通对象，应该采取不同的沟通方式。如果对方内向沉默，交流时应侧重于鼓励其大胆表达出自己的看法；如果对方性格直爽，交流时就可以开门见山，不必绕弯子；如果对方敏感多疑，交流时就要格外地注意言辞

委婉，语义准确。如果事先对对方的兴趣爱好已有全面了解，必要时可以投其所好。对沟通的对象了解得越多，就越有利于实现有效沟通。

(3)选择沟通场所

在不同的地点进行沟通，往往会产生不同的沟通效果。沟通者应该根据相应的交流目的、内容、对象，选择相应的地点。一般而言，办公室、会议室适合谈论工作、公务，商务性的交流可在商务会馆或咖啡馆进行，而朋友间的聊天与谈心，则可选择在优雅、安静的休闲场所，气氛会显得更轻松。

(4)把握沟通时机

小贴士

俗话说“到什么山上唱什么歌”，我们在人际沟通中要明白什么场合说什么话的道理。

沟通时机的选择应该适宜、适度。时机适宜是要防止干扰交谈对象正常的工作、进餐、休息时间，否则容易引起对方的不快、反感；时机适度是要合理把握沟通时间的长度，如果时间过于紧迫，往往言犹未尽，难以充分交换信息。当然也不能没完没了，应尽量紧扣主题，避免不必要的空谈。

(5)营造沟通氛围

只有在友好和真诚的气氛下，人们才愿意和容易敞开心扉，畅所欲言。如果过于紧张，或者互不信任，甚至怀疑、猜忌，交流沟通则会十分困难，抑或难以进行。因此，沟通者应根据沟通内容尽可能创造一个轻松友好的沟通气氛。

沟通·小故事

触龙当说客①

公元前266年，秦国攻打赵国，赵国危在旦夕，向齐国求救。齐王虽然答应出兵，但需要赵国派太后的幼子长安君到齐国做人质。太后听后震怒，严词拒绝，赵国大臣触龙前来说服太后。面对盛怒的太后，他先用“缓冲法”，藏起自己的来意，像两个普通老人见面一样唠起了家常，问起居，谈饮食，论养生，使太后从“盛气而揖之”变成了“色稍解”，减少了对触龙的抵触。然后，触龙利用太后的爱子之情，告诉太后，真正爱护儿子就要为他的长远打算，儿子去做人质是为国家建功立业，虽然短期内可能会让他受些挫折，但长远来讲是非常有利于他的成长的。就这样，触龙成功地说服了太后。

点评：

精于沟通技巧的触龙采用以情动人的方式，形成了与太后心理共容的氛围，缓解了紧张气氛，使说服得以成功。

2. 谈话的艺术

语言作为沟通的最基本手段，讲究的是表达是否有效。因此，准确、灵活地使用语言是保证沟通效果的前提。

① 郑连根．一年搞定文言文[M]．济南：山东科学技术出版社，2019：612－163.

(1)善于说话

善于说话要求能够准确自如、恰到好处地表达出自己的思想、情感和意图，为此，应做到言之有物、言之有序、言之有度、言之有礼、言之有趣。

言之有物。说话力求有观点、有内容、有内涵、有价值。中国有句古话叫“听君一席话，胜读十年书”。

言之有序。说话要思路清晰、条理清楚，富有逻辑性，不可杂乱无章，言不及义。

言之有度。说话要有分寸感。什么时候说，什么时候不说，话应说到什么程度，这都是很有讲究的。要注意沟通场合、沟通对象的变化，恰如其分地传情达意。

言之有礼。说话的目的是让人接受，所以一定要得体、礼貌。态度要谦逊，语气要友好，内容要适宜，语言要文明。

言之有趣。幽默是一种智慧的语言，是一种最生动的语言表达方法。在说话中若能灵活运用幽默，将会给沟通带来意想不到的效果。幽默是一种沟通力。

相声大师侯宝林认为：“幽默不是耍贫嘴，不是出怪相、现活宝，它是一种高尚的情趣，一种机敏性的反应，一种把普遍现象喜剧化的处理方式。”

沟通·小佳话

“君子动口不动手”①

抗战胜利后的一天，上海一幢公寓内传出阵阵欢笑。原来是画家张大千要返回四川，他的学生们在为他送行。梅兰芳等名流也到场作陪。宴会开始，张大千向梅兰芳敬酒说：“梅先生，您是君子，我是小人，我先敬您一杯!”众宾客都愣住了，梅兰芳也不解其意，笑着询问：“此话作何解释?”张大千笑着朗声答道：“您是君子——动口；我是小人——动手!”满堂来宾，笑声不止，宴会气氛一下子活跃起来。

张大千简单的几句话取得如此好的效果，就在于他灵活运用了“君子动口不动手”这一俗语。他用简明、通俗、幽默的语言增强了说话的感染力。

(2)学会提问

学习笔记

提问是非常重要的一种沟通行为。提问可以帮助我们了解更多、更准确的信息，可以使一个没有兴趣的听众变成一个积极的参与者。而要想问得巧，必须善于捕捉信息，把握好时机，掌握恰当的提问方式。

限制型提问。这是一种目的性很强的提问方式，它能使提问者获得较为理想的回答，减少被拒绝或不接受回答的概率。如待客时，不是问“您想喝点什么?”而应问“您想喝茶还是咖啡?”

婉转型提问。这种提问是在没有摸清对方虚实的情况下，先虚设一问，投一

① 梁红．成为受欢迎的幽默高手[M]．长春：吉林文史出版社，2017：166.

学习笔记

颗“问路的石子”，这既避免因对方拒绝而出现难堪局面，又能探出对方的虚实，从而达到提问的目的。例如，男孩儿爱上了女孩儿，想与女孩儿交朋友，又不能直说，于是他试探性地问“我可以陪你走走吗?”女孩子若不愿交往，她的拒绝就不会使双方难堪。

启示型提问。这种提问方式重在启示。要想告诉对方一个道理，但又不能直说，通过提问引起对方思考，直至明白某个道理。例如，老师批评学生时，在指出对方的错误行为之后，常常会接着问“你觉得这样做对吗?”这就是一种启示型提问。此外还可以采用声东击西、欲擒故纵、先虚后实、借古喻今等提问方法。

协商型提问。如果想要得到对方的赞同，要使用商量的口吻提问，如“您看，这样改一下之后行吗?”这样的语气会使交谈的气氛很融洽，即使意见不一致，也不会伤和气，而且对方更容易接受你的观点。

(3)巧妙回答

有问有答才是真正的交流，在沟通过程中，不但要问得巧，回答也要讲究技巧。

直接回答。针对问题直截了当地予以回答。如问“您看这个方案可行吗?”答“方案制订得完整细致，是可行的!”这种问答是友好、坦诚、直率的，通常在师生间、亲友间、同事间使用较多。

间接回答。避开对方的锋芒，不直接说出答案，而是从新的角度、层面予以回答，让对方从中寻找答案。如问：“吃饭了吗?”答：“我最近在减肥。”

模糊回答。采用一些有伸缩性的、不精确的、可做多种解释的话语或者采取避实就虚的方法来回答。如问“你可曾读过《堂吉诃德》?”答曰：“最近不曾。”这样的回答避免了根本没读过的尴尬。

以问代答。在一时难以说清楚或者不便回答时，用反问的方法引导对方找出答案，如“您认为这么做可行吗?”“您的看法是什么呢?”

避而不答。回避某些不便或不能回答的敏感问题，巧妙地拒绝回答。如一个法国人问一个中国女孩：“你喜欢中国人还是喜欢外国人?”女孩儿回答：“谁喜欢我，我就喜欢谁。”

答非所问。模糊的回答，表面好似在回答，实际上却转换话题，答案不触及提问的实质。

在人际沟通中，除语言之外，人们还时常用非语言形式来表达自己的情感、态度兴趣和思想观念，非语言形式是口头沟通不可缺少的一个方面；而积极倾听是有效沟通的武器，它既是一种尊重的行为，也能鼓励对方多说话。

沟通·小看板

讲话的十大忌讳①

1. 打断对方的谈话或抢对方的话。
2. 说话没头没脑，让对方一头雾水。
3. 心不在焉，让别人重复说过的话。
4. 连续发问，让对方觉得你过分热心和要求太高，难以应付。
5. 随便解释某种现象，轻率地下断语，借以表示自己是内行。
6. 避实就虚，含而不露，让人迷惑不解。
7. 对待他人的提问漫不经心，让人感到你不愿意为对方的困难助一臂之力。
8. 不恰当地强调某些与主题风马牛不相及的细枝末节，使人生厌。
9. 当别人对某话题兴趣不减时，你感到不耐烦，立即转移话题到自己感兴趣的方面去。
10. 将正确的观点、中肯的劝告称为是错误的或不适当的，使对方怀疑你话中有戏弄之意。

学习笔记

(三)电话沟通的技巧

电话沟通是人际沟通中借助电话媒介来传递文字语言信息与声音语言信息的一种沟通方式。电话沟通是在沟通双方不能见面的情况下使用最多的一种沟通方式，电话沟通在当代社会已不可或缺。

沟通·小看板

适宜采用电话沟通方式的几种情境②

1. 彼此间距离较远，需要沟通的内容比较简单时。
2. 彼此间距离很远，很难或无法面对面沟通时。
3. 由于种种原因无法或不便进行面对面沟通时。
4. 彼此之间已经采用了书面或 E-mail 的沟通形式但问题尚未解决时。

需要注意的是，一般在同等条件下，宜优先采用当面沟通的方式。

1. 语调适中，语速适度

电话沟通双方互不见面，不能获得对方的表情、动作等可视信息，全凭声音来进行信息交流。如果你愁眉苦脸，电话中的声音不可能是快乐的；如果你说话面带微笑，电波会把你的快乐传递过去。由于电话沟通容易产生“视觉联想”，因此，在进行电话沟通时，千万要把握好自己的语调，只有适中的语调，才能在简

① 李永清，钱敏．简明现代管理学教程[M]．徐州：中国矿业大学出版社，2012：254.

② 时辰．别让成功毁在无效社交上 99%的人都不会用的社交技巧！[M]．北京：中国友谊出版公司，2017：30.

短的时间内，引起对方的注意并使对方产生好感。

电话的基本功能是传送自然声调，但电话也很难把真实的声音传递给对方。因此，电话交谈时，就不能根据平时说话的习惯，要有一种特殊的适合打电话的节奏和速度，太轻太重都会使对方听起来吃力而不清晰。因此，电话沟通时，语速、语调要随谈话的内容有所调节。

2. 言简意赅，声音柔和

电话沟通时，一般发音要标准，口齿要清晰，语言要简洁，措辞要准确，咬字要清楚，语句断开要明确适当。如果你的声音听起来很悦耳，对方就能感知得到你的态度很友好；如果你的声音听起来很干涩，对方会认为你的态度很冷漠。因此，电话沟通，一定要使用柔和的声音，声音过强、过弱都不利于电话交谈。

3. 举止端正，神情专注

电话沟通虽然只是一个“只闻其声、不见其人”的过程，但通话者的神情举止完全可以通过声音的变化而被对方所清晰地洞察。有的人通话习惯于抖腿，或者嘴里叼着香烟，事实上，对方可以根据声音来判断你是神情专注，还是心不在焉；是和蔼可亲，还是麻木呆板，进而推断你对他尊重与否，从而微妙地影响沟通的进程与效果。

小贴士

日本企业家松下幸之助说：“不管是在公司，还是在家里，根据这个人打电话的方式，就可以基本判断出其教养的水准。我每天除了收到好多预约讲演的信件，还接到很多邀请讲演的电话，我凭着对方电话里的讲话方式，就能判断其教养如何；凭对方在电话里的第一句话，就可以基本决定我去还是不去。”

沟通·小故事

夏目志郎打电话①

夏目志郎是日本著名的人际沟通训练师。一天晚上11时许，他正准备休息，突然想起有一个电话没有打给客户。他马上起身，准备打电话给那个客户。他走到衣柜前，脱掉睡袍，穿上衬衣，打上领带，穿上西装、袜子和皮鞋，走到洗手间，把头发整理好。然后，他站在镜子面前，非常认真地给自己一个微笑，走回床边拿起电话。他告诉客户，在他们合作的课程里面应准备的用具、资料及课程的讲义。在电话结束时，他非常真诚地感谢对方这么晚了还要为他的课程付出时间。

他太太不解地问：“你干吗不在床上打，而且还要起床穿衣梳头呢?”夏目志郎解释道：“我想让顾客认为我是在办公桌旁工作。客户虽然看不见我是穿着睡衣在床上给他打电话，可是通过我的声音，他能够感觉得到。”

点评：

夏目志郎之所以那么做，是因为他知道接打电话的姿势会影响人们的声音、语调，穿着睡衣躺在床上给人打电话会给人一种慵懒的感觉，妨碍有效沟通。

4. 温和耐心，礼貌用语

电话沟通时，总会遇到一些有情绪、有抱怨或者缺少文化修养的人，为此，

① 张喜春. 人际交流艺术[M]. 北京：清华大学出版社，2009：105.

要控制好自己的情绪，温和而又礼貌地提出或回答一些必要的问题和事情，切忌受到影响，自己也变得烦躁起来，甚至失去控制在电话里和对方“打架”。

礼貌用语是电话沟通中不可或缺的，它就像一把钥匙，能够帮助你开启对方的心扉，诸如“一切正如您所说”“一定照办”等肯定语，“给您添麻烦了，对不起”等致歉语，“有劳先生，请多关照”等拜托语，“您太客气了”“过奖了”等谦虚语。

5. 环境安静，注意倾听

电话沟通时，要掌握好通话时的环境因素。嘈杂声、嬉笑声，以及吐痰咳嗽声等无疑令人生厌，不仅影响电话沟通的效果，而且影响对方对你的印象与评价。

电话沟通时，应注意倾听，切不可三心二意，诸如不要一边通话，一边看报纸、看电视，或是一边玩着电话线，甚至是一边吃东西等，否则会错失重要的谈话内容，从而影响沟通效率。

二、书面沟通

书面沟通是利用书面文字作为主要表达方式，在人们之间进行信息传递和思想情感的交流，它包括文章、书籍、信件、报纸杂志、报告、通知、传真、电子邮件、手机短信等。书面沟通往往可以弥补难以言传或多说无益的不足。书面沟通是人际沟通中必不可少的方式。

（一）书面沟通的特点

1. 严谨准确

据统计，在世界著名的四大会计师事务所里，80%的人每天都要写备忘录，67%的人每周写一次工作报告、留言或财务说明，93%的人每周至少要给客户写一封信。

书面沟通可以反复推敲、修改，逻辑性强，条理清楚，表达更为准确。口头沟通准备、思考的时间有限，通常是即时性的。所谓“说出来的话如泼出去的水”，一旦话出口，就很难收回。书面沟通一般时间较充裕，可以对要表达的思想观点内容及内心情绪感受进行认真组织，仔细思考其修辞、逻辑性和条理性，反复推敲、修改，以便表达得更为清晰、准确。

2. 便于保存

书面沟通的内容易于保存、复制，不失真，有利于大规模传播，并可以作为法律依据。书面沟通中信息的发送、思想情感的传递都是通过书面文字进行的，这些文字可以长期保存，便于事后查询，在某种意义上还可以作为法律上的凭证和依据。

3. 广泛传播

书面沟通可以将沟通内容同时传递给许多人。书籍、报刊、信件等多种形式载体使书面沟通可以不受时空限制而广泛传播。

4. 间接婉转

书面沟通可以避免口头沟通时难以启齿、相互尴尬的局面，避免由于言辞激

学习笔记

烈而发生正面冲突。当我们口头沟通有所顾忌时，使用书面沟通效果更好。

5. 灵活方便

书面沟通对时间限制相对较少，更具灵活性。口头沟通要求双方都有时间才能进行，书面沟通双方不必安排具体的时间即可进行，而且书面记录可以在方便的时候阅读，也可有选择地阅读，灵活方便。

书面沟通虽然更为精确，但它耗费时间，相同的时间内，口头沟通往往比书面沟通所传递的信息要多得多。缺乏反馈是书面沟通的另一个缺陷。书面沟通不能及时提供信息反馈，其结果是无法确保所发出的信息能被接收、理解，并达到预期目标。

沟通·小故事

传达纠纷①

总经理给新来的助理林小姐布置了一项任务，要求她向各个部门下发一份调查表格，并要求各个部门在当天下午3点之前上交。总经理问林小姐是否明白，她说完全明白，然后就去执行了。到了下午2点，各部门的表格都交上来了，唯独没有研发部门的。总经理问林小姐是否通知了研发部门，林小姐说完全按您的意思传达了。总经理把林小姐和研发部经理都召集到办公室，问他们到底是怎么回事。研发部经理说他没有听到林小姐传达关于上交的时间要求。而林小姐说自己确实传达了，否则为什么十个部门唯独研发部没听清楚？到底是林小姐没传达，还是研发部没听到？双方各执一词。

点评：

出现上述情况，既耽误了工作，又难以说清责任，这都是因为没有书面的东西，谁也说不清楚。

（二）书面沟通的技巧

1. 目的明确

书面沟通的目的不同，所采用的写作方法、写作风格和格式也就不同。比如通知与邀请函，两者的沟通目的，一个是通知，另一个是邀请。写作格式和风格差异很大。从语气上讲，后者比前者就要委婉客气得多。常见的沟通目的主要包括提出问题、分析问题、提供解释、说明情况、说服他人等。

2. 传递准确

书写内容正确是有效进行书面沟通的重要特征。书写内容要求真实可靠，观点正确无误，语言恰如其分，字词、语法准确，标点符号无误，结构、格式合理，并能完整地表达想要表达的内容。为了确保沟通效果，在最后发出信息之

① 张喜春．人际交流艺术[M]. 北京：清华大学出版社，2009：111.

学习笔记

前，应检查和核对。

3. 表达简要

在正确传递信息的同时，书面沟通应力求简洁，即用最少的语言表达最主要的内容，把琐碎的、没有太大价值的文字精简掉，使文稿言简意赅。这既节省了信息发送者和接收者的时间，也把重要的内容呈现给了对方。

4. 用语委婉

在书面沟通中，对方由于无法借助肢体语言和声音的语气语调来判断信息的强度和想法，导致在理解上出现偏差，如简短的句子会因缺乏客套而被认为无礼，无心的玩笑会让对方认为粗俗。因此，在书写时语言表达要客气、有分寸，多用友好、肯定的语气，尽量用委婉的语气指出对方不尽如人意的地方。

(三)几种常见的文书沟通

1. 申请书

申请书是个人或集体向组织、机关、企事业单位或社会团体表述愿望、提出请求时使用的一种文书。常见的有入团申请书、入党申请书、困难补助申请书等。

(1)写作格式

申请书通常由标题、称呼、正文和落款组成。

标题。申请书第一行正中写申请书的名称，如“申请书”或“入党申请书”。

称呼。顶格处写上受文的组织、机关、团体、单位、领导的名称。称呼后用冒号。

正文。正文是申请书的主体，通常由申请的事情、理由、具体要求和结尾礼貌用语构成。

落款。落款署上申请人的姓名与申请日期。

(2)写作规范

申请书要求一事一议，内容要单纯；申请的理由要充分，申请的要求要具体。

2. 启事

启事是国家机关、社会团体、企事业单位或个人向社会公开告知有关事项、请求得到支持或帮助的广告类文书。

启事的种类繁多。按公布的方式分，可分为张贴启事、报刊启事、广播启事、电视启事；按内容分，可分为寻找类启事，如寻人、寻物等；声明类启事，如作废、迁移、更名、更正、开业等；征召类启事，如招聘、招生、招标、招领、征集、征婚等。

(1)写作格式

启事由标题、正文、落款组成。

学习笔记

标题。一般标明启事内容，如招租启事、寻人启事等。

正文。正文通常包括中心内容和结束用语。中心内容一般包括目的、意义、原因、要求、特征、待遇、条件等；结束用语，一般情况下可写“敬启”之类的礼貌用语，也可以不写。

落款：落款处要署名，并标明时间。

(2)写作规范

事项完备，条理清楚。启事的事项，要严密、完整，表达清楚，有关事项的时间、地点、人物、原因、结果、请求事项、联系地址和联系方法等均不可遗漏，以保证启事效力。

语言精练，篇幅短小。在事项完备、条理清楚的前提下，要注意言简意赅，短小精悍。

【例文】

××中学百年校庆启事

××××年××月××日为××中学建校一百周年纪念日，是日上午10时，于本校体育馆隆重举行庆祝典礼，共贺母校百年华诞。百年盛会，人世难逢，谊海情天，举觞共叙，切盼校友相互转告，届时拨冗归宁。

校友众多，广布四方，逐一函达，实非易事，特发公告，希各周知。

××中学百年校庆筹委会

地址：××市城区××路××号

电话：×××—××××××××

××××年××月××日

3. 海报

向公众报道或介绍有关戏剧、电影、文艺表演、体育或报告、展览会等使用的一种应用文书。

(1)写作格式

海报通常由标题、正文和落款组成。

标题。海报的标题写法较多，其一，单独由文种名构成，即在第一行中间写上“海报”字样。其二，直接由活动的内容承担题目或单位名称＋活动内容，如“舞讯”“影讯”“球讯”等。其三，可以是一些描述性的文字，如“×××再显风采”“×××旧事重提”。

正文。海报的正文要求写清楚活动的目的、意义、主要项目、时间、地点、参加的具体方法及一些必要的注意事项等。

落款。要求署上主办单位的名称及海报的发文日期。

(2)海报写作的注意事项

具体真实。海报一定要具体真实地写明活动的地点、时间及主要内容。文中可以用些鼓动性的词语，但不可夸大事实。

简明扼要。海报文字要求简洁明了，篇幅要短小精悍。

版式新颖。海报的版式可以做些艺术性的处理，力求新颖，以吸引观众。

学习笔记

【例文】

海 报

兹定于××××年××月××日在学校学术报告厅举办第15期月光书会，特邀我省著名作家×××为同学解读×××作家的小说《××××××》，欢迎全校热爱文学的同学前来参加。

让一支支明亮的蜡烛，点燃我们心灵深处的夜晚！

××大学中文系分团委

××××年××月××日

沟通·小看板

求职信的写作技巧

1. 根据确定好的客观求职目标，摆正心态。
2. 文字通顺、简明扼要、条理清晰。
3. 稳重中体现个性。
4. 要在信中流露出自信。
5. 尽量不用简写词语，慎用带“我”的字眼。
6. 争取面试机会，莫提待遇问题。
7. 诚信为本，动之以情。

三、 网络沟通

网络沟通是通过基于信息技术的计算机网络实现的沟通。互联网的发展已经深入社会的方方面面，网络给人类的生活方式和人际交流活动带来的影响越来越大。如今，网络已成为人际沟通的一个重要渠道。

沟通·小看板

游戏出海，多维度提升国际话语权①

国产精品游戏《原神》官方推出了“寻味之旅”美食制作纪录片《璃月食集》，该短片复刻了名菜“文火慢炖腌笃鲜”的制作过程，其推出的四国语言版本的第一期一经上线，就立即在国内外产生了现象级的传播效应，尤其在海外更是引发了广泛热议。

无疑，这是进入21世纪第二个十年以来，移动互联网的中国经验正在不断结晶和升华的生动体现。无论是《璃月食集》，还是其此前推出的结合戏曲艺术而设计的角色云堇及其“演绎”的戏曲唱

① 孙佳山．游戏出海，多维度提升国际话语权．环球时报，2022—10—20版次：第15版：国际论坛．

段《神女劈观》，都是我国直播、短视频在不断升维式发展过程中自然生长出的硕果，再加上依托于《原神》这样的国产精品移动端游戏，才有了看似“轻而易举”的高维媒介效应，实现了新世纪以来传统媒介苦苦追求的文化“走出去”效果。

中华优秀传统文化走向世界的创造性转化与创新性发展，并不是“照着讲”，而是“接着讲”，是以当代中国精神、中国经验为指引，讲述中国故事，向世界传递中国理念，并创造性地转化出新的当代文化内涵，不断地在更高维度完成创新性发展。

学习笔记

（一）网络沟通的特点

1. 形式多样

网络沟通的方式多种多样，主要包括电子邮件(E-mail)、论坛(BBC)、即时通信工具(IM)、博客(Blog)等。这些形式使现代的人际交流方式色彩纷呈、高效便捷。人们可以通过互发电子邮件代替传统信件，可以利用即时工具代替打电话，如QQ、MSN、微信等。文字、图片、声音、图像等信息都可以通过网络实现即时交流。

2. 沟通便捷

网络沟通中，只要轻点鼠标，世界上任何一个角落都可能连接上，人们可以跨越空间限制，自由、便利、快捷地交流，世界真正成为“地球村”。不去办公地点，同样可以工作，SOHO(Small office，Home office)已经被越来越多的人推崇。

3. 成本低廉

网络沟通相比其他的传统沟通方式都更为便捷，成本更低廉，可以节省电话费、传真费、差旅费和宝贵的时间。视频聊天类似于面谈，电子邮件可以传送文件、数据、表格等，也便于接收者存储于计算机内，节省了空间和时间。

4. 自主随意

网络中的每个成员都可以最大限度地参与信息的制造和传播，这使所有网络成员几乎没有外来约束，而更多地具有自主性。网络虚拟的角色，使交往双方都没有任何心理负担，从而造成网络沟通具有极大的随意性。

沟通·小故事

语言符号惹的祸

甲方和乙方签订了合作意向书，甲方向乙方支付了二十万元的定金。在后续双方对接的过程中，针对保障的一个问题，始终无法达成一致。双方对接人通过网络沟通了数次，一直在扯皮。开始语气还是客气的，但是后来双方都有些不耐烦了，乙方沟通开始以“啊”“！”结尾，有时竟然用“呵呵”“……”回应。甲方领导被这些语言符号激怒了，认为乙方没有解决问题的态度和足够的耐心，

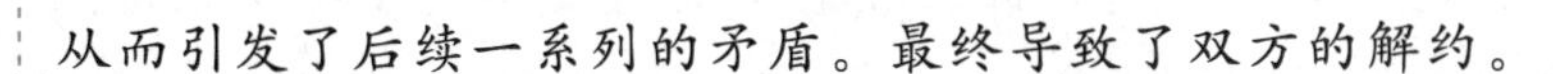

从而引发了后续一系列的矛盾。最终导致了双方的解约。

点评：

网络沟通工具已经成为当下交流的主要工具。在网络沟通中，人们的情绪、态度往往会通过交流的文字及符号传递给对方，因此，用网络进行沟通时，更需要注意沟通的细节，正确使用语言文字、标点符号及各种网络语言符号。

(二)使用电子邮件的技巧

电子邮件是指通过电子通信系统进行书写、发送和接收的信件。它一诞生，就以其快速便捷、费用低廉等特点流行于现代社会，并很快取代了大部分传统的交流手段，成为现代社会中绝大多数人进行沟通交流的重要手段之一。要文明、有效地使用电子邮件，必须掌握一定的电子邮件使用的技巧。

1. 明确对象

由于电子邮件的沟通是通过计算机网络产生的，使用者经常会不自觉地“忘记”与自己真正互动的是远程的“人”。许多情绪激动的字眼也因此不经意地随手送出，以至于伤到对方甚至引起冲突。实际上，写电子邮件和写信是一样的，差别只是传递的方式不同。

2. 标题确切

电子邮件一定要注明标题，因为有许多人是以标题来决定是否继续详读信件的内容的，且邮件标题应尽量写得具有描述性，或与内容相关的主旨大意，让人一看即知，以便对方快速了解与记忆。

3. 内容简明

在线沟通讲求时效，经常上网的人多具有不耐等候的特性，所以电子邮件的内容应力求简明扼要，提高沟通效率。尽量掌握“一个信息、一个主题”的原则；尽量写短句，不要重复；语言不要求精彩，但一定要流畅、简洁、紧凑，尤其不要出现错别字。

4. 标点适当

我们经常会看到一些电子邮件中夹杂了许多的标点符号，特别是感叹号。若真要强调事情，应该在遣词用字上下功夫，而不应使用太多不必要的标点符号。

5. 幽默谨慎

在缺乏声调的抑扬顿挫、脸部表情与肢体语言的电子邮件中，应特别注意幽默的被误解与扭曲。若想展现幽默或特定情绪，发信者必须写明或使用“情绪符号”。无论所开的玩笑多么明显，最好加注以提醒接收者你真正的意思。

6. 批评慎重

在发信之前问问自己，在公众场所中、在口头沟通时，是否会对他人讲这些

话。如果答案是否定的，请再重读重写，或重新思考到底要不要发出这条信息。千万不可以因为没看到对方的表情，就毫不客气地讲一些不会在公众场所对他人讲的话。记住切勿在不给予响应或申辩机会的情况下批评或污蔑他人。

学习笔记

(三)网络聊天的技巧

随着网络时代的到来，网络聊天的交流方式越来越普及，越来越受到现代人的青睐。在这个虚拟的空间里，人们在轻松交流的同时，也应该注意掌握技巧。

1. 保守秘密

在使用网络沟通时，必须谨言慎行，不要在网上随意散布任何需要或值得保密的信息，不要随意公开自己的电子邮件、真实姓名、地址、电话号码等个人信息，也不要把与别人私聊的内容到处传播。

2. 文明交流

网上与人交流时，要用语规范和文明，不可使用攻击性、侮辱性语言。要了解网络符号与网络时尚语言，例如，表情“:)”表示微笑等，但对于这些语言符号，既应当谨慎使用，以免对方不解而导致沟通受阻，也应当对此熟练掌握，以便理解他人所言。

3. 尊重他人

不要轻易加别人为好友，成为好友后不应该立即索要对方照片；遇到异性网友时，不要过多询问涉及隐私的问题。

4. 公私分明

网络沟通，应做到公私分明，不可利用工作之便为个人私利服务，如收发电子邮件、玩游戏、聊天等，工作时间里都应禁用，这是起码的职业道德。

单元 2 非语言沟通技巧

语言是最重要、最为便捷的沟通工具，但并不是唯一的沟通工具。有时，一个人的目光、表情就能代表他想说的一切，这便是“无声胜有声”；一个人的举手投足就会反映出他心中的喜怒哀乐，这便是“无招胜有招”。人们使用手势和肢体、表情和姿态、行为和服饰、文字和图画等非语言符号，在某些情况下可以收到胜于语言沟通的效果，这便是非语言沟通的作用。

沟通·小故事

“藏不住心事”的齐桓公①

春秋时期，齐桓公与管仲密谋伐卫，议罢回宫，来到其所宠爱的卫姬宫室。卫姬见之，立即下

① 刘善文，蔡践．左手冰鉴右手素书[M]．北京：九州出版社，2010：117.

跪。请求齐桓公放过卫国，齐桓公大惊，说：“我没有对卫国怎么样啊!”卫姬答道：“大王平日下朝，见到我总是和颜悦色，今天见到我就低下头并且回避我的目光，可见今天朝中所议之事一定与我有关，我一个妇道人家，没什么值得大王和大臣们商议的，所以应该是和我的国家有关吧?”齐桓公听了，沉吟不语，心里决定放弃进攻卫国。第二天，与管仲见面后，管仲第一句话就问：“大王为何将我们的密议泄露出去?”齐桓公又被吓了一跳，问道：“你怎么知道?”管仲说：“您进门时，头是抬起的，走路步子很大，但一见我侍驾，走路的步子立即变小了，头也低下了，您一定是因为宠爱卫姬，与她谈了伐卫之事，莫非您现在改变主意了?”

点评：

虽然齐桓公并没有说话，但是他的动作、姿态将他的心理暴露无遗。

一、身体语言沟通

身体语言是人们内在情感的外部显现。在日常沟通中，身体语言是人们最常用的非语言沟通工具，正确识别和使用身体语言是实现有效沟通的前提。通常身体语言分为肢体语言、面部表情语言和形象语言。

察言观色，以求无拂于人。

学习笔记

(一)肢体语言沟通

肢体语言包括人的身体动作和身体姿态，是身体语言的核心，是非语言沟通的重要组成部分。通过对肢体语言的分析，可以判断出人的心理活动和心理状态。

1. 手臂语言

站立或走路时，如果双臂背在背后，并用一只手握住另一只手，表示的往往是优越感和自信心，有地位的人通常有背手的习惯。背手也有镇定作用，可以缓解紧张情绪。但如果双手背在后面，一只手握住另一只手的手腕、手肘，则表示沮丧不安，并竭力在进行自我控制，而且握的部位越高，沮丧的程度越高。

2. 手势语言

手是人的第二张脸，是人类运用最广泛的器官，是身体动作中最重要、最明显的部分，一般来说，不同的手势具有不同的含义。

(1)基本手势

在日常交往中，一般采用两个基本手掌姿势，掌心向上和掌心向下。掌心向上表示真诚、坦率，不带威胁性，没有控制欲；而掌心向下则表示控制、指示，带有强制性和支配性。

(2)常见手势

将双手插在上衣或裤子口袋里，伸出两个拇指，是高傲的表现；若用食指指着对方，则带有教训意味；如果双手手指架成耸立的塔形，表示有发号施令或发表意见的欲望；如成水平的塔形，则表示愿意听取他人意见；用食指弹碰桌面是

学习笔记

说话者强烈自信的一种表现；不断搓手，则表示情绪紧张或不安等。

3. 头部语言

头部是交流时对方比较关注的部位，也是人们常用的身体语言。头部动作内容非常丰富，需要根据不同的语境来识别、判断和使用。

在说话交流时点头，一般表示认可、肯定、赞成、理解、承认等意思；在与人相遇时点头，则表示礼貌、打招呼和问候的意思。摇头，一般表示否定、不同意、拒绝的意思；有时轻轻摇头也代表对思考中问题的否决。低头，一般表示谦恭、臣服、认错、顺从、害羞等意思；有时也表示情绪低落、沮丧。仰头，一般表示自信、自豪、情绪激昂或悲愤；但仰得过高，则有不服气、骄傲、自负的意思。

4. 腿足语言

在人的肢体动作中，腿脚部位的动作虽不易观察，但常常不自觉地表露出人的潜在意识。抖动小腿、脚后跟是情绪不稳定、焦躁不安的表现，也可表示轻松愉快；站立时双腿交叉，给人以自我保护或封闭防御的感觉；跺脚表示兴奋或者愤怒；脚步轻快表示心情舒畅，脚步沉重表明疲乏或心事重重；双腿发软甚至打颤表明内心极度紧张或恐惧；跷着“二郎腿”，脚尖点地表示轻松、无拘束、怡然自得。

5. 身体接触语言

身体接触是沟通双方通过身体某一部位的接触来传递信息，最常见的是握手，其他还有拥抱和亲吻等。

握手是现代社会中最常见的礼节，但握手方式不同所传递的信息是不同的。

(1)主宰型握手

翻转手掌，掌心向下，不需要直接向下面对地，但和对方的掌心比起来，相对位置是朝下。主宰型握手等于无言地告诉对方，想要在随后的会面中控制全局。

(2)顺从型握手

手掌向上，表示顺从，想令他人拥有发号施令或控制全局的感觉时特别明显。

(3)老虎钳式握手

两位主宰型的人握手时，互相把对方的手掌扳成向上位置(顺从的位置)，结果产生了老虎钳式握手——两只手都停留在垂直位置，正好是表达尊敬、亲善及和谐的姿势。

6. 身体姿态语言

身体姿态可以反映出一个人的精神面貌和身体状况，是另一种肢体语言。不同的体态传达着不同的信息：站立时弯腰曲背，耷拉着脑袋，往往是缺少自信、

消极悲观的表现；站立时总是脊背挺直、精神抖擞，是充满自信、豁达大度和积极向上的表现。关系友好、有共同语言的人，往往会自然地并肩而立，即便面对面站立，其距离也是很近的；相反，有隔阂分歧、关系疏远的人，往往情不自禁地面对面站立，即使并立，也会自然地把距离拉大。

挺着腰的坐姿，表示对对方或对谈话有兴趣，也是对人的尊敬；弯腰曲背而坐，则是对谈话不感兴趣或对对方厌烦的表现。斜着身体坐并轻松地跷腿，是悠然自得、心情愉快的反映。交谈时喜欢并排而坐，且身体均自然地转向对方，是关系亲密、交往共同点较多的表现。

(二)面部表情语言沟通

在身体语言沟通中，最具表现力和感染力、能以最快的速度灵敏反映出人的各种情感的就是表情语言。法国作家罗曼·罗兰说："面部表情是多少世纪培养成功的，是比嘴讲的要复杂千百倍的语言。"面部表情语言不仅丰富，而且具有一致性，可以说是一种世界语言。面部表情语言是通过面部器官的动作形态传递信息，我们可以通过关注、分析别人的面部表情及其变化，揣摩、把握其内心世界和真实观点。

1. 目光语

在面部器官中，眼睛最富于表现力。眼睛可以反映出一个人的喜怒哀乐和内心细微的变化，在沟通中应注意观察体会对方的眼神，并善于运用自己的眼神传情达意，影响对方心理。

(1)瞳孔

暴露人们心灵秘密的首先是瞳孔的变化。瞳孔的变化是无法用意志来控制的。在高兴、肯定和喜欢时，瞳孔会扩张，眼睛会很有神；而当痛苦、厌恶和否定时，瞳孔会收缩，眼睛会无光。

(2)注视

行为科学家断言，只有在相互注视到对方的眼睛时，彼此的沟通才能建立。如果遇到陌生人，你不知道如何开口，只要用目光注视对方一会儿，对方便会先开口向你打招呼了；如果对方是个硬汉子，你可以用深邃的目光回敬，那么原本可能有的猜疑和轻蔑便会瞬间消失得干干净净，换之以佩服和热情；如果对方羞怯、腼腆，总是不敢直视你的眼睛，你可用温柔的目光来邀请他，充分鼓励并博得他的信任。在人际交往中，如果善用目光，会起到事半功倍的效果。

(3)眨眼

在正常状态下，人们每分钟会眨眼 6～8 次，每次眨眼、闭眼时间只有 0.1 秒。眨眼的频率以及闭眼持续时间，都能暴露人们的心理。如说谎时，眨眼的频率可能显著提升；感觉厌倦、无趣，体现傲慢时，会延长闭眼时间。

2. 眉语

眉毛总是和眼睛连在一起来传递信息的，此所谓“眉目传情”。如果眯起双眼，眉毛稍稍向下，表示沉思；如果扬起眉毛，可能表示怀疑，也可能表示兴奋或情绪好；如果紧锁眉头，则表示焦虑、苦恼。

小贴士

在一些西方国家，用手遮住嘴，有说谎之嫌。而在中国，人们在与人说话时，为了防止唾沫外溅或口气袭人，爱用手捂住嘴，这很容易使一些西方国家的人认为对方在说谎话。

3. 嘴语

嘴巴的表情是通过口型变化来体现的。人们在生气、不屑或鄙视时，嘴角会向下撇；惊讶时，张大嘴巴；忍耐时，紧咬下唇；开心微笑时，嘴角上翘；极度气愤时，嘴唇发抖。

4. 微笑语

微笑被认为是所有肢体语言中最重要的一种。微笑是人们相互理解、增进感情的重要手段，是人际沟通的“通行证”。

善于交际的人，在人际交往中的第一个行动就是面带微笑。一个真诚、友好的微笑会传递许多信息。微笑能够使沟通在一个轻松的氛围中展开，可以消除由于陌生、紧张带来的障碍；微笑也能显示自信心，表示希望能够通过良好的沟通达到预定的目标。微笑的魅力是多方面的，微笑能使强硬变得温柔、困难变得容易、刁难变得通融、对立变得和解、疏远变得亲近。微笑能弥补嫌隙、化解嗔怒，微笑是建立沟通双方情感的桥梁，我们任何时候都不要吝啬微笑。

小贴士

英国诗人雪莱说过：“微笑是仁爱的象征、快乐的源泉、亲近别人的媒介。有了微笑，人类的感情就沟通了。”

（三）形象语言沟通

一个人的形象对其信息的传递起着非常大的作用。通常对一个人的第一印象在7秒之内就已形成，第一印象无论好坏都很难让人从印象中抹去，对后续交往会产生不可小视的影响。卡耐基说过，“良好的第一印象是登堂入室的门票”。

第一印象除了言行举止，外表形象也很重要。呈现良好的仪表、选择得体的服饰更容易获得他人的好感，增强自己的说服力，也能传递出尊重对方、尊重自己的信息。

服饰的选择和容貌的修饰反映了一个人的文化素养及审美水平，直接影响别人的看法与接受程度。化妆与服饰的选择都要符合自己的年龄、职业和身份；要符合个性特点和环境要求，做到和谐自然、大方得体、整洁雅致。

二、副语言沟通

副语言是有声音但没有具体意义的辅助语言，包括语速、音调、音量、音质、停顿、沉默等，以及语言行为中咳嗽、呻吟、叹息、嬉笑、语气词等功能性发声。在人际沟通中，副语言沟通能传递出非常丰富的信息，在某些场合会胜似语言。

（一）语速

人的说话速度既反映了一个人的情绪和态度，又影响着人们对信息的接收和理解。语速较快给人的感觉会比较兴奋，很有表现力和说服力，但如果说得太快，人们跟不上，则会产生紧张和不自在，也是缺乏安全感的一种表现；语速比较慢、讲话不慌不忙也许会给人一种懒惰和冷漠的感觉，但有人会觉得讲话慢的人更真诚、有想法，也更有趣一些。语速的快慢在不同程度上影响信息传递，只有不急不慢的语速才能使双方放松情绪，顺利交谈。

学习笔记

(二)音调

音调是指声音的高低，它决定了声音的悦耳与否。一般地，强烈的愉悦、恐惧和愤怒感都会使音调升高。往往使用较高且有变化音调的人，被视为更有能力；而使用低音说话的人似乎底气不足，会被认为对所说的话没有把握或者害羞。此外，同一句话由于音调不同，其语义可能迥然不同，不同的重音也表达出不同的含义。

(三)音量

说话声音大小，应视场合、环境而定。一般而言，说话声音大，会让人联想到热情和自信，但有时嗓门大会让人觉得说话者咄咄逼人、过分自大，或者太过于相信信息的重要性。在日常生活中，轻声细语传递给人们的信息，通常是一种值得信赖、关心他人和善解人意的感觉，但有时也会让人觉得说话者缺乏自信、卑怯或者所传递的信息不重要；而轻声耳语则既可代表一种不同于别人的亲密，又可以表明讲话人忧伤、恐惧和敬畏的情绪。

(四)音质

一个人的音质是由其他所有声音的特点，即速度、节奏、发音特征等构成的。声音质量是非常重要的。有吸引力声音的人更容易被人们认为有影响力、有能力和更为诚实。

(五)暂停

暂停与说话的速度一样值得注意。在说话时暂停一下，是一种有价值的能力，它或是强调一种观点，或是突出某一事物，或是表明一个人说话中的疑问和反思，这种能力给他人以时间来仔细考虑自己的想法和感受。

(六)沉默

沉默也是一种沟通方法。沉默含有丰富的内容。沉默可能是对对方的观点持不同意见，或是想争取时间来准备自己的观点和思考自己的问题，当然也可以是纯粹地交流感情。在某种极端的情况下，人们用沉默作为一种武器或者策略来结束沟通活动或寻求某种赞同。

体会不同重音的不同含义

总之，副语言能制造、强化、改变气氛，尤其能表现出一个人的情绪和态度，影响人们对信息的理解。但副语言毕竟只是人际沟通的一种辅助形式，应该因地制宜，择机运用。

沟通·小佳话

张秉贵的售货艺术①

北京百货大楼前矗立着一位普通售货员的塑像，他就是张秉贵。张秉贵以“一团火”的服务精神，“一抓准”和“一口清”技艺，成为新中国商业战线上的一面旗帜。为了让顾客在等待时不急躁，他还仔细研究总结顾客心理，发明了“接一、问二、联三”的售货方法。在热情接待第一位顾客时，不但与第二位顾客打招呼问好，还用微笑及眼神同第三位顾客沟通联系，使排队的顾客感受到售货员服务的热情。

从接待顾客的语言、眼神、表情，到取货、称重、包装的动作姿态，张秉贵不断钻研改进每一个细节，将旁人眼中简单的售货升华成为一门服务的艺术。

学习笔记

三、环境语言沟通

人际沟通总是在一定的环境中进行的，因此，环境势必会对沟通造成一定的影响。这些影响主要表现在时间和空间距离等方面。

(一)时间语言

沟通时间的选择、交谈间隔的长短、沟通次数的多少等，都能反映出人们的品行和态度。准时赴约也体现出人们对沟通的重视程度和个人素养。一个学生上课经常迟到或早退，会被认为学习态度不认真；一位女性和异性约会时，让男子稍微等上一段时间，会体现她的矜持；人们可以运用及时答复朋友来信的方式，表示对于友谊的重视。

(二)空间距离

空间距离是非常重要的环境沟通语言，不同的空间距离能够表达不同意义和情感。如当你参加一个舞会，对位置的选择反映了你在舞会上的角色定位，如果你坐在或站在比较显眼的地方，与其他人的距离比较近，那么你就在向人们传达一个积极参与的信息；如果你躲到无人注意的角落，那么你就是在无声地告诉周围的人，我只想做一个旁观者，你们不要来邀请我。此外，人们需要多大的空间距离因人们生活地域的不同而有所变化，也就是说空间距离能够反映出不同的信仰和文化背景。

一般而言，人与人之间的亲密程度与双方的空间距离成正比。美国人类学家和心理学家爱德华·T. 霍尔通过大量实例分析，将身体范围和人际关系亲密程度分为四种区域。

1. 亲密区域

亲密区域(0～46 厘米)，又称亲密空间。其语义为“亲切、热烈、亲密”，只

① 本书编委会．民主造福我们自己民主[M]．兰州：甘肃人民出版社，2017：50.

有关系亲密的人才可能进入这一空间，如夫妻、父母、子女、恋人、亲友等。亲密区域又可分为两个区间，其中 0～15 厘米为近位亲密距离，常用于恋人或夫妻之间，表达亲密无间的感情色彩；15～46 厘米为远位亲密距离，是父母与子女间、兄弟间、姐妹间以及非常亲密朋友间的交往距离，是一个可以肩并肩、手挽手、说悄悄话的空间。

2. 个人区域

个人区域(46～120 厘米)，又称身体区域。其语义为“亲切、友好”，属于一般熟人交往的空间，在社交场合往往适合于简要会晤、促膝谈心或握手等。个人区域可以分为两个区间。46～75 厘米为近位个人区域，可与亲友亲切握手，友好交谈；76～120 厘米为远位个人区域，任何朋友、熟人都可自由进入这一空间。

3. 社交区域

社交区域(120～360 厘米)。其语义为“严肃、庄重”。这个距离已超出了亲友和熟人的范畴，是一种理解性的社交关系距离。社交区域可以分为两个区间。120～210 厘米为近位社交距离，适合于社交活动和办公环境中处理业务等；210～360 厘米为远位社交区域，适合于比较正式、庄重、严肃的社交活动，如谈判、会见客人、工作招聘时的面谈等。

沟通·小看板

空间距离——环境沟通语言

空间距离是非常重要的环境沟通语言，不同的空间距离能表达不同的意义和情感。比如上司与下属谈话的座位法则：上司与下属谈话的目的，是有效传达工作事宜，提高办事效率。尤其是当下属在工作上出现失误，上司更应该协助下属及时改进。可是，职场上却有许多弄巧反拙的例子，不但达不到效果反而让下属倍感压迫。问题出在哪儿呢？

有些上司在与下属谈话时，往往忽略了一些细节，包括谈话用词、语气、动作以及态度。而上司的座位方式也会带给下属不同的感觉，如果你希望与下属沟通有效，就不能忽略这些环境语言。

正确

A. 上司坐在下属旁边：这会让下属感觉你只是要聆听和给予解释，并无指责的意思。

B. 两人坐在并排的位置：上司主动坐在下属旁边，会给下属一种比较放松的感觉，传达出：我只是要向你解释，不需要害怕。下属就会放松心情，谈话会变得更舒服和直接，下属自然更加愿意说出问题，也更愿意聆听和接纳上司的意见。

错误

A. 上司与下属面对面坐：这种位置营造出一种测试的氛围，下属会觉得你在测试他，无形中提高了下属的防备心和紧张度。这种排列座位的方式一般常用在面试、年尾评估等场合。

B. 上司坐，下属站着聆听：这是责骂和警告的意思，下属会有种不安的感觉。

学习笔记

4. 公共区域

公共区域(360 厘米以上)，又称大众界域。人们在较大的公共场所保持的距离，是一切人都可以自由出入的空间距离。其语义为“自由、开放”。常出现于大型报告会、演讲会、迎接旅客、小型活动等。此距离表示安全感和权威性。(见图 2-1)

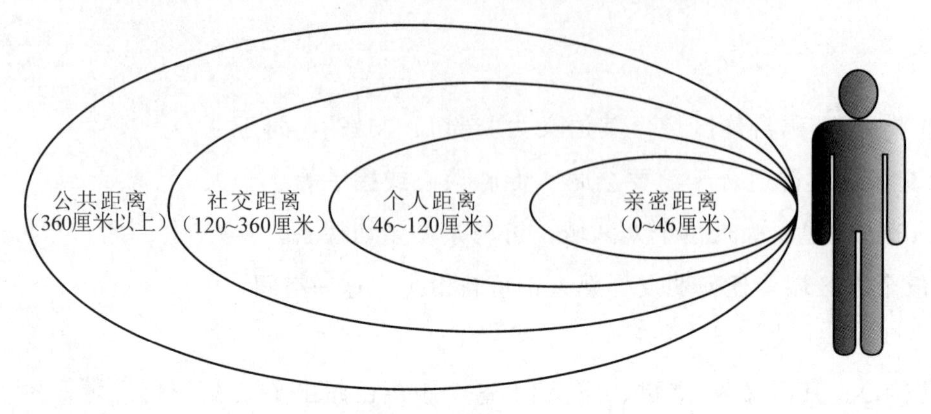

图 2-1　区域划分

上述四种空间距离，只是人际交往的大致模式，并不是凝固的、刻板的。人际接触的具体空间距离是根据具体情况的变化而变化的。如民族文化传统不同，人们交往的空间意识会有差异，两个关系一般的西班牙人或阿拉伯人的谈话，他们之间的空间距离就只有 15 厘米，而这种距离则会被英国人和美国人视为是一种侵犯和干扰。因此，具体的空间距离总是具有一定的伸缩性和可变性的。

单元 3　善于倾听

苏格拉底说：“自然赋予人类一张嘴两只耳朵，也就是要我们多听少说。”人际沟通是一种双向的交流过程，良好的沟通往往先从善于倾听开始。善于倾听才能激发对方的谈兴，才能听出对方的心声。所以善于倾听是沟通中最出色的合作，也是沟通的一把金钥匙。

沟通·小故事

受欢迎的韦恩①

韦恩是罗宾见到的最受欢迎的人士之一，他总能受到邀请。经常有人邀请他参加聚会、共进午餐、担任客座发言人、打高尔夫球等。

一天晚上，罗宾碰巧到一个朋友家参加一个小型社交活动。他发现韦恩和一个漂亮女孩儿坐在一个角落里。出于好奇，罗宾远远地注意了一段时间。罗宾发现那个女孩儿一直在说，而韦恩好像一句话也没说，他只是有时笑一笑，点一点头，仅此而已。几个小时后，他们起身，谢过主人走了。第二天罗宾见到韦恩时禁不住问道：“昨天晚上我在斯旺森家看见你和最迷人的女孩儿在一起，

① 王淼．善于倾听的营销人员更受欢迎[J]．人才开发，2010(6)：62－64.

她好像完全被你吸引住了。你是怎么抓住她的注意力的?”“很简单,”韦恩说,“斯旺森太太把乔安介绍给我,我只对她说,‘你的皮肤晒得真漂亮,在冬天也这么漂亮,是怎么做到的?你去哪儿了?阿卡普尔科还是夏威夷?’‘夏威夷。’她说,‘夏威夷永远是风景如画’。‘能跟我说说吗?’我说,‘当然’她回答。我们就找了一个安静的角落,接下去的时间她一直在谈夏威夷。今天早晨乔安打电话给我,说她很喜欢我陪她,她说很想再见到我,因为我是最有意思的谈伴。但说实话,我整个晚上没说几句话。”看出韦恩受欢迎的秘诀了吗?很简单,韦恩只是让乔安谈自己,而他在一旁认真耐心地听着。人们喜欢他人关注自己。

点评:

人人都想说好话、说巧话,都想通过会说话赢得好人缘,却忽略了沟通的另一面——倾听。其实,会倾听同样可以使你在沟通中赢得对方的好感,帮你打开成功的另一扇窗。你如果和人沟通时不注意倾听,即使你巧舌如簧,也可能是一个失败者。

一、倾听是人际沟通的第一技巧

听音乐,听新闻,听父母、同学、朋友说话……我们一生都在倾听。俗话说:“会说的不如会听的。”有效的沟通始于真正的倾听。

(一)倾听的含义

所谓倾听,就是用耳听,用眼观察,用嘴提问,用脑思考,用心感受,是对信息进行积极主动的搜寻行为。

人们时常把倾听与听混为一谈。倾听与听是两个互相联系而又有区别的概念。听是人体听觉器官对声音的接受和捕捉,是人对声音的生理反应,带有被动的特征。而倾听是以听为基础,是一种特殊形态的听,它必须要接收、思考、理解对方传递的信息,并做出必要的反馈,且倾听不仅局限于声音,还包括语言、手势和面部表情等。

沟通·小看板

倾听是解决问题的好办法①

纽约电话公司在几年前曾遇到过这样一件麻烦事。有一位顾客不仅谩骂该公司的接线生,拒绝支付电话基本费,甚至还四处投诉,借报纸来攻击该公司,并列举多项罪名公开进行指控。公司为处理这桩事件,专门派出一名经验丰富的说客登门拜访。他在拜访这位顾客时,所做的唯一的事就是专注地倾听对方的发泄,并一再点头称是。

表面看来,这位顾客义正词严,誓死捍卫公众权利,而事实上,他真正需要的,只不过是一种受重视的满足感。他一旦从那位公司代表身上获得了这种受重视的感觉,原先的愤怒也就消失了。

① [美]戴尔·卡耐基.卡耐基社交艺术与处世智慧(卡耐基职业能力训练权威译本)[M].江苏:古吴轩出版社,2016:27—28.

(二)倾听的意义

善于倾听，是与人有效对话的重要途径。作为交流活动的重要组成部分，倾听和说话一样具有说服力、感染力。一个善于沟通的人，不仅要会说，更要会倾听。

耐心倾听

1. 倾听是获得信息的主要方式之一

倾听是获取信息的重要方式。交谈中有很多有价值的信息，有时只是说话人自己都没有意识到的一时灵感，对听者却大有启发。实际上，对某事的评论、彼此间的玩笑、双方的交换意见等，都是最快的信息，不积极倾听是不可能抓住这些信息的。一个随时都在认真倾听的人，在与别人的闲谈中就可能成为信息富翁。通过倾听，我们可以了解对方要传达的信息，感受对方的感情，并据此推断对方的性格、目的和诚恳程度。

沟通·小故事

钢盔的发明①

钢盔虽然很简单，但在战场上却保住了千千万万士兵的性命，发明钢盔的灵感其实就来自一次虚心的倾听。有一次，法国的亚德里安将军到医院看望伤员。在病房里，大家闲谈中，有人好奇地问一个人："当炮弹爆炸的时候，你是怎么将头部保护得好好的，一点儿也没受伤?"这个人说："当时呀，我急了！赶紧抓了个铁锅扣到了头上!"这句话启发了正在虚心倾听的亚德里安将军，他想，如果让士兵们都戴上用金属制作的帽子，那该多好啊！于是在他的授意下，钢盔被发明了。

点评：

如果亚德里安将军没有认真倾听伤员们的谈话，或许不能这么快有钢盔的发明了。

学习笔记

2. 倾听能够给人留下良好的印象

心理观察显示，人们喜欢善听者甚于善言者。真诚的倾听态度，最能够使别人觉得受到重视及肯定的价值，也最能让人感受到倾听者的心理素质和风度，从而增进了解，达成信任。许多人不能给人留下良好的印象，不是因为他们表达不够，而是由于他们不会倾听。

3. 倾听能够激发对方的沟通积极性

善于倾听的人能及时发现他人的长处，并创造条件让其积极性得以发挥作用。倾听本身也是一种鼓励方式，能够提高对方的自信心和自尊心，加深彼此之间的理解和感情，从而激发对方的谈话热情与沟通诚意。称职的倾听者还会促使对方思维更加敏捷，启迪对方产生更深入的见解，使双方均受益匪浅。

4. 倾听能够发现说服对方的关键

如果沟通的目的是说服他人，那么多听他人的意见会更加有效。只有善听才能

① 唐麒．战争奇谋故事外国卷[M]．内蒙古：内蒙古大学出版社，2005：187.

善言。通过倾听，能从中发现对方的出发点和弱点，为说服对方提供契机；同时，认真倾听会让对方感到你充分考虑了他的需要和见解，增加对方认同的可能性。

5. 倾听能够掩盖自身的弱点和不足

俗话说："言多必失。"一个人不可能对所有事情都抱着客观的态度，也不可能对所有事情都有所了解。因此，有时候静默倾听可以帮助我们在若干问题上持保留态度，掩盖自身的无知，掩盖自身的准备不充分。

6. 倾听能够触摸到对方的心灵

人类需要和渴望的是精神上的满足，即被了解、被肯定、被赏识。这种心理上的需要，在物质比较丰富、竞争加剧、节奏加快、心理压力加重的现代生活中，显得尤为突出和普遍。最佳的方式就是倾听对方的心里话，这样不但可以了解对方的真实情况，还有助于增进彼此的感情。用心倾听的最大好处就是深入人心，容易使双方达到心灵沟通，增加信任度。所谓善解人意，多半是指用心倾听、善于倾听。

沟通·小故事

特别服务①

一个人衣锦还乡，发现30年前的一家食品杂货店还在营业，店主仍是从前那位。一天，他和店主闲谈，问："现在城里到处是购物中心和超级市场，你这家小店怎么能和人家竞争而不被淘汰?"店主说："没关系，在我有生之年，这店一定能开下去，而且一定会生意兴隆。因为我这里还有一种近乎绝迹的服务。""什么服务?""客人来买东西，常说物价上涨，或世风不正等。多数店家太大、太忙，哪有工夫去听顾客谈论，但我却不然，我就爱听顾客们说东道西，发发牢骚。所以，许多顾客还是愿意到我这里来买东西。以后我也会这样做。"

点评：

通过交谈、唠叨、倾诉，人们可以缓解心理压力，消除其消极的影响。这就需要有耐心的倾听者，店主正是满足了这种需要。

沟通·小看板

更好倾听民声尊重民意顺应民心 ②

中共中央总书记、国家主席、中央军委主席习近平就研究吸收网民对党的二十大相关工作意见建议作出重要指示强调，党的二十大是党和国家政治生活中的一件大事。围绕党的全国代表大会相关工作开展网络征求意见，是全党全社会为国家发展、民族复兴献计献策的一种有效方式，也是全过程人民民主的生动体现。这次活动引起广大干部群众热情关注、积极参与，提出了许多具有建设性的意见和建议，有关方面要认真研究、充分吸收。要总结这次活动的成功做法，走好新形势下的

① 沈杰：沟通无处不在，31页，北京，新世界出版社，2009.

② 善于通过互联网等各种渠道问需于民问计于民更好倾听民声尊重民意顺应民心.《光明日报》，2022-06-27：01版.

群众路线，善于通过互联网等各种渠道问需于民、问计于民，更好倾听民声、尊重民意、顺应民心，把党和国家各项工作做得更好。

根据习近平总书记2022年2月的重要指示精神，党的二十大相关工作网络征求意见活动于4月15日至5月16日开展，在人民日报社、新华社、中央广播电视总台所属官网、新闻客户端以及“学习强国”学习平台分别开设专栏，听取全社会意见建议。活动得到广大人民群众广泛关注和参与，累计收到网民建言超过854.2万条，为党的二十大相关工作提供了有益参考。

(三)倾听的层次

分析并认清自己倾听所处的层次，有助于提高倾听的有效性。按照影响倾听效率的行为特征，可以把倾听分为五个层次。

学习笔记

1. 第一层次——心不在焉地听

倾听者心不在焉，看似在听，其实在考虑其他事情，几乎没有听对方说话。这种层次的倾听，往往不会有好的沟通效果，是一种危险的倾听方式。

2. 第二层次——被动消极地听

倾听者看似在听，却没有用心在听，只是被动消极地听，听到多少、理解多少通常是未知数。这种层次的倾听会导致误解，以至于失去真正交流的机会。

3. 第三层次——有选择性地听

对于自己感兴趣的话题，会仔细认真地听，而把不愿意听的内容屏蔽掉。这样的倾听容易导致偏听偏信，危害较大。

4. 第四层次——认真专注地听

倾听者保持认真主动的态度，专心致志地注意对方，倾听对方的说话内容，能够接收对方绝大多数信息，但是否理解信息的真义很难说。

5. 第五层次——设身处地地听

这是最理想的倾听方式，倾听者带着理解和尊重积极主动地倾听，能够深入对方的内心，站在对方的角度替对方考虑，做到感同身受。

现实生活中，通常有25%的人停留在第一层次的倾听，40%的人做到第二层次，25%的人做到第三层次，只有10%的人能够做到第四、第五层次。能做到有效倾听的人并不是很多，这就要求我们重视倾听，掌握倾听技巧，提高倾听能力，做到有效沟通。

小贴士

一位著名的老外交家曾说过这样一句话：“社交聚会时，一个忠实的听者是深受欢迎而难能可贵的——就像撒哈拉沙漠中的甘泉一般。”

二、常见的倾听障碍

要想提高倾听技能，首先应该了解对倾听能力有影响的各种障碍因素，常见的倾听障碍因素主要有客观因素和主观因素。客观因素包括信息质量和环境因素，主观因素则是指倾听者自身的因素。

(一)信息质量障碍

在沟通中所传递的信息未必都是高质量的信息，如信息不够准确、完整，内容没有意义，或带有对抗、不满的情绪态度等，这些都会影响倾听的效率。

学习笔记

(二)环境障碍

任何沟通都是在一定环境中进行的，环境因素是影响倾听效果的重要因素。环境因素不仅包括客观环境因素，如沟通场所的选择、布置、噪声大小、光线强弱、温度高低、座位安排等；还包括主观环境因素，如沟通双方的性格、心情、衣着等。环境因素主要从两个方面影响倾听效果：一是干扰信息的传递过程，削减或歪曲信息；二是影响沟通双方的心境。正因为如此，人们才十分注重挑选谈话的环境。

(三)倾听者障碍

倾听者在沟通中发挥着举足轻重的作用。倾听者的观念、文化差异、知识水平、理解能力、思维速度差异等都会造成倾听障碍。

1. 理解能力

倾听者的观念、知识水平、文化素养等往往与其理解能力联系在一起，具有不同理解能力的倾听者会有不同的倾听效果。若倾听者无法正确理解接收到的信息，自然不会有好的倾听效果。

2. 倾听习惯

在沟通过程中倾听者会有不同的倾听习惯，不良的倾听习惯会直接影响倾听效果。

(1)急于表现

有些人喜欢表现自己，容易打断别人说话，或者心里早已不耐烦。这种习惯往往不能把对方的意思听懂、听全。

(2)忙于记录

有的倾听者习惯于在倾听过程中进行记录，由于忙于记录以至于忽略了完整的倾听。

(3)吹毛求疵

有些倾听者并不关注所接收的信息内容，而是怀着批判的态度，从中挑毛病。这种个人的偏颇观念会导致敌对情绪产生，影响倾听效果。

(4)忽略听觉

有些倾听者在倾听过程中过于受视觉影响，如面部表情、手势、服饰及姿态等，而忽略听觉感受到的声音信息，从而丢失了对方真正想要表达的内容。

3. 感情过滤

在倾听过程中，人们通常会注意或重视自己爱听、熟悉、感兴趣的部分，这是因为人们的情感起到了听觉过滤器的作用，这种作用有时会导致盲目倾听的障碍。

4. 心理定式

每个人都有自己的好恶，可能会有根深蒂固的心理定式和成见，这就使人们

很难以冷静、客观的态度接收信息。

小贴士

在桌子上敲击手指，眼神转向窗外，每一个细节都可能伤害对方的自尊心。

5. 思维速度

由于人们的思维速度远比说话速度快。一般说话的速度为每分钟150个字左右，而思维速度则是每分钟500个字左右。在倾听的过程中，由于思维的速度和听话的速度有差距，这就很容易在听的过程中产生厌倦。思维往往会在空闲时“寻找”一些事做，或者停留在某处，拒绝进一步的思考。这是一种不良的倾听习惯。

沟通·小故事

孩子的悲悯①

一天，美国知名主持人林克莱特访问一名小朋友，问他说：“你长大后想当什么呀?”小朋友天真地回答：“我要当飞机驾驶员!”林克莱特接着问：“如果有一天，你的飞机飞到太平洋上空时所有引擎都熄火了，你会怎么办?”小朋友想了想说：“我会先告诉坐在飞机上的人系好安全带，然后我挂上我的降落伞跳出去。”当在现场的观众笑得东倒西歪时，林克莱特继续注视着孩子，想看他是不是自作聪明的家伙。没想到孩子的两行热泪夺眶而出。于是林克莱特问他：“为什么要这么做?”小朋友的回答透露出一个孩子真挚的想法：“我要去拿燃料，我还要回来!”全场笑声停止，观众对小朋友报以热烈的掌声。

点评：

如果林克莱特没有耐心完整地听下去，而是把这个孩子未表达完的意思堵塞住，那会出现一个怎样的结局呢?

学习笔记

三、有效倾听的技巧

为了使沟通有效，我们应该重视倾听，努力克服倾听障碍，掌握倾听的技巧，提高倾听能力。

（一）认真准备，营造良好环境

倾听环境对倾听的质量和效果具有重要的影响。因此，我们应该根据沟通内容及需要，合理确定沟通时间，选择适当的沟通场所，调整好自己的心态，确保沟通能够在不受外界干扰的情况下进行，并使双方能有一个良好的、适宜的沟通氛围。

（二）真诚理智，消除主观障碍

1. 专注认真，身心投入

集中精力，保持开放的心胸和积极的态度去倾听，同时恰当地运用肢体语言，显示倾听者诚恳的态度。诸如身体可以略微向前倾，目光注视着对方，时不时点头示意等都会让对方受到很大的鼓励。

① 吕国荣，高志坚．沟通的魅力[M]．北京：中国电力出版社，2010：7.

2. 设身处地，换位思考

在沟通中，一个人说什么话，不仅与对象、环境气氛有关，还与说话者当时情绪心境有直接的关系。倾听者应该调整自己的心境，尽可能进入对方的角色，设身处地地站在对方的立场，努力理解对方要表达的含义，保证双方对信息的理解是一致的。

3. 摒弃偏见，不先入为主

在倾听中，时刻注意提醒自己摒除偏见，不戴“有色眼镜”，只关注信息本身，而不让自己以往的成见影响倾听。

沟通·小故事

蜡　烛[①]

有一位单身女子刚搬了家，她发现隔壁住着一户穷人家，一位妈妈与两个孩子。一天晚上，忽然停电，女子点着了蜡烛。没一会儿，忽然听到有人敲门。原来是隔壁邻居的小孩子，只见他紧张地问：“阿姨，请问你家有蜡烛吗?”女子心想，他们家竟穷到连蜡烛都没有吗？千万别借给他们，免得被他们依赖！于是对孩子吼了一声说：“没有!”正当她准备关门时，那小孩儿展开关爱的笑容说：“我就知道你家一定没有!”说完，竟从怀里拿出两根蜡烛，说：“妈妈和我怕你一个人住又没有蜡烛，所以让我带两根送你。”这一刻，女子无比羞愧，同时感动得热泪盈眶，将小孩儿紧紧地拥在怀里。

点评：

女子的偏见蒙蔽了她的双眼。

4. 客观倾听，不妄下结论

积极真诚地倾听，不应该以自己的喜好屏蔽信息，而是应该客观倾听，不轻率地过早作出主观臆断，这样才能全面了解信息，客观评判信息。

5. 察言观色，多听少说

很多时候人们说的话并不是他实际上真正的想法，这就需要仔细地去观察对方的姿态、动作及语言，找到对方真正想要表达的意思。

听懂弦外之音的三个层次

大多数人都乐于畅谈自己的想法而不是聆听他人所说，但一个人不可能在同一时间内又说又听。在沟通中，应学会顺其自然地转换说话者和倾听者的角色，尽量把说话时间缩到最短，以给对方讲话的机会。切忌滔滔不绝，不给别人说话的余地，更忌讳随意打断对方说话。

(三)主动倾听，给予正面鼓励

1. 注视对方

注视是表示对说话者重视的最好方式。倾听者的注视目光会使对方心理上得到慰藉和鼓励，同时，也能使倾听者自己把注意力集中在对方身上，避免分心走神。

① 杜慕群．管理沟通[M]．北京：清华大学出版社，2009：290.

学习笔记

2. 点头微笑

倾听者点头微笑是表达对对方的认可和鼓励，可以激发讲话者的自信心与思维活跃程度，并能建立起相互之间的信任与尊重。

3. 适当记录

倾听过程中适当做笔记，有助于使对方相信你的诚意，同时也可以使倾听者不易涣散、疲倦，从而有助于倾听者用心倾听。

（四）及时响应，适时进行反馈

1. 观察情绪，给予呼应

有效的倾听者不仅会对听到的信息表现出兴趣，而且能够利用各种动作表情随着对方的情绪变化给予及时的呼应和反馈。

2. 学会重复，适时提问

有效的倾听者常常会使用这样的语言："按我的理解，您的意思是……""就像您刚才所说的……""您是说……"复述对方的话能表示对对方的尊重，赢得对方的信任，也有助于确定是否曲解对方的意思。

有效提问也是积极倾听的一种重要方式。通过适时、适度的提问，不仅可以促进、鼓励对方继续说话，而且能使倾听者获得更多、更新的信息，从而增进双方的感情。当然，我们应当掌握提问的技巧，避免干涉性、盘问式的提问，以及不礼貌的方式和语气。

沟通·小故事

错误的提问

小李最近失恋了，她格外苦恼，一直想找个朋友倾诉一番。这天，她找到朋友小林，两人走进茶坊，一边喝茶一边聊起来。小李喋喋不休地诉说着这几天来的烦恼。小林一开始还认真聆听，不时地劝说、安慰小李。可不一会儿，在小李说得正投入时，小林忽然开口问道："小李，你知不知道你男朋友的单位现在是否还招聘文员？我的一个朋友想去那个单位。"小李没想到自己正在烦恼和悲痛中，小林却忽然向她提出这么一个问题。她沉吟了片刻说："等过几天我心情好一些帮你问问吧。"然后她再也不想多说什么了，闷闷不乐地与小林告别。

点评：

交流中应该换位思考，理解别人。小林不顾小李的特定心境，随便提出一个不适境的问题，阻断了小李的交流愿望。

活动平台

活动一　相似形状

[活动目的]

练习语言沟通，增进团队沟通、协作。

学习笔记

[活动要求]

1. 地点：教室。

2. 用具：每人一本书或其他相同物品(饮料瓶、盒子等)。

3. 方式：将人员分组，每两组编成一个竞赛小队。

[活动内容]

1. 一个竞赛小队中的一组，背对着另一组先将自己的物品摆成任意形状，然后通过语言描述给同队中的另一组，另一组听到后开始摆放。互相背靠背进行，图形应有创意并有一定难度。

2. 另外一队同样操作。

3. 10 分钟后，哪一队摆放的形状最相似、最有创意，哪一队获胜。

4. 讨论分享以下问题。

(1)沟通中语言描述是否精练、准确?

(2)如果形状相似度差，是什么原因呢?

(3)分享团队合作的体会。

活动二 机器人

[活动目的]

练习非语言的沟通、对不同解决问题方法的运用以及对信息的反馈能力。

[活动要求]

1. 地点：教室或空地。

2. 用具：眼罩、各种物品(书、笔、杯子等)。

3. 方式：10～12 人一组，多组以比赛形式进行。

[活动内容]

1. 将各种物品放在活动区内的各个不同地方。

2. 每个组派出一个人为“机器人”。

3.“机器人”戴上眼罩坐在活动区中央的凳子上。

4.“机器人”在小组其他成员发出的信号指引下(不允许说话)，将指定的物品拿到并放到规定的地方。然后再换另一人为“机器人”，继续进行。

5. 小组每人进行完毕，以速度快的小组胜出。

6. 结束后讨论分享以下问题：

(1)如何用非语言形式使信息有效地传递?

(2)沟通中都遇到了什么问题?你是怎么解决的?

(3)是否有人考虑到“机器人”的感受?

(4)分享自己作为“机器人”的感受。

学习笔记

活动三 猜谜语

［活动目的］

有效提高倾听能力。

［活动要求］

1. 地点：教室。

2. 用具：白纸、笔。

［活动内容］

1. 由老师提出一系列问题，每个问题都有一个简单的答案。每题只念一遍。

2. 每人按问题顺序将答案记在纸上。

3. 检查大家的答案，重新念一遍问题并给出答案。

4. 讨论分享以下问题。

(1)你答对了多少？

(2)如果成绩不理想，为什么？

(3)为什么我们说倾听应该是积极主动的呢？

5. 谜语问题。

(1)我国法律是否规定成年男子不得娶其遗孀的姐妹为妻？

(2)如果你晚上8：00上床睡觉，设定闹钟9：00将你吵醒，你能睡几小时？

(3)在我国，每年都庆祝10月1日国庆节，在英国，是否也有10月1日？

(4)如果你只有一根火柴，当你走进一间冰冷的房间时，发现里面有一盏灯、一个燃油取暖器、一个火炉，你会先点燃哪一个来获得最多的热量？

(5)平均一个男子一生可以有几次生日？平均一个女子一生可以有几次生日？

(6)根据国际法规定，如果一架飞机在两个国家的边境坠落失事，那些不明身份的幸存者应该被安葬在他们准备去的国家，还是出发的国家？

(7)一位考古学家声称发现了一枚标有公元前48年的钱币，这可能吗？

(8)有人造了一幢普通的有四堵墙的房子，只是每面墙上都开着一个面向南的窗子。这时有只熊来敲门，猜猜这只熊是什么颜色的？

活动四 观电影，谈体会

观看印度电影《印度往事》、中国电影《喜宴》、法国电影《天使爱美丽》、美国电影《辛普森一家》，体会不同国家的典型文化特征。

自我检测

1. 你的表达能力怎么样？

(1)你如何表达和阐述你的观点？（　　）

A. 分条列项阐述　　B. 重点突出，条理清楚　　C. 直接陈述

学习笔记

(2)你一般采用怎样的方式表达你的观点？(　　)

A. 语言文字、图像和数据并用　　B. 图形、数据和声音并用

C. 直接运用语言

(3)你在当众表达时，一般如何把握你的声音？(　　)

A. 重点突出，抑扬顿挫　B. 注意控制音量　C. 对麦克风进行挑选和试用

(4)你在当众表达时，一般如何把握你的语速？(　　)

A. 语速适中　　B. 注意表达的节奏　　C. 通过停顿调节语速

(5)你在表达时，如何运用你的语言？(　　)

A. 尽量简单精练　　B. 通俗表达　　C. 根据受众对象，选择专业术语

(6)在表达时，你如何运用技巧很好地和听众进行交流？(　　)

A. 和听众保持眼神交流　　B. 运用手势吸引听众　　C. 通过幽默调节气氛

(7)你认为如何才能让你的表达吸引听众？(　　)

A. 完美的开场白　　B. 充满逻辑性和故事性的论述　　C. 自己的权威性

(8)当你向上级汇报工作时，如何表达？(　　)

A. 结果突出，重点解释　　B. 重点突出，清晰表达

C. 照本宣科，宣读报告

(9)当你要求同事配合你的工作时，你从哪个角度进行表达？(　　)

A. 发出邀请　　B. 陈述同事对工作的重要性　　C. 直接要求同事合作

(10)当你向下属分配任务时，如何表达？(　　)

A. 明确任务，并限定时间　　B. 说清任务，明确利益

C. 传达任务，限期完成

说明：选 A 得 3 分；选 B 得 2 分；选 C 得 1 分。

测试结果：

24 分以上，说明你的表达能力很强，请继续保持和提升。

15～24 分，说明你的表达能力一般，请努力提升。

15 分以下，说明你的表达能力很差，亟须提升。

2. 你了解身体语言吗？

(1)当一个人试图撒谎时，他会尽力避免与你的视线接触。(对/错)

(2)眉毛是传达一个人感情状态的关键线索之一。(对/错)

(3)所有的运动和身体行为都有其含义。(对/错)

(4)大多数身体语言交流是无意识行为的结果，因而是个人心理活动的最真实流露。(对/错)

(5)在下面哪种情况下，一个人最可能采用身体语言交流方式？(　　)

A. 面向 15～30 个人发表演讲　　B. 与另外一个人进行面谈

学习笔记

(6)当一位母亲严厉斥责她的孩子，而又面带微笑时，孩子将会(　　)。

A. 相信语言信息　　B. 相信身体语言信息　　C. 同时相信两种信息

D. 两种信息都不相信　　E. 变得迷惑不解

(7)如果你想表示要离开，那你将采用什么样的动作？请写下来。

(8)别人对你的反应取决于你通过交流给他们的印象。(对/错)

(9)下面哪些举动能使你给人留下更好的印象？(　　)

A. 谈话中不使用手势　　B. 避免较长的视线接触　　C. 仅偶然地露出微笑

D. 上述所有动作　　E. 不包括上述所有动作

(10)身体语言交流相对于口头交流或书面交流有许多优势，你能列举一些吗？

3. 你善于倾听吗？

(1)朋友们心里有事，通常把你当成共鸣箱。　　A. 是　B. 否

(2)你愿意倾听他人的烦恼。　　A. 是　B. 否

(3)社交聚会中，你从一个谈话圈子转到另一个谈话圈子，经常感到还会有更好的谈话对象。　　A. 是　B. 否

(4)对方不能很快明白你的意思，你就会不耐烦。　　A. 是　B. 否

(5)你喜欢接叙别人说的笑话或故事。　　A. 是　B. 否

(6)别人跟你说话时，你总在想下句说什么。　　A. 是　B. 否

(7)大多数人说话很乏味。　　A. 是　B. 否

(8)你通常比和你说话的人说得多。　　A. 是　B. 否

(9)别人和你说话时，要重复一两次。　　A. 是　B. 否

(10)你喜欢说胜于听。　　A. 是　B. 否

说明：参考以下答案，选对得1分，选错或漏选不得分。

(1)是　(2)是　(3)否　(4)否　(5)否　(6)否　(7)否　(8)否　(9)否　(10)否

测试结果：

(1)总分为8分以上，你很善于倾听。

(2)总分为4～7分，你的倾听技巧一般，还要努力改善。

(3)总分为3分及以下，你不善于倾听，必须重视改善自己的倾听习惯。

4. 节日到了，你要送一些“祝福”给你的亲朋好友，你将采取什么沟通方式？比较其优缺点。

学以致用

1. 根据设定沟通情境，运用沟通技巧。

沟通情境	沟通技巧
公司领导问你：在忙吗？你如何回答	

学习笔记

续表

沟通情境	沟通技巧
请求同事帮助解决难题	
有下属向你投诉时	

2. 创业者小李向几位投资人展示自己的创业项目，希望获得投资人的投资。整个介绍过程中，小李非常自信，侃侃而谈。他充满激情地演讲自己的项目，背诵着一系列的广告语和数据，自始至终不停地说，语速也非常快。在一位投资人不耐烦的提醒后，他还是自顾自地一直说。当投资人质疑时，他没有解释却极力反驳。他说想得到投资人的指点，当投资人想说话时，他却没有停下。最后没有一个投资人愿意给他投资。

问题：请大家分析一下为什么小李没有获得投资，在他的沟通中存在哪些问题。

模块实训

实训一　传递信息

[实训目的]

了解信息在通过各种“渠道”加以传递时往往会失真。

[实训要求]

1. 地点。

教室及可利用的教室外的场地(比如走廊)。

2. 方式。

(1)4～5 人一组。

(2)时间：10～12 分钟。

(3)准备一则摘自报纸杂志的简短文章。

[实训内容]

1. 过程。

(1)事先从近期报纸或杂志中摘录一则简短的文章，但不要是最热门的新闻。

(2)将各组成员按 1～5 号分好次序。

(3)请 1 号留在教室内，其他人先出去。

(4)把故事念给各组的 1 号听，但不允许他们提问或做记录。

(5)2 号可以从教室外进来，每组的 1 号负责将故事复述给 2 号听。

(6)3 号进来，2 号负责将故事复述给 3 号听，依次类推。

(7)老师抽查几组的 5 号成员，请他们复述一下听到的故事。

2. 分享。

(1)每个传递者是否遗忘了一些内容？如果是，遗忘了哪些内容？

学习笔记

(2)故事在传递中，出现了哪些错误或篡改？

(3)如何才能注重加强记忆和理解？在现实生活中，可以采取哪些方法？

3. 总结。

师生共同总结。

实训二　非语言的自我介绍

[实训目的]

了解、运用肢体语言沟通。

[实训要求]

1. 地点。

教室。

2. 方式。

(1)两人一组。

(2)用动作向对方介绍自己。两分钟后双方互换。

[实训内容]

1. 通过图片、标志、手势、目光、表情等非语言形式交流。

2. 介绍完之后，互相交流加强对对方的了解。

3. 讨论分享以下问题。

(1)你用肢体语言介绍自己时，表达是否准确？

(2)你读懂了多少对方用肢体语言表达的内容？

(3)你的同伴给了你哪些很好的线索使你了解他？

(4)我们在运用沟通方法时，存在哪些障碍？怎样才能消除这些障碍？

实训三　让我们谈谈

[实训目的]

了解肢体语言的作用。

[实训要求]

1. 地点。

教室。

2. 方式。

两人一组。

[实训内容]

1. 请邻座两人进行交流，时间为3分钟，交谈内容不限。

2. 3分钟后，请大家停下。

3. 请大家说明在刚才的交谈中发现对方有哪些非语言的表现(如肢体语言或表情等)。

4. 请大家再继续交谈3分钟，但这次不要有任何非语言表现。

学习笔记

5. 比较两次交谈的效果。

6. 讨论。

(1)在第一次交谈中是否意识到自己的非语言表现?

(2)是否发现对方有什么令人不快或心烦意乱的动作或姿势?

(3)当我们被迫在不使用任何非语言交谈时，你有什么感觉?

(4)分享非语言在沟通中的作用。

实训四　倾听与反馈

[实训目的]

学习人际沟通的基本技巧——倾听，体会倾听与反馈在人际沟通时所产生的效果。

[实训要求]

1. 地点。

教室。

2. 方式。

3 人一组。

[实训内容]

1. 每组 3 人轮流当说话者、倾听者、观察者，每人皆须分别当过三种角色，体会每种角色的立场与感受。

2. 三种角色的任务如下。

(1)说话者：在 5 分钟内主动引发各种话题。

(2)倾听者：只扮演“听”与“响应”的角色，不主动引发任何话题。

(3)观察者：不介入说话者与倾听者的对话，只负责观察两人的对话情形。

3. 说话者与倾听者分享彼此的感受，观察者说出所观察到的情形。

4. 讨论在人际沟通中表达和倾听的作用及倾听的技巧。

学习反思

模块三

与不同人沟通的艺术

学习目标

1. 了解与长辈、上司、同事和客户沟通的原则。
2. 了解职场新人的沟通艺术。
3. 掌握与长辈沟通的技巧。
4. 学会与老师、同学及朋友进行沟通，并能根据实际情况使用恰当的沟通技巧。
5. 学会如何与上司、同事和客户进行沟通，并能根据实际情况使用恰当的沟通技巧。

小格言

营造一张和谐舒适的人际关系网络，是您打开成功之门的钥匙。

——李嘉诚

人际沟通的对象是人，任何沟通技巧都是针对交往对象的心理，采取有的放矢的方式。在日常生活和职场生涯中，难免会遇到各种各样的人，在与各种不同的人进行沟通时，对语言、情感、沟通环境等都需要有所区别。谙于此类沟通技巧，你在人际沟通中就有了各种充实的形象，思想情感的表达也就更加饱满，生活会更加和谐。本章将为你介绍日常生活中与长辈、老师、同学、朋友的沟通和未来职场生涯中与上司、同事、客户的沟通。

案例导入

特德·特纳的遗憾[①]

美国著名的特纳公司的老板特德·特纳是美国最富有的人之一，是美国新闻界和娱乐界的焦点人物。然而，如此成功的一个人当被问及最大的憾事是什么时，他会难过地回答："没能做一个像样的儿子。"

老特纳曾是一个知名的广告商，他与儿子在早年便有许多思想上的隔阂，在许多方面都难以达成一致。据说，这父子俩只要单独在一起超过10分钟，就会争吵得不可开交，谁也说服不了谁，谁也不让谁，每次都搞得不欢而散。那时，年轻气盛的特德·特纳总认为，有个性的人必须勇于坚持自己的主张，即便是亲生父亲也不例外。直到后来有一次父子俩为是否卖出一部分名下产业而彻底意见对立，正在人们观望这对父子到底是谁会占上风的时候，老特纳却突然饮弹自尽了，虽说死因并非完全与此事有关，但至少也是因素之一。特德·特纳为此深受刺激，后悔不迭，他深信，如果自己不是那么激烈地与父亲争论，以致伤了他的自尊，而是先把自己的观点放一放，慢慢用事实说服他，也许父亲就不会死。

感悟心语：

理解与尊重是人际沟通的基础，对自己的父母、长辈应该如此，对自己的朋友、老师、同学、同事、上司等也应该如此。

学习笔记

单元1 日常生活沟通

在众多沟通中，与长辈、老师、同学和朋友沟通是日常生活最重要的内容，因为生活就是沟通，沟通就是交流感情。即使是自己身边的长辈、老师、同学、朋友，也往往会因为沟通不够或不畅产生误会。因此，学会生活就必须学会与长辈、老师、同学和朋友交流与沟通。

一、与长辈的沟通

父母是我们人生的启蒙老师，走近父母、亲近父母，多与之交流沟通，能开启心智，获得人生经验。

（一）与长辈沟通的原则

1. 尊重为根本

沟通以尊重为前提。尊重是处理自己与父母之间相互关系的立足点。尊重父

① 张喜春．人际交流艺术[M]．北京：清华大学出版社，2009：167.

母，一方面要尊重父母的生活方式；另一方面要尊重父母的思想观念。为人子女者，对待父母应处处以礼相待，不论在任何情况下都绝不允许自己的一言一行失敬于父母。

2. 求同又存异

“代沟”的说法由来已久。两代人之间存在着差异是必然的。代际交往的和谐之策便是求同存异。求同存异，一方面要求舍弃有碍代际交往的心理和行为；另一方面要求主动寻觅与父母的“共同语言”，达到求同的目的。若能达到求同存异，与父母的沟通就会变得更顺畅、更愉快了。

3. 理解当为先

求同存异的基础是理解。凡为人父母者，都要承载巨大的心理、家庭和工作等多方面的压力，作为子女一定要理解他们。在代际沟通中，理解更多的是要求能够设身处地为父母着想，站在父母的角度看待问题。父母快乐，你要高兴；父母悲伤，你要安慰。同理才能同心。

(二)与长辈沟通的技巧

1. 聆听父母讲话

与父母沟通时，要懂得用心去聆听。一个人不会聆听父母说话，那么他就不会体会到父母的情感，就不会走进父母的内心世界。在生活中，即便是父母的唠叨，也要有足够的热情去聆听，因为你的聆听会在很大程度上满足父母心理上的需求；相反，你漠视父母的唠叨，父母可能会很失落。

2. 多陪父母聊天

当子女们长大成人，离开父母求学、工作时，辛劳父母的内心会倍感孤独和寂寞。子女们应该经常与父母进行沟通和交流，打个电话、写封家书、发个短信等。沟通内容或是谈工作、生活、学习方面的情况，或是谈发生在自己身边的逸闻趣事，让父母少些担忧，少些挂念，多些欢乐，多些幸福。

与长辈交流的忌讳：忌常提死亡，忌说高年龄，忌破坏自尊，忌乱开玩笑。

3. 听从父母管教

父母相对于子女来说，知识多、阅历广、涉世深，且更有见地。因此，当父母管教子女时，子女一要虚心服从；二要表示感激；三要尽可能地将其落实到自己的具体行动上。不可以当场顶撞父母，无理狡辩，或是弃之不顾。即使表面上显得不耐烦，亦是非常失礼的。

4. 常回家看父母

生活中不管是富有的父母，还是贫困的父母，大都希望自己的子女守候在自己身边，尤其是年老体弱、身体不适时，思念儿女的心情更加强烈，若再遇上节假日，更是有说不尽的忧伤。因此，子女应该带上笑容，带上祝愿，常回家看看。

沟通·小看板

你们知道吗

在父母眼里我们永远是长不大的孩子，他们的爱无处不在，但是你们知道吗？

父母的生日。

父母的身体状况。

父母遇到的烦恼。

父母近来的心情。

父母的经济状况。

父母对我们的期望。

二、与老师及同学的沟通

师生关系、同学关系，几乎人人皆有，是人际关系中最常见的、最频繁的关系，而和谐的师生关系、同学关系将使我们终身受益。

（一）如何与老师沟通

1. 与老师沟通的技巧

接受老师。美国著名心理学家、咨询专家高顿认为接受他人是培育良好关系的重要因素。接受老师，会令自己敞开胸怀，甚至可以激发自己的学习兴趣；而不接受老师，则使自己焦虑不安，导致反抗，致使交流滞塞、终止。

尊重老师。师生在人格上是绝对平等的，老师应注意尊重学生，学生更要尊重老师，如见到老师问声好、上课认真听讲、不给老师起绰号等。尊重老师，是每个学生最起码的道德品质。学生越是尊重老师，越能激发老师的激情，使其把真才实学教给学生。

沟通·小佳话

程门立雪①

“程门立雪”，典出宋代学者游酢、杨时向儒学家程颐拜师求教的故事。游酢与学友杨时都已是40来岁的进士了，还要继续求学，从福建到河南洛阳拜著名儒学家程颐为师。游酢、杨时来到程家，正遇上这位老先生闭目养神，程颐知道有人来却不动声色，二人恭恭敬敬肃然侍立，一声不吭，如此等了好半天，等程颐醒来，见是游酢、杨时二人，装作一惊道：“啊！贤辈犹在此乎？”那天正是严冬最冷的一天，门外已积雪三尺。“程门立雪”被传为佳话，流传千古。

---

① 王封臣．评书中华好典故[M]．北京：中国铁道出版社，2020：44.

尊师，是中华民族的优良传统。古语有“一日为师，终身为父”之说。游酢、杨时二人拜师、尊师，顶严寒、立雪于恩师程颐门外成为尊师之表。

学习笔记

有同理心。有同理心要求学生能站在老师的立场和角度去了解老师的心情，思考问题。对任何事物的看法，老师和学生之间都不可能完全一致。所以，老师应从学生的角度去观察和分析问题，以更好地理解学生；学生也要设身处地从老师的角度去思考问题，找出与老师产生不同看法的原因，让老师感到学生是理解自己的。如此，师生的沟通才会有效。

2. 与老师沟通的方式

课堂交流。学生上课时应不失时机地与老师进行沟通，课堂上师生能沟通好的话，将起到事半功倍的效果。在沟通的过程中，一个轻浅的微笑、一个专注的眼神、一个微微的点头、一个简单的提问（含字条式的提问）、一个积极的应答以及集体互动式的讨论等，都可以起到友好、亲近、信任的交流效果。

课下交流。学生可以利用课间及业余时间加大和老师的非正式交往。操场上、过道里的相遇都是师生进行沟通的好机会，学校、社会、家庭、朋友、同学都是师生沟通的好话题，作业、信件、短信、电话、邮件及QQ聊天等都是师生沟通的好形式。如此，学生才可以了解到老师除上课以外的另一面，师生间的关系才会越来越融洽，师生间的沟通也就变得更顺畅。

3. 与老师沟通的禁忌

举止失敬。在老师面前行为失当，故意怠慢老师，或认为老师教书是本分，用不着什么礼节礼貌等，这会给师生关系蒙上一层阴影；而对老师最大的不敬，就是不好好学习。试想，一个为学生呕心沥血的老师，如果得到的是学生的不好好学习，那么他必定产生失落，甚至失败之感。

苛求老师。人无完人，老师也一样。老师的知识面再广博、阅历再丰富也是有限的。如果老师观点不正确，如果老师太严厉，身为学生，不可过于苛求，不能以偏概全，应该有所体谅和理解。良好的师生关系，离不开谦逊的态度。当然，如果发现老师有缺点，可真诚地以恰当的方式指出来。

傲慢无礼。无论是老师还是学生，在相处时都不要傲慢和无礼，只有缺乏修养的人才会表现出这些行为。傲慢的老师征服不了学生的心，走进不了学生的心灵，而无礼的学生也无法走近老师、了解老师。

（二）如何与同学沟通

1. 与同学沟通的技巧

彼此尊重。尊重是处理好任何一种人际关系的基础，同学关系也不例外。同学关系不同于亲友关系，它不是以亲情为纽带的社会关系，亲友之间一时失礼可以用亲情来弥补，而同学之间的关系则是以学校为纽带的，一旦失礼将难以弥补。因此，处理好同学间的关系，最重要的是尊重对方。

学习笔记

和睦相处。学习期间，同学们朝夕相处，有的时候，不仅同在一个班学习，而且还居住一室一同生活，因此，彼此间的摩擦、矛盾、误会等在所难免。如果出现摩擦、矛盾，彼此间不可过于计较，要宽容大度，俗话说，退一步海阔天空；如果双方出现误会，应主动向对方说明，不可小肚鸡肠，耿耿于怀。学会道歉是保持同学友好关系的重要手段。

相互帮助。同学有困难，应主动伸出援助之手，对力所能及的事应尽力帮忙；对同学遭遇的不幸、偶尔的失败、学习上的困难、家庭的贫困，不能冷嘲热讽，而应给予热情的帮助。

共同进步。同学间相处不论学习还是生活，都要彼此支持、相互鞭策。不应当采取不正当的竞争，更不应当互相搞封锁、动心计，甚至有意阻碍对方的正常进步。同学间应以开放的心态相互鼓励、公平竞争，这样才能促进个人的进步，实现共同的提高。

2. 与同学沟通的禁忌

不议隐私。每个人都有自己的隐私，往往与个人的名誉相关，背后议论他人的隐私会损害他人的名誉，引起双方关系的紧张甚至恶化，因而是一种不光彩的、有害的行为。

不说长短。同学间相处要谨言慎行，在背地里说长道短，这是同学间最忌讳的事。听到闲言碎语后，正确的做法是，自己不传、不说，听别人说，要认真分析真伪，不轻信，更不可再向别人传播。

不占便宜。同学间会发生相互借钱、借物或馈赠礼物等物质上的往来，但切忌马虎，要记得清楚，还得及时。在物质利益方面，无论是无意或者是有意地占对方的便宜，都会在对方心理上引起不愉快，从而降低自己的人格。

不无分寸。同学间，即使是关系要好的同学间，说话也要注意分寸，该说的说，不该说的不说。不说侮辱人格的话，不说不文明的话；不可一高兴就信口开河，一生气就暴跳如雷。俗话说，病从口入，祸从口出，讲的就是这个道理。

 沟通·小看板

异性同学间如何交往①

1. 文明

异性同学之间说话要文明，切忌粗话、脏话；举止要大方，对待异性不可拍拍肩膀，打打闹闹；尊重对方，不要拿对方开心取乐，也不要不尊重异性的感情。

① 齐丽丽．大学生心理健康教育[M]．南京：江苏大学出版社，2018：165.

2. 场合与时间

异性同学相处，不要在阴暗、偏僻的场所，而应在公共场所；不要在晚上单独交往，以防止出现各种幻想；到异性宿舍，应得到准许，且不应停留过长时间。

3. 距离

异性交往本身有一种自然的吸引力，因此，若男女同学交往距离太近，且有身体接触，难免会引起冲动。因此，男女同学接触，应注意保持一定的距离，这也是一种礼貌。

三、与朋友的沟通

没有朋友的一生是孤独的一生。朋友是我们一生中一笔宝贵的财富。一个喜欢别人，又能让别人喜欢的人，才是世界上最成功的人。

（一）如何交朋友

1. 志同道合

小贴士

爱因斯坦说：“世间最美好的东西，莫过于有几个头脑和心地都很正直的真正的朋友。”

结交朋友，自然具有一定的目的性。回避这一问题，既不诚实，也没有必要。假如想要结交对自己的进步有益无害的朋友，则一般应当寻求那些在思想上能够相互交流、在品行上能够相互鼓励、在学习上能够相互促进、在工作上能够相互帮助、在生活上能够相互关心的人成为自己的朋友。一般而言，人人皆应选择志同道合、品德高尚、知心敢言、忠诚可靠、能补己短的人做朋友。

2. 真诚相待

朋友相交，真诚为本。真诚是相互信赖和友好交往的基石。古人云：“腹心相照者，谓之知心。”知心朋友和牢固的友情是通过真诚相处而获得的。唯有真诚待人，才能赢得他人的信赖，才会使友谊长存。怀疑他人的真诚，这是朋友交往的大忌，这不仅会将自己引入沟通的误区，还会伤害对方的自尊，导致友情危机。

沟通·小故事

富翁的试验①

有一个富翁为试验别人对他是否真诚，就假意患病而住进医院。测试的结果令富翁感到非常沮丧。

“很多人来看我，但我看出其中许多人是希望分享我的遗产而来探望我的。”

“经常和我有往来的朋友都来了，但我知道他们不过是当作一种例行的应酬。”

“有一个从前欠我许多钱的人也来了，但在看我之前，他已把所欠的钱还给我了，所以他在病床前很自负地说：‘先生，我是还清了债才来看你的。’所以我认为，这人是为了争一口气而来的。”

① 黄德灿．满公作文快车道初中[M]．武汉：湖北教育出版社，2013：219.

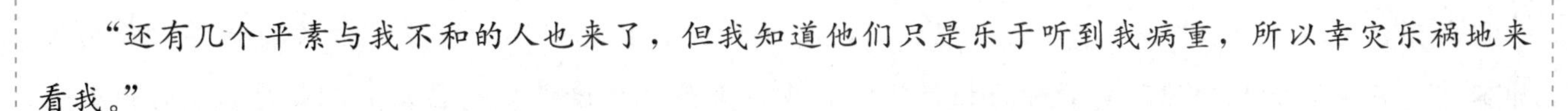

“还有几个平素与我不和的人也来了，但我知道他们只是乐于听到我病重，所以幸灾乐祸地来看我。”

“有一个和我素不相识的人也来了，他说久仰大名，得悉阁下有病，特来探望，谨祝早日康复。这个人是为了好奇来看我的。”

如此，依富翁的说法，他的试验结果是完全失败的。

点评：

英国专门研究社会关系的卡斯利博士说：“我们为什么苦于测验别人对自己的真诚呢？测验一下自己对别人是否真诚，岂不更可靠？”朋友间交往，真诚是相互的。

3. 尊重为上

朋友之间的交流，一定是建立在相互尊重的基础上，朋友之间再亲密也不能表现得放肆，更不能去伤害朋友的自尊心。只有以尊重架通的友谊桥梁才能长存。

小贴士

每个朋友对你都是珍贵的！

每个朋友都不可放弃！

每个朋友都要保持一定的关系！

4. 贵在坚持

朋友相交，贵在坚持。与人做一天的朋友容易，做一辈子的朋友则有一定的难度。通常长时间不联系，朋友关系难免会冷淡。因此，交友要持之以恒，彼此间应经常相互走访、定期聚会、利用媒介互致问候、托人致意等，以加固感情、保持友谊。

5. 宽容大度

每个人的性格、脾气和修养都各不相同，为人处世的方式也各有异同。对朋友不必吹毛求疵。朋友间交往应本着宽容大度的原则，如果凡事都斤斤计较，那么就不会有永久的朋友。

沟通·小佳话

管鲍之交[①]

春秋时，齐国名臣管仲，起初因家境贫寒与友人鲍叔牙合伙经商，到结账分红时，擅自分去一半多。他人均谓管仲贪婪，为鲍叔牙鸣不平。但鲍叔牙却说：“他家比我穷，应该多分一点儿。”鲍、管商量事情，管仲出的主意灵者少，人们都嘲笑管仲笨拙，鲍叔牙说：“他不是笨，只是时机不到罢了。”管仲应征入伍，每逢打仗，冲锋在后，退却在前，别人讥讽他是胆小鬼，鲍叔牙却说：“他家有父母，得留下来侍奉啊。”凡此等等。管仲不无感慨地说：“生我的是父母，理解我的就是鲍叔牙。”后来两人分别辅佐齐襄公的公子纠和公子小白。齐襄公死后，纠与小白争立，管仲一箭射中小白的带钩。及至小白即位，就是齐桓公，欲报此一箭之仇，要杀管仲，鲍叔牙极力请求赦免管仲并

① 郝勇．中国古代用人故事大观[M]，南昌：江西美术出版社，2019：78—79.

郑重向齐桓公推荐说："如果您仅想治理齐国，有高大夫和我也就够了；要是想称霸诸侯，非用管仲不可。"齐桓公听此劝谏，委管仲为相，执掌国政，果然九合诸侯，一匡天下，成为春秋时代第一霸主。

一般而论，与朋友交往不计小节还比较容易，至于合伙经营利益分割之多寡、作战是勇敢还是怯懦，就难以谅解。鲍叔牙对管仲能有如此胸怀，并非出于朋友"义气"，而是出于对管仲的经天纬地之才有极深的了解之故。基于此，"管鲍之交"千古传颂，成为交友的典范。

6. 相互帮助

朋友相交应互相帮助。当朋友有困难时，尤其是在朋友身处危难之际，主动伸出援助之手，会让朋友备感温暖；而有时恰如其分地接受朋友的帮助，会让朋友感到幸福，并有成就感。

沟通·小看板

蜘蛛侠与朋友

在风靡全球的影片《蜘蛛侠3》里，蜘蛛侠一直在努力地提供帮助，哪里发生了抢劫，他赶忙去捉拿坏人；哪里出了事故，他立即去抢救身处危险的人；朋友和他反目成仇，在激烈的争斗后摔倒在地上昏迷过去，蜘蛛侠第一时间将他送往医院。

但是，当他在穿上那身由外星球来的怪物所伪装的蜘蛛侠服装时，他却变得凶狠好斗起来。这时候，美丽漂亮但事业不顺的女主角说了一句让人回味无穷的话："谁都有需要帮助的时候，即使是神勇的蜘蛛侠。"

影片结尾，恢复正义的蜘蛛侠面临着来自沙人和外星怪物的挑战。关键时刻，蜘蛛侠的朋友赶到现场，帮助蜘蛛侠一起打败了敌人，赢得了胜利。

7. 淡泊名利

朋友交往应不带任何功利色彩，其真谛在于心灵的沟通。真正的朋友，其关系绝不可能用利益来维系和衡量。朋友间超脱利害、利益关系的友谊，才是纯真的友谊、真正的友谊。

沟通·小故事

海涅的回信①

有一次，德国诗人海涅收到一位友人的来信，拆开信封，里面是厚厚的一捆白纸，一张一张紧紧包着，他拆开一张又一张，总算看到最里面的一张很小的信纸，上面郑重其事地写着一句话："亲

---

① 龚俊．青年社交宝典成功励志珍藏版[M]．北京：煤炭工业出版社，2018：107.

爱的海涅，最近我身体很好，胃口大开，请君勿念。你的朋友露易。”

过了几个月，这个叫露易的朋友收到了海涅寄来的一个很大很沉的包裹。他不得不请人把它抬进屋里，打开一看，竟是一块大石头，上附一张卡片，写道：“亲爱的露易，得知你身体很好，我心上的石头终于掉了下来。今天特地寄上，望留作纪念。”

点评：

这肯定会成为露易一生中最难忘的一封信。他给海涅的信有些“小题大做”，而海涅的回信却也生动形象，他以大石头比喻对朋友的担忧，以“石头落地”表示收信后的放心和轻松。这不仅体现了朋友之间的随和与坦诚，更让人感到朋友的热情和友爱。

(二)交友的误区

1. 不可过于亲密无间

朋友之间不能过于亲密，应保持适当的距离，这样彼此才会更加欣赏，情谊才会更加长久。若距离过近，则易造成彼此间的伤害。俗话说：“过密则挤，过挤则斥。”因此，在人际交往中，需要注意与朋友保持适当的距离。

沟通·小看板

刺猬法则[①]

为了研究刺猬在寒冷冬天的生活习性，生物学家曾经做过这样一个实验：把十几只刺猬放到户外的空地上。这些刺猬被冻得瑟瑟发抖，为了取暖，它们只好紧紧地靠在一起。相互靠拢后，刺猬身上的长刺又让彼此不堪忍受，很快又各自分开了。挨得太近，身上会被刺痛；离得太远，又冻得难受。没过多久，刺猬为了抗寒又逐渐靠拢。经过多次的摸索，它们逐渐找到了一个适中的距离，既可以相互取暖，又不至于被彼此刺伤。这便是心理学上的“刺猬法则”。

“刺猬法则”告诉我们：距离太远让彼此产生疏远感，不易成为肝胆相照的知己；距离太近容易看到对方的缺点，破坏曾经的美好印象，甚至还会伤害彼此。唯有保持合适的距离，才能维持和谐美好的人际关系。

2. 不可过于随便

朋友之间再亲密，也不可随便过头，不讲客套，这样维持友谊的默契和平衡将被打破，友好关系也将不复存在。因此，对好朋友也要客气有礼，这样才不至于伤了和气。

3. 不可不拘小节

有些人在与朋友相处时常常会忘乎所以、信口雌黄、不拘小节，诸如肆意打断朋友的谈话，讥讽嘲弄等，一旦出现这种情况，再亲密的朋友也会觉得你有失

① 赵林如编．中国市场经济学大辞典[M]．北京：中国经济出版社，2019：107.

体面、粗鲁庸俗，从而对你产生一种厌恶轻蔑之感。所以，在朋友面前应自然而不失自重，有分寸、有节制。

学习笔记

4. 不可没有信用

信用是依赖的基础，一个人如果失去了信用，也就失去他人对自己的信赖。即使是朋友之间也是如此。你可能习惯于朋友间一些无关紧要的承诺，但如果你总是不能很好地履行，常常失信于朋友，会令朋友们失望、扫兴，久而久之，他们认为你不可信赖，因而会避开你、远离你。

5. 不可讥讽嘲笑

朋友间，即使是最好的朋友之间，也不可随意到当众揭短，尤其是反复多次指出朋友的某一缺点或不足，或将朋友的短处拿出来作笑料，极尽挖苦、嘲笑、讥讽，以博得众人的大笑，其结果必然是得罪朋友、失去友谊。因此，朋友相处，应互敬互慕，千万不可讥讽嘲笑朋友。

6. 不可透支友情

朋友间需要互相帮助，但不可事事都向朋友求助。朋友是一笔珍贵的资源，可以使用却不宜透支。朋友间少不了舍与得，但这舍与得，都要把握好分寸，该舍的时候舍，该得的时候得。

沟通·小看板

朋　友[①]

朋友不是你的影子，随时随地跟着你；朋友不是你的老师，发现你有错误就能及时指出，有问必答；朋友不是你的父母，可以无私地包容你的一切；朋友能做的只是在你有困难而他们能帮得上忙时，伸手拉你一把。

单元2 职场沟通

进入职场后，会与各种各样的人打交道，如上司、同事、客户等。由于人们利益上的差别，所处的立场不同，对事物的看法也就有不同的切入点和关注面，冲突在所难免。因此，有效的人际沟通在职场中就显得非常重要。

一、求职面试沟通

沟通·小故事

小公主的愿望[②]

一位小公主病了，她娇憨地告诉国王，如果她能拥有月亮，病就会好。国王立刻召集全国的聪

① 欧俊．做人哲学[M]．南昌：江西美术出版社，2018：669.

② 彭小兵．管理学基础[M]．重庆：重庆大学出版社，2017：132－133.

明智士，要他们想办法拿到月亮。大臣说："它远在三万五千里外，比公主的房间还大，而且是由融化的铜所做成的。"魔法师说："它有十五万里远，用绿奶酪做的，而且整整是皇宫的两倍大。"数学家说："月亮远在三万里外，又圆又平像个钱币，有半个王国大，还被粘在天上，不可能有人能拿下它。"国王又烦又气，只好叫宫廷小丑来弹琴给他解闷。小丑问明一切后，得到了一个结论，如果这些有学问的人说的都对，那么月亮的大小一定和每个人想的一样大一样远。所以当务之急便是要弄清楚小公主心中的月亮到底有多大多远。于是，小丑到公主房里探望公主，并顺口问公主，"月亮有多大？""大概比我拇指的指甲小一点儿吧！因为我只要把拇指的指甲对着月亮就可以把它遮住了。"公主说。"那么有多远呢？""不会比窗外的那棵树高，因为有时它会卡在树梢。""那是用什么做的呢？""当然是金子！"公主斩钉截铁地回答。比拇指指甲还要小，比树还要矮，用金子做的月亮当然容易拿啦！小丑立刻找金匠打了个小月亮穿上金链子，给公主当项链，公主很高兴，第二天病就好了。

点评：

人们往往喜欢按照自己的意愿做事情，不论多么努力，效果总是不好。而通过沟通关注对方的真实需求，才能掌握人们心理、满足人们的需要。另外，选择好沟通的内容也十分重要，沟通内容选择好了，才能直入主题，简洁高效。

求职面试对大部分刚踏出校门的学生而言是相当陌生的，但它却是求职过程中极重要的一关。

学习笔记

（一）面试前的准备

"知己知彼，百战不殆"。虽然个人的条件及能力才是决定性因素，但机遇总是降临在有准备的人身上，我们要在面试中立于不败之地，就必须做好面试前的准备工作。事先有越多的准备，临阵才能有最佳的表现。

1. 了解应聘单位

对用人单位的性质、工作环境、业务范围、企业文化、发展前景，对应聘岗位职责及所需的专业知识和技能等要有一个全面的了解。

2. 正确自我评价

我们要自信地应对面试，就必须对自己有一个清醒的认识，确定与自己的个性、兴趣相符的工作环境，熟悉与应聘岗位相关的专业知识、技能。并根据自己的长处、特点、专业知识、技能及能力拟订自荐书。自我介绍可以事前准备，应使用灵活的口头语进行组织，切忌以背诵朗读的口吻介绍自己。

3. 反复模拟训练

在面试前可先进行模拟训练，根据应聘岗位的性质和要求自拟模拟题，试着提出问题和回答问题，真正体验面试的氛围，检查并改善自己的不足。

4. 充分调整心态

面试前要调整好心态，保持好精力与状态，要自信、乐观、镇静，使自己应有的水平和能力得以正常表现和发挥。

学习笔记

(二)面试中的技巧

面试中，主考官会提出各种问题，在应答时要耐心倾听，回答准确，言简意赅，灵活运用应答技巧。

1. 诚实冷静

对主考官提出的问题，不知道答案就坦率承认，这可以表现出诚实的态度。对主考官提出的看法和指出的不足之处，要虚心接受，主考官若说得不对，也要以微笑作答，要相信“仁者见仁，智者见智”，不要争个是非曲直。遇到难题也要沉着冷静，不动声色，以观察主考官的动机。

2. 准确生动

对主考官提出的问题要给予肯定准确的回答，直截了当，切不可模棱两可。回答时言简意赅，只要侧重发表一两点自己的真实看法即可。回答语言尽可能幽默生动，声调抑扬顿挫，语速快慢得体。

3. 策略机智

面试中如果对主考官提出的问题，一时摸不着边际，以致不知从何答起或难以理解对方问题的含义时可将问题复述一遍，并先谈谈自己对这一问题的理解。对不太明确的问题，一定要搞清楚，这样才能有的放矢，不至于南辕北辙、答非所问。如果想当然地去理解对方所提的问题，其结果可能被视为无知，甚至是不礼貌的。

4. 独特新颖

主考官接待的应试者若干名，相同的问题问了若干遍，类似的回答也要听若干遍。因此，主考官会有乏味、枯燥之感。只有具有独到的个人见地和个人特点的回答，才会引起主考官的兴趣和注意。

5. 自信礼貌

面试时，可能考官会很多，也可能有单位高层出面，这都会让应试者有紧张的感觉。因此，为尽量展现自己的知识、经验和能力，一定要相信自己的实力，尽量舒缓自己的紧张心情，声音洪亮，语速正常，礼貌周到，把一个真实的自我展现给考官。

相关链接

党的二十大报告提出，要发挥党和国家功勋荣誉表彰的精神引领、典型示范作用，推动全社会见贤思齐、崇尚英雄、争做先锋。在职场中，见贤思齐、争做先锋是获得进步的法宝。

二、与上司的沟通

职场中，人们都免不了要与自己的上司进行沟通。与上司如何沟通会直接影响你的工作及发展前途。掌握和运用与上司沟通的技巧，能减少矛盾和冲突的发生，与上司建立良好的人际关系，也能使自己工作顺利并获得更多的晋升机会。

(一)与上司沟通的原则

1. 尊重而不吹捧

上司的权威和尊严是需要我们适时、适地、适度地尊重和维护的。面对上司唯唯诺诺、阿谀奉承并不是最佳表现，对上司的意见应明确表示尊重并积极执行；有不同意见，也应注意方式方法，以维护上司尊严。

2. 信任而不亲密

信任上司，上司才会信任你。有了相互的充分信任，才能更好地配合工作。信任不意味着交往过密，与上司保持适当的距离更能赢得上司的青睐，也不会招致同事的轻视和厌恶。

3. 请示而不依赖

其实上司不需要只知道唯命是从的员工，而需要富于创新精神，能主动开展工作的员工。适度的请示是必要的，但不可依赖，更不能等待。

特殊氛围沟通的小妙招

4. 主动而不越级

工作积极主动，敢于直言，善于发表意见，勇于承担责任，既不唯唯诺诺，也不阳奉阴违，越级上报。

5. 自信而不自负

与上司沟通时应大方自信，让上司了解自己的工作能力和真才实学，而不盲目自大，无视上司。

小贴士

人力资源大师皮克鲁克斯说："一个人必须要精通与领导相处的策略，才能以最完美的方式通向成功之路，因为每个人都不是孤立的，都是处在一定的等级关系之中。"

(二)与上司沟通的技巧

1. 请示汇报

请示汇报是职场中与上司沟通的一种常见形式。请示汇报工作的方法是否得当，直接影响与上司沟通的效果。

(1)仔细聆听，领会意图

上司布置工作任务时应仔细聆听，揣摩上司的工作思路，及时领会上司的意图，掌握工作要点，以便迅速制定实施步骤并加以落实。

沟通·小看板

聆听上司工作安排的5W2H方法①

When：工作何时开始？最后期限是什么时候？

Where：工作在哪里进行？

Who：任务由哪些人完成？还需要谁的配合？

Why：为什么要做这些？有何重要意义？

What：需要完成什么样的任务？有什么具体要求？

How：如何完成这些任务？

How many：任务的工作量是多少？

① 姜文刚．卓越员工有效沟通[M]．北京：北京工业大学出版社，2012：96.

上司：“……”

下属：“张总，对于这项任务我是这样认为的：为了加快公司新产品上市，并尽快占领市场(Why)，您安排我聘用4个业务人员(Who)加紧开发市场渠道(How)，要求在3个月(When)内完成1000万元(How many)的销售额(What)。其中员工薪水不超过4万元，业务推广费用不超过30万元。根据需要，从今天起，我将拥有人员聘用、业务推广以及资金调配的权力(工作职权)。是这样吗，张总？”

(2)随时汇报，及时总结

在工作执行过程中，对工作实施的状况应及时向上司请示汇报；任务完成后，对成功的经验和存在的不足应及时进行总结并汇报，在总结中应提及上司的正确领导和肯定同事的努力。

沟通·小故事

能干的小田①

小田是某保险公司团险发展部主任。一次总经理要求他完成一项A公司的团体保险计划。小田一边仔细聆听总经理的指令，一边简要地做了记录，然后对总经理说：“总经理，我对这项工作的理解是这样的，为了增强我们公司在团体寿险市场的竞争力，您希望我们团险部门不遗余力地于本周五之前与A公司签订员工福利保险合同，然后交给您。您看还有什么要交代的？”总经理点点头，微笑着说：“就是这些，抓紧执行吧。”

在确认无误后，小田制订了详细的工作计划，然后拿给总经理征求意见。几天的紧张工作情况，他都及时向总经理做了汇报，对一些不易解决的问题，总经理也给予了充分的帮助和支持。团险发展部终于在周五成功签订了那份合同。在总结这项工作的过程中，小田充分肯定了部门的通力合作带给他的极大帮助，也向总经理表示感谢，并对工作期间出现的某些小问题做了自我检讨。一项工作就这样被出色地完成了。

点评：

小田正是因为掌握了请示汇报的技巧，工作才完成得如此出色。

2. 劝谏上司

服从上司是员工分内之事，但仅有服从是不够的，还要敢于并善于向上司提出好的建议，劝谏上司，帮助上司更好地工作。

(1)了解上司想法

要多听多问，尽量了解上司的真实想法。只有了解了上司的想法，才能对症下药，找到劝谏的方法。

① 张喜春．人际交流艺术[M]．北京：清华大学出版，2009：139.

(2)选择恰当时机

要尽量选择上司时间充分、心情舒畅的时候进行劝谏。

(3)进行换位思考

劝谏上司时，要尽可能准确把握上司的角色地位及特征，设身处地地站在上司的立场考虑，注意方式，态度真诚、坦率。

(4)注意留有余地

“扬善于公堂，规过于私室。”对上司劝谏应在私下进行，注意场合，以免有损上司的尊严；在言辞上，不可犀利，要留有余地。

3. 接受批评

人非圣贤，孰能无过。工作中出现失误在所难免，遭受上司批评也屡见不鲜，但对上司的批评应该采取正确的态度。

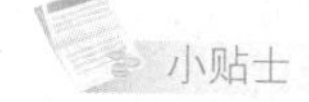
小贴士

与上司的交谈格外需要技巧，平时就要维系好彼此的关系。当进行提议时，态度宜察言观色，同时建言内容要丰富、言之有物。独排众议的意见，需要有驳不倒的理由。

(1)自我检讨，知错就改

受到批评应及时查找原因，明白上司为什么批评你；对待批评的态度是“有则改之，无则加勉”。

(2)主动沟通，避免顶撞

如果是被上司误会或在公开场合批评，应该主动在私下耐心解释沟通，或者用实际行动证明自己，而不要当面顶撞，恶化与上司的关系。

(3)虚心接受，莫要强辩

上司的批评自有批评的道理，错误的批评也有其可接受的出发点。聪明的下属要善于“利用”批评，了解上司的想法。假如上司误解了你，要想办法辩解。辩解时要心平气和，就事论事，注意方式方法，瞅准机会，尽释前嫌。

(4)不去计较，乐观对待

上司的工作方法、修养水平、情感特征各不相同，批评的方式也会不同，作为下属要适当给予理解和体谅，不去过于计较，也不要受到批评就一蹶不振，心存芥蒂。

沟通·小故事

委屈的老刘

老刘是某公司的技术工程师，负责公司产品的售后服务工作。公司新上市的一种产品存在技术缺陷，导致客户投诉增多，售后维修工作量加大。作为售后服务部的主管，老刘更是忙得团团转。由于产品设计本身有问题，老刘也无能为力，客户就把不满反映到了公司总经理那里。总经理找到老刘，也不问事情缘由，劈头盖脸就是一顿臭骂，最后放出狠话：“今天工作不努力，明天让你努力找工作。”老刘是哑巴吃黄连——有苦说不出，自己忙前忙后地给别人收拾烂摊子，却一点也不落好，出去被客户抱怨，回来还要挨总经理的骂，骂错了还不能对他发泄，心里郁闷到了极点。于是，老刘开始消极怠工。

点评：

面对批评，老刘消极、逃避。其实他应该采取其他办法释放批评带来的压力，如与总经理主动沟通，向同事、家人倾诉等。

学习笔记

(三)应对不同风格上司的艺术

世界上没有完全相同的两片树叶。上司的心理、性格、思维习惯、处事态度、办事方式等，都不可能是相同的。遇到什么风格的上司就要采取什么样的适当措施。只有根据各种上司的领导风格特征采取对应性的态度和方法，才能适应不同风格的上司领导。

1. 与控制型上司的沟通

这类上司很重视自己的权威，控制欲比较强。沟通时，要充分尊重他们的意见。如果想提出意见，要依靠集体的力量。

2. 与优柔型上司的沟通

这类上司优柔寡断，没有主见，执行力不强。沟通时，如果你想坚持自己的观点，除了多向上司阐明你的观点之外，还可以让其他和你持相同观点的同事向上司进言，诚恳地向上司表达你的观点。

3. 与勤奋型上司的沟通

这类上司的特点是工作高于一切，不断工作就是一种生活方式，并认为每个人都应该这样去做。遇到这样的上司，应努力把自己的工作做好，让他们看到你的工作表现。有时加会儿班，会让他们觉得你很勤奋。

4. 与挑剔型上司的沟通

这类上司有两种，一种是水平较高，总是用自己的能力和水平要求下属，所以总是不满意；另一种是水平不高、嫉妒心较强，总担心下属超过他们，总喜欢挑下属的毛病，以显示他们的水平高。对这类领导要多汇报、多请教，按其要求开展工作，以免走弯路、白辛苦。

5. 与实事求是型上司的沟通

这类上司的特点是讲究逻辑而不喜欢感情用事，喜欢弄清事情的来龙去脉，理性思考而缺乏想象力。与他们沟通时，要直接谈他们感兴趣且实质性的东西；对他们提出的问题最好直接作答；进行工作汇报时，多就一些关键性的细节加以说明。

沟通·小看板

升职沟通技巧[1]

1. 自动报告工作情况——让上司知道。
2. 对上司询问有问必答——让上司放心。
3. 充分学习才能了解上司语言——让上司轻松。
4. 接受批评，同样的错误不要再犯——让上司省心。
5. 不忙的时候，主动帮助别人——让上司安心。
6. 毫无怨言接受任务——让上司满意。
7. 对自己的业务，主动提出改善计划——让上司认可。

学习笔记

三、与同事的沟通

上班族大部分时间与同事在一起，同事关系是最重要的人际关系之一。同事关系又是十分微妙的，大家既是伙伴，又是竞争对手，可以是朋友，也可能成为敌手。和谐的同事关系可以使人心情舒畅，工作效率更高，而建立和谐同事关系的关键就是沟通。

(一)与同事沟通的原则

1. 和谐友好，相互帮助

同事之间常常需要共同处理许多工作事务，因此彼此之间应该相互协商、相互支持、相互帮助，这样才能友好配合。只有彼此间的相互协作才能创造出和谐的工作氛围。

小贴士

“多琢磨事，少琢磨人”是处理好同事关系的一条原则。

沟通·小故事

天堂和地狱的故事[2]

一个人请求上帝带他参观一下天堂和地狱，希望在比较之后能选择他未来的归宿。上帝满足了他的要求，先带他看了魔鬼掌管的地狱。进去之后的第一眼让他大吃一惊：他看到所有的人都坐在酒桌旁，面前摆满了美味佳肴，包括水果、蔬菜和各种肉食。但当他仔细看那些人时，却发现他们一个个愁眉苦脸、无精打采地坐在桌子旁，一副营养不良的样子。原来这里每个人的左臂都捆着一把叉，右臂捆着一把刀，刀和叉都有4尺长的把手，食物根本就不能送到自己嘴边，所以每个人都在挨饿。

随后，这个人又跟随上帝来到了天堂。那里的景象和地狱几乎一模一样。同样的食物、刀、叉与那些很长的把手。但天堂里的人们都笑容满面。

① 冯国珍，王云玺．管理学[M]．上海：复旦大学出版社，2006：339－340．
② 吕叔春．活学活用沟通技巧[M]．北京：中国纺织出版社，2010：245．

这位参观者开始的时候很困惑，但随后就发现了其中的原因。原来天堂的每个人都喂对面的人，而且也被对面的人喂，因为互相帮助，所以非常快乐。而地狱里的每个人都试图喂自己，可是一刀一叉以及4尺长的把手使他们根本吃不到任何东西。

点评：

如果你想得到别人的帮助，首先要帮助他人，只有彼此间的相互协作才能使大家都幸福快乐。

学习笔记

2. 权责明确，互不越位

每个人都有自己的工作职责和工作权限，同事之间的和谐沟通要做到权责分明，互不越位。属于自己的职责范围，绝不推诿；不是自己职责范围的，绝不越权干预。

3. 积极主动，开诚布公

由于沟通障碍的存在，同事之间产生矛盾是很正常的，这需要我们积极主动地进行沟通，去化解矛盾。积极主动的沟通需要双方能够坦诚相待，明确自己的态度和观点，互相信任理解，不要互相猜疑。

4. 宽容大度，莫要计较

每个人都有自己的个性和做事风格，彼此差异很大。同事沟通过程中难免会出现话语不周、言辞失当的情况，这就要求同事之间能宽容大度，互相体谅，不可斤斤计较。

沟通·小故事

蒋琬的宽容①

诸葛亮去世，蒋琬主政蜀国。有个叫杨戏的大臣性格孤傲，蒋琬与他说话，他只应不答。有人看不惯，对蒋琬说："杨戏对您如此怠慢，不成体统。"蒋琬不以为意，说："人各有脾性，让杨戏当面赞扬我，那不合他的性格；让他当众反驳我，他会觉得我下不来台。所以，他只好不作声。这正是他为人的可贵之处。"

点评：

宽容就是换位思考，体谅他人。宽容是中华民族的传统美德．也是当代人必备的道德品质。

5. 尊重理解，求同存异

同事之间由于经历、立场等方面的差异，对于同一个问题往往会产生不同的看法。在与同事有意见分歧时，要努力寻找共同点，争取求大同存小异，互相尊重理解对方的观点。

① 安鲁东．何为君子．福州：福建教育出版社，2019：99.

（二）与同事合作竞争的技巧

许多工作只有互相合作才能完成，善于与同事团结协作的人，大都会取得事业上的成功。友好合作是众多成功人士的共同特征，而且合作本身就是一件快乐的事。

1. 人格塑造，坦诚相见

在沟通理念中，人格的培养是提高沟通效果的基础，也是人际关系中的关键因素，要把做人放在第一位，人品好的同事，大家愿意与其交往，本身就产生吸引力，有利于合作共事。坦率和真诚是建立良好人际关系的重要基础，对待自己的同事，能够不存疑虑，坦诚相见是同事之间值得信赖的法宝。

2. 相互了解，培养默契

与同事建立友好合作关系，需要了解同事的性格脾气、个人爱好、能力特长等。主动沟通，了解同事，才能掌握同事的心理，减少误会，从而培养默契感，并愉快合作。

3. 认真倾听，主动帮助

善于倾听是增加亲和力的重要因素。当同事向你倾诉，一定要认真倾听，成为同事最真诚的倾听者，这样不仅能了解同事的真实想法，表示对同事的尊重，还会加深同事之间的情感。平时付出爱心乐于助人，那么一旦你需要同事的协作和帮助，他们必会毫不犹豫地全力配合。所以当你泡茶时，不妨顺带问问同事要不要也来一杯；自己闲下来时，不妨问问同事是否需要帮忙。

> 小贴士
>
> **与同事交流的忌讳**
>
> 一忌无话不说。
> 二忌炫耀自己。
> 三忌大吐苦水。
> 四忌搬弄是非。
> 五忌泄露秘密。

4. 诚恳谦虚，赞美欣赏

老子说：“良贾深藏若虚，君子盛德，容貌若愚。”与同事合作，有了成绩，不要揽功。功绩的取得与同事有着千丝万缕的联系，诚恳谦虚豁达的人能赢得更多同事的心，得到更多的支持。如果在工作中再能够看到同事身上的优点，并及时给予赞美和肯定，不在背后议论你的同事，常常做“送鲜花的人”，不做“抛泥土的人”，则一定能够受到同事的欢迎，合作关系会更加融洽。

跨部门沟通的小技巧

沟通·小故事

用赞美改善同事关系①

在同一家公司任职的小李和小陈素来不和。有一天，小李忍无可忍地对另一个同事老梁说：“你去告诉小陈，我真受不了她了，请她改一改她的坏脾气，否则没有人愿意搭理她。”老梁说：“好！我去跟她说。”后来小李遇到小陈时，小陈主动向小李示好，与之前判若两人。小李向老梁表

① 张喜春．人际交流艺术[M]．北京：清华大学出版社，2009：156.

示感谢，并好奇地问："你是怎么说的？竟有如此的神奇效果。"老梁笑着说："我向小陈说：'有好多人称赞你，尤其是小李，说你既温柔又善良，而且脾气好，人缘更佳！'如此而已。"

点评：

说好话、做好事是沟通良方，能说好话，尽量说好话。如果能通过第三者转述赞赏之意，则效果更好。

学习笔记

5. 相互关心，加强联系

工作时间之外，也是加强沟通、增进关系的好机会。空闲时聊聊家常，节假日里的一个祝福电话，生病期间的一声问候，哪怕只是只言片语的邮件，都能表达同事间的关心，拉近彼此在情感和心理上的距离，建立起相互间的友谊，使大家的合作更加轻松愉快。

6. 合理竞争，合作双赢

竞争的原则是公平。同事间的竞争更应该讲究方法，不能采取卑鄙的、不道德的手段，不能不择手段地拉帮结派，排挤对手，也不要与竞争同事发生正面冲突。同事间的竞争应该是促进了解、加强合作、共同进步发展的竞争，要顾全大局，相互帮助，绝不能把竞争搞成互相拆台、水火不容的争斗。

沟通·小故事

小杨的失败

小杨和小刘同在一家公司的项目小组工作，都是公司的得力干将。公司准备提升一名主管，竞争在他们两人之间展开。

两人都向公司毛遂自荐。小杨在证明自己能力的同时，大肆抨击前任主管的疏忽和错误，对小刘也表达了强烈不满。而小刘则与项目小组其他成员交流了对项目进展的看法，向公司谈了升职后的工作设想。对前任主管未作任何评价。小刘的做法赢得了领导的欣赏，领导准备提升他。不过依照程序，还是让二人各自递交一份工作方案。正当小刘准备提交方案时，发现自己的工作方案丢了。他怀疑有人窃取了自己的电脑密码，把文件删了。但由于没有证据，他便决定以静制动，暗地向公司报告了情况，并口头汇报了自己的工作方案。果然，在小杨递交的工作方案中，80%的内容与小刘的雷同。真相大白后，公司领导更加欣赏小刘处理问题的方法，如期升了他的职位。

点评：

小杨的失败之处在于，他并不清楚：没有哪个领导会把一个心胸狭窄、与同事矛盾重重且喜欢搞阴谋诡计的人放到重要的职位上。

(三)新员工的沟通艺术

作为新员工，要想尽快融入职场，除了了解公司，熟悉工作，就是认识同事，多与老同事交流，从而获得有益的职场经验。

学习笔记

1. 主动问候

在公司，无论遇见谁，上司、同事、保安、清洁工等都要开朗地道声问候。简单的一句问候，会增进你的人际关系。不断训练自己充满热情的问候，将会给你带来意想不到的收获。

2. 记住人名

在职场中，牢记同事的名字是很重要的。如果能在短时间内准确无误地叫出同事的名字并与他们打招呼，无疑会有助于今后工作的开展，并能得到更多的帮助。对于职场新人来说，你若希望得到别人的重视，你就要先重视与尊敬他人，这须从重视他人的名字入手。

3. 虚心求教

职场新手，所有的环境和工作都是陌生的，诸多事情不知如何处理，因此要有从零做起的心态，放下面子，向老同事虚心请教，如此会使你尽快适应工作，融入集体之中。

4. 多说谢谢

维持良好的人际关系、表达感激最简洁的一句话就是“谢谢”。诚恳地说声“谢谢”会带给他人最大的满足和感动。初入职场，一定要学会多用“谢谢”两字，只要运用得当，就会给他人留下良好的印象。

5. 少说多看

作为职场新人，不可能了解许多事情的来龙去脉，更没有正确分析判断的能力，因此，最好保持沉默，既不参与议论，更不要散布传言，以免卷入是非旋涡。最有效的应对办法是尽量少说多看。

6. 慎用“我”字

在职场中，“我”字说得太多，过分强调，就会给人突出自我、标榜自己的印象，这会在他人的心里筑上一道防线，为人际交往设置障碍，进而影响交往的深入。

小贴士

高情商的人，相当重视沟通气氛，他们惯于先营造氛围，再进行沟通，能够根据对方不同的心理特征，设法延长交谈时间，拉大空间，创造适当的机会点切入，必然有成。

四、与客户的沟通

客户与我们的事业密切相关，与客户沟通的质量，会直接影响到我们事业的发展。我们应该掌握与客户沟通的原则和技巧，增加沟通成功的可能性。

(一)与客户沟通的原则

1. 语言简明得体

语言是与客户沟通的工具。话说得适当，与客户的距离自然会拉近。在与客户沟通时，语言要简明得体，抓住重点，争取在最短的时间内打动客户，千万不要谈一些无聊不得体的话题令客户感到厌烦。

2. 营造轻松氛围

由于和客户不是朋友关系，也不是同事关系，因此沟通谈话容易陷入僵局，这就需要营造轻松和谐的氛围。在与客户沟通时，可以找一些新闻事件或与日常生活有关的话题来消除陌生感，拉近彼此的距离。

学习笔记

3. 态度真诚自信

在约见客户时，要做好从态度、知识到言行举止全方位的准备。在谈话时一定要保持自信、诚恳、不卑不亢，给客户留下值得信赖的良好印象。

4. 幽默破解僵局

与客户交往中，难免会出现意见不合，发生分歧的情况。在双方僵持不下时，不妨说个笑话、来段幽默的话，以缓解紧张的气氛。幽默是种润滑剂，可以巧妙破解僵局，达到沟通目的。

（二）与客户沟通的技巧

小贴士

沟通的要诀之一，就是不给对方压力，只要凭着一份真诚待人的态度，对方感受到你发自内心的尊重，就可能放弃成见转而站在你这边。

1. 留下良好印象

一定不要忽视第一印象对于今后与客户沟通的重要性。见客户时，要仪容整洁，衣着大方，举止文雅，言谈得体，态度沉稳。不论是对自己的介绍还是作业务说明，都必须清晰、客观，并且保持自信。

2. 注意交谈方式

要拉近与客户的距离，打动客户的心，就一定要注意与客户说话的方式。语言得体、投其所好的话语是一种智慧的沟通。运用知识与才能把握分寸、投其所好，向客户发起心理攻势，以真正打动客户的心，从而获得沟通的成功。

沟通·小故事

朱文炽贩茶①

徽州大茶商朱文炽有一次到外地贩卖新茶，抵达目的地却错过了大批交易的日期。于是他在茶叶上标明“陈茶，”并降低茶价销售。店里的伙计劝他将“陈茶”二字去掉，但朱文炽执意不肯，仍然低价销售。结果，他损失了数百万银两，但却在顾客心目中树立了诚信的口碑。为商不讲信誉，说谎欺诈，也许可以得逞于一时，但终究免不了要摔倒。商以信为本，信誉是商业之魂。

3. 真诚满足客户

要了解客户的心理，清楚客户需要什么、想什么，然后真正替客户着想，为客户提供最合理的建议，切实满足客户的需要，为客户真正创造价值，就一定会得到客户的认可。客户会把你当作朋友看待，这也会成为下一次合作成功的最有力保障。

① 吴维海，张晓丽．大国信用全球视野的中国社会信用体系［M］．中国计划出版社，2017：13.

4. 微笑赢得客户

和客户搞好关系，要让客户感受到你的热情，所以，要主动与客户寒暄、打招呼、问好，并始终面带微笑。微笑是吸引客户的法宝，它不花费什么，但却能创造许多奇迹。微笑待客，才能受到客户的欢迎。

沟通·小故事

微笑推销①

在一个汽艇展览会上，一位富翁，停在一艘大船前面，对站在他面前的推销员说："我想买艘汽船。"这对推销员来说是件天大的好事，可是，眼前这个推销员只是愣愣地看着这位顾客，以为他是疯子，不予理睬。看着推销员那一脸麻木、漫不经心的样子，富翁准备走开。这时，又一个推销员走过来，脸上挂满了亲切的微笑，那微笑就像太阳一样灿烂，使富翁感到非常愉快。于是他又一次说："我想买艘汽船。"这个推销员微笑着说："没问题！我会为你介绍我们的汽船系列。"在相中一艘汽船后，这位富翁签了一份订单，并且对这个推销员说："我喜欢人们表现出一种对我非常有兴趣的样子，你现在已经用微笑向我推销了你自己。在这次展览会上，你是唯一让我感到我是受欢迎的人。"

第二天，富翁果然带了一张保付支票回来，买下了一艘汽船。

点评：

这个热情的推销员用微笑把自己推销了出去，并且连带着推销了他的汽船。据说，在那笔生意中，他可以得到20%的利润。而先前那个冷冰冰的推销员，却让好运与自己擦肩而过。

5. 策略说服客户

说服客户最有效的方式是探明客户的真实意图，找出客户可能存在异议的问题点及他背后担心的是什么，然后对症下药，解除对方内心的障碍，从而改变客户原有的抗拒行为。说服客户的目的在于双赢，要通过换位思考寻求双方的共同点，站在双方的立场上考虑问题，公正地解决问题。要善于运用比较、引导等策略方式，达到说服客户的目的。

学习笔记

活动平台

活动一　BIG与FABE

[活动目的]

了解在沟通中的一些技巧。

[活动要求]

1. 地点：教室。
2. 方式：将所有人分为两人一组。

---

① 江华. 世界上没有沟通不了的客户[M]. 北京：台海出版社，2017：219.

学习笔记

［活动内容］

1. 两人中一人为主动沟通者，一人为被动沟通者。

2. 主动沟通者通过 BIG(背景、兴趣、目标)技巧与被动沟通者建立感情。

3. 主动沟通者通过 FABE(特征、优点、利益、证据)技巧赞美被动沟通者。

4. 互换角色进行。可用这种技巧与不同的人进行沟通交流。

5. 讨论分享以下问题：

(1)BIG 与 FABE 技巧对我们沟通交流的意义何在？

(2)BIG 与 FABE 技巧可以运用到我们学习、生活、工作中的哪些沟通中？

(3)通过沟通是否建立了感情，加深了了解？分享活动的感受。

活动二　谁是密友

［活动目的］

了解谁是好朋友。

［活动要求］

1. 地点：教室内。

2. 方式：10～12 人一组，设组长。

［活动内容］

1. 活动过程。

(1)组长问："当你想找人倾诉时，在这个小组中，你会找谁?"此时，所有人便要闭上眼。

(2)站在中间的人，就要走到他心中的密友前。当他说"OK"时，大家便可睁开眼睛。

(3)站在中间的人要分享他为何选这个人？被选的人也请分享他的感受，没有被选者如有不满，可提出抗议。

(4)组长需随时处理冲突。

2. 老师总结。

活动三　课后拓展训练

1. 从与老师和同学的沟通中体会如何与上司和同事打交道，分别讲一个实例。

2. 观看电视剧《杜拉拉升职记》，或者阅读李可的《杜拉拉升职记》，总结职场生存规则。

3. 观看电影《金色池塘》(*On Golden Pond*)，感受如何与日益年迈的父母进行良好的沟通。

4. 利用计算机、名片簿、通信簿等建立你的朋友档案。对你的同学、朋友及应酬场合认识的"朋友"，分门别类地整理保存他们的资料、数据，平时保持联系。

学习笔记

案例分析

我那唠叨的父母

我的父母从小对我的要求比较严格，什么事情都要求我做到最好，他们最喜欢做的事情就是与亲戚、邻居在一起说自己的孩子，每次聊天回来都要对我抱怨很长时间：你看谁家的孩子考上重点大学了，谁家孩子进了大企业了，为什么你这么没出息？

我虽然不是同龄人中最优秀的，可是我20岁的时候就开始自己开店养活自己，朋友们也经常夸我，说我是个自强独立的人，可是为什么在父母的眼中我就一无是处呢？当我在经营过程中出现困难的时候，我从来不敢跟父母讲，因为告诉他们，他们不但不会安慰我，还会对我说："你没本事，这点儿事情都做不好……"我现在听见他们的唠叨都想去找心理医生。

问题：

1. 请为案例中的"我"提出几点与父母沟通的建议。

2. 你遇到过父母的唠叨吗？这个时候你是如何与父母沟通的？

自我检测

1. 在职场上，才干加上勤奋固然很重要，但懂得在关键时刻说适当的话，也是成功与否的决定性因素。卓越的沟通技巧，更能让你如虎添翼。看看下面五种情况，你会如何回答？

(1)以最婉约的方式传递坏消息时所用的句型：

____

(2)上司传唤、责无旁贷时所用的句型：

____

(3)说服同事帮忙时所用的句型：

____

(4)面对批评要表现冷静的句型：

____

(5)承认过失但不引起上司不满的句型：

____

2. 你如何说服一位执拗的同事按你的建议去做？

A. 尽量使他相信这条建议至少有一部分是出自他的头脑

B. 告诉他这样做会给他带来的各种好处

C. 其他____________________________________

您的选择是______________　理由是____________________

3. 你善于与父母沟通吗？

(1)每次离家前与父母说明事由、回来时间并说再见。

学习笔记

(2)父母下班回来，主动打招呼，递上一杯水。

(3)经常把学校发生的事情告诉父母，主动和父母交流思想。

(4)主动分担一些力所能及的家务。

(5)在自己生日那天，送一份礼物给父母，感谢养育之恩。

(6)在父母生日的时候，送礼物给父母或做一件特别的家务等。

(7)与父母发生矛盾或冲突，事后能主动交流思想，并承认自己的错误。

(8)节假日里，一般能在家陪伴父母吃饭，或陪伴父母走亲访友、购物娱乐。

说明：以上内容能做到得1分，不能做到得0分。

测试结果：

总分得8分为优秀；得6～7分为良好；得6分以下则应该考虑提高与父母的沟通能力。

学以致用

1. 根据设定沟通情境，设计沟通方案。

沟通情境	沟通方案
向领导提建议	
面试某大酒店前台经理	
向投资人争取项目投资	

2. 当同事出现状况时，什么样的沟通才能有效呢？同部门的同事小李生病住院了，小林立刻赶到医院去探病，表达自己的关心。小黄什么都没有表示，他觉得自己跟小李不熟。小王给小李打了个电话，问他有什么需要自己帮忙的。

问题：

(1)请大家分别分析小林、小黄、小王的沟通是否有效？

(2)如果是你，你会怎么做。

模块实训

实训一　完成沟通实录

[实训目的]

培养与不同人沟通的能力及说服别人的能力。

[实训要求]

1. 地点。

不限。

2. 方式。

每人分别进行，最后集体总结分享。

[实训内容]

1. 拟订沟通计划(确定沟通目标、对象、方式、时间、地点等)。

2. 按计划实施沟通。

学习笔记

3. 将沟通实际过程记录下来。

4. 分享沟通体会。

实训二 巧解绳结

[实训目的]

培养沟通能力与协作能力。

[实训要求]

1. 地点。

教室或空地。

2. 道具。

两端有绳套、长1.3米的绳子10条。

3. 方式。

10人一组。

[实训内容]

1. 发给每人一条绳子。

2. 每人分别将绳子两端的绳套套在自己的两只手腕上，同时将绳子与另一人手上的绳子交叉连接。

3. 让所有人组成一个大的绳结，两两相交叉。

4. 请大家尽量用最快速的方法解开绳结。在此过程中，每人手上的绳套不能脱离手腕，也不能将两只手上的绳套交换。

5. 讨论。

(1)当你接到这个问题时，你的第一反应是什么？而后你做出了什么行动？

(2)在尝试了一段时间后，你有什么感觉？你是否相信有可能解开？你是否开始与别人进行沟通？

(3)当你听说有人已经解开时，你在想什么？

实训三 建立信任

[实训目的]

摒除隔膜，建立互相信任。

[实训要求]

1. 地点。

空地(最好是草地)。

2. 方式。

10～15人一组，设组长。

[实训内容]

1. 各小组每人围圈站立，肩膀贴肩膀，脸向圈内。所有人前后脚站稳，双手向前，准备向前推的动作。

学习笔记

2. 选一人站在圈中，闭上眼，双手交叉胸前。大家大声问："准备好没有?"圈中人回答："准备好啦!"(这很重要，可令气氛更认真，每人会觉得这"岗位"很重要。)

3. 喊完口令，中间的人把身体挺直向后跌，其他人托着他，轻轻向左或向右传递，组长在圈外轻声对"支持者"说："做得好!"也要安慰中间那位："不要怕，他们在支持你!"

4. 约1分钟转完，圈中人站定，张开眼向每位支持者道谢。对视3秒，点头，微笑。

5. 换另一人站在中间，直至每个人都体会过被支持的感觉。

6. 进行总结，大家共同分享感受。

实训四　小圈绕大圈

[实训目的]

体会人与人之间通过沟通互相了解，达成共识。

[实训要求]

1. 地点。

空地。

2. 道具。

准备一个呼啦圈。

3. 方式。

全体参与。

[实训内容]

1. 先将呼啦圈套在一个人的手上，然后请所有人手拉手围成一圈。

2. 从套着呼啦圈的人开始，所有人都要让呼啦圈通过身体并且回到原位。

3. 在呼啦圈通过的过程中，相互拉着的手不能放开。

4. 做完一遍后，再做第二遍。

5. 比较两遍活动的情况。

6. 讨论。

(1)活动中有哪些是我们的生活、工作中的隐喻，是否有什么好的"公式"?

(2)你认为活动过程中对我们掌握有效沟通最有帮助的是什么?

学习反思

模块四

沟通中的个人形象礼仪

学习目标

1. 理解沟通中个人形象礼仪的重要性。

2. 了解服饰搭配、言谈举止的礼仪规范要求。

3. 掌握并学会化妆的基本手法和站、坐、行、蹲的规范姿态。

4. 在人际交往过程中，能够灵活地运用仪容仪表、言谈举止等礼仪技巧来顺利地开展社交活动。

小格言

礼仪是在他的一切别种美德之上加上一层藻饰，使它们对他具有效用，去为他获得一切和他接近的人的尊重与好感。

——洛克

一个人的外在形象会直接影响别人对他的印象。无论在何种场合与人沟通，你都要审视一下自己，看看自己的仪容、仪表、仪态是否得体、大方。良好的第一印象是开启沟通大门的钥匙。在人际交往中，如果强调沟通第一，那么便可以说形象至上，因为形象是金。本章将为你呈现的就是沟通中的个人形象礼仪，包括端庄的仪容、得体的着装、优雅的仪态和文雅的谈吐等。

案例导入

尼克松的失利①

1968 年尼克松当选为美国第 46 届总统，1972 年连任第 47 届总统。实际上，早在 1960 年，尼克松就参加过总统竞选，但却败在肯尼迪的手下。

当时，尼克松被大多数美国人认为是仅次于总统艾森豪威尔的政治人物，他反应敏捷，善于表达，富有经验又具有坚强的毅力。在竞选前夕的民意测验中，尼克松以 56∶44 的多数票领先于肯尼迪，但竞选的结果却出人意料。竞选中，尼克松与肯尼迪要面对美国 7000 万电视观众展开辩论。尼克松恰在此前因车祸伤及膝盖，导致身体消瘦，所以，荧幕上的尼克松，服饰显得过于宽大松垮，灯影又使他看上去眼窝下陷，疲惫憔悴；而肯尼迪正好相反，他高大魁梧，健康结实，衣着合体大方，精神饱满，气宇轩昂，结果肯尼迪以历史上最微弱的总统竞选差额 49.9%∶49.6%击败了尼克松，取得了成功。

感悟心语：

形象是一张入场券。你若超出公众审美的许可范围，在交往中别人就会对你的行为判断出现失误，你们就缺乏正常沟通的基础。

服饰与仪表是一种无声的语言。正式场合的着装和仪表相当于一种身份标识，是一种告示。

单元 1 仪容端庄

生命的化妆

“内正其心，外正其容。”个人形象礼仪的首要要求是仪容美。恰当修饰仪容，保持仪容之美，可以充分体现自己的自律与自信，也是对交往与沟通对象的礼貌和尊重。

一、 整洁的仪容

学习笔记

(一)面部的清洁

1. 脸部

脸部是交往时第一眼注意的地方，一个人若脸上常有灰尘、污垢，难免会让人感觉又脏又懒。因此，除了早晚洗脸之外，只要有必要，就应随时随地抽出时间洗脸净面。

2. 眼睛

眼睛是心灵的窗口。眼部是被他人注意最多的地方。因此，时刻要注意眼部的清洁，避免眼部分泌物遗留在眼角；戴眼镜者不仅要美观、舒适，还应随时对其进行清洗，保持镜面的干净。

① 杨双，谭英洲．政坛超人登极权术[M]．合肥：安徽人民出版社，1992：219.

3. 口腔

除了每天早晚要刷牙，保持牙齿、口腔清洁外，在参加社交活动、上班等前，应注意不吃葱、蒜、韭菜之类的食品，以免口腔有异味，当然也可用口腔清新剂、口香糖或茶叶等祛除异味，最好的方法是刷牙。

4. 耳朵

耳孔里，不仅有分泌物还有灰尘，所以必须经常清洁；如果有耳毛，还需经常修剪。

5. 鼻子

要注意检查和修剪鼻毛，应保持鼻腔的卫生，莫让异物堵塞了鼻孔，或让鼻涕任意流淌；切莫当众挖鼻孔或拔鼻毛等。

6. 胡须

若无特殊的职业需要、宗教信仰或民族习惯，最好不要留长须；定时剃须是一个良好的习惯。

(二)头发的清洁

头发是构成仪容的重要内容。保持头发的整洁包括正确的洗发、定期的理发和适时的梳发。洗发，应2～3天进行一次；夏天出汗较多，要及时清洗。理发，一般不应长于一个月；男士应半月左右剪一次头发，女士可视个人情况而定。梳理头发是为保持头发的光泽和柔和，因此应常常进行。

小贴士

头发洗完后，最好是自然风干，若需使用电吹风机，应与头发保持10厘米距离。

(三)手部的清洁

1. 清洗

手被称为人的第二张脸，在待人接物中，手作为仪容的一部分，是接触其他人、其他物最多的部分。因此，出于清洁、卫生的考虑，应当勤于洗手，吃东西前洗手、上过卫生间后洗手、外出归来洗手、上班前后洗手、手脏以后洗手。

2. 修饰

指甲要经常清洗、定期修剪。其长度，通常不应长过手指指尖。在修剪同时去除手指甲附近的“死皮”，它们是手指不够卫生的表现。指甲可做美化，但色彩过于鲜艳或凝重一般不适宜职业女性，而有些职业明确规定不可涂抹指甲油。

学习笔记

(四)脚部的清洁

在正常情况下，应注意保持脚部的卫生。要勤洗脚，勤换鞋袜，脚指甲要勤于修剪，脚指甲不可留有污垢，或是长于脚趾趾尖。鞋子也要注意经常换洗、晾晒。

（五）全身的清洁

有异味的身体不仅是一种失礼的表现，而且会惹人厌恶，因此适当的沐浴和清洁是十分必要的。一般来说，在条件允许的情况下，每天沐浴对身体清洁和健康都十分有好处。勤沐浴，还要勤换衣，如此才能清爽宜人。

礼仪·小看板

南开中学的《镜箴》①

南开中学各教学楼门口有一面镜子，上面写着引人注目的《镜箴》：

面必净、发必理、衣必整、纽必结、头容正、肩容平、胸容宽、背容直，气象勿傲、勿暴、勿怠，颜色宜和、宜静、宜庄。

这段著名的“容止格言”每天都提醒着南开学子要时时保持端庄得体的仪表、仪容及仪态，处处注意自己的容貌举止。

二、得体的妆容

学习笔记

化妆的目的是更好地显示自己。在人际交往中，整洁的仪容、得体的妆容是一个人内在素养的一种体现，也是对他人的尊重，因此显得尤为重要。

（一）化妆的礼节

1. 扬长避短

化妆一方面要突出脸部最美的部分，使其显得更加美丽动人；另一方面要掩盖或矫正缺陷或不足的部分，从而达到藏缺扬优的效果。

2. 自然真实

化妆要自然协调，清爽淡雅。要将自然美和修饰美有机地结合起来，既要达到美化容貌的效果，又不要露出明显的化妆痕迹。

3. 整体配合

化妆要因人、因时、因地制宜，要根据自身脸部（包括眉、眼、鼻、颊、唇）特征，进行具有个性美的整体设计，还要根据不同场合、不同年龄、不同身份制订不同的设计方案，并应注意与发型、服装和饰物相配合，力求取得完美的整体效果。

4. 修饰避人

化妆或补妆属个人隐私，应避开人，选择在洗手间、化妆间等隐蔽之处，在众人面前毫无掩饰地化妆或补妆是缺乏教养的失礼行为。一般情况下，女士在休

① 张友海．半生集[M]．北京：中国文联出版社，2007：64.

息、出汗、用餐、饮水和运动等之后应及时为自己补妆，切勿残妆示人。

（二）化妆的技巧

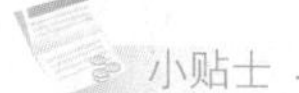
小贴士

修饰避人的原则，要求人们在大庭广众之前，既不能修饰自己的仪容如化妆、补妆等，也不允许整理仪容、服装和饰物等。

化妆是一种艺术性、技巧性很强的系统工程，在进行化妆修饰过程中，必须按照一定的步骤去完成才能达到既定的效果。

1. 洁面

化妆前，必须将面部的油脂、污垢清洗干净，并拍上爽肤水、涂抹润肤露或隔离霜，这不但能起到保护皮肤的作用，还能使妆面和皮肤更好地融合在一起。

2. 粉底

日常生活中尽量选择液状粉底或者干湿两用粉饼，要选择与自身肤色相近的颜色，用粉底海绵将粉底乳均匀地涂抹在面部，薄厚适中。

学习笔记

3. 眼影

可选用单色或双色眼影，在贴近睫毛的部位刷深色，越往上越淡，直至消失，眉骨处可刷少许浅亮色从而突出眼部立体轮廓。

4. 眼线

掌握内细外粗，上粗下细的原则。上眼线一定要画在贴近睫毛根部的位置，根据眼型来决定它的粗细长短，下眼线生活中一般可以忽略。

5. 睫毛

先用睫毛夹把睫毛夹得上翘，再用睫毛刷分别刷在睫毛的根部、中部和上端，可根据需要选用黑、棕、蓝等颜色；睫毛的清洗要用眼部的专门卸妆液。

6. 眉毛

可用灰黑色、棕色眉笔按照眉毛的自然生长方向轻轻描画，再用眉刷晕开，尽量保持原来的眉形，要与眼型、脸型协调对称，要柔和自然。

7. 胭脂

胭脂的位置、面积的大小应依据脸型而设计，可以采用横打、竖打、斜打，可以调整肤色脸型，通常以颧骨为中心向四周晕开，常选用粉红色、肉红色、砖红色、橘色等。

8. 唇膏

唇膏分为固体和液体两种。先用唇线笔勾出唇形，然后在其中涂抹上唇膏或唇彩，也可直接涂抹。淡妆时，尽量保持唇部原来的形状。用色浅淡应和整体妆面协调。

上述几个步骤完成后，应全面检查一下整体化妆效果，诸如眉眼左右是否一致、粉底涂抹是否自然，腮红是否柔和，唇膏是否弄到牙齿上，整个妆面和职业、年龄、服饰是否吻合等。

三、 合适的发型

发型是构成仪容美的重要内容。美观的发型能给人一种耳目一新、赏心悦目的感觉。发型的式样很多，在选择时要根据自然、大方、整洁、美观的原则，既要观察发型的流行趋势，又不能盲目追赶潮流，重要的是与脸型、体型、年龄、职业、气质和谐统一。

> 小贴士
>
> 美容不是女子的专利，男士要显得有风度、有朝气、庄重和文雅，适当的容貌修饰是必不可少的。男士化妆包括美发定型、清洁与保护面孔和手部、使用无色唇膏与无色指甲油、使用香水等。但男士化妆切忌过分阴柔。

（一）发型与脸型

一般来说，人的脸型有瓜子脸、圆形脸、方形脸、长形脸、梨形脸等。其中，瓜子脸是东方女性的标准脸型，被称为美人脸；一般情况下，适合任何发型，即长发型和短发型均可以。

1. 圆形脸

这种脸型一般不宜留刘海，刘海不要大面积地覆盖前额，也不要不留一丝额发装饰、暴露圆而宽的额头；应该通过增加发顶的高度，使脸型稍稍拉长，将头发安排在头顶，用前刘海盖住双耳及一部分脸颊，即可减少脸的圆度。

2. 方形脸

这种脸型的额角是需要装饰或掩饰的部位，可以用碎发或刘海掩饰方形轮廓；前额可适当留一些长发，但是不宜过长，可以用不对称的刘海破掉宽直的前额边缘线，同时又可增加纵长感，并将头发梳向两边及下方，并可以烫一下，造成脸部窄而柔顺的效果。

3. 长形脸

可适当用刘海掩盖前额，齐平刘海和斜刘海都可以，一定不可将刘海上梳，头发缝不可中分，尽量加重脸型横向感，使脸型看上去圆润一些，或者选择整体烫蓬松的大波浪，以增加面部的丰满度，这种脸型也属于较好打理的脸型。

4. 梨形脸

为了掩盖缺点，应增加头发的高度及两侧上面的宽度和蓬松度，保持头发覆盖丰满且高耸，下巴部分则减少宽度，达到视觉上的平衡效果；若留侧分，刘海则可以使线条横向延伸，头发以半卷或微波状盖住下级线，造成宽额头的效果，从视觉上改变额头窄小的感觉。

（二）发型与体型

头发的长短，在一定程度上与身高相关。就女士而言，头发的长度应与身高成正比。身材矮小的女士，若长发过腰，会使自己显得更矮，最好采用短发型。身材矮胖的女士，不宜留长波浪发、长直发，宜采用有层次的短发和前额翻翘式发型；身材苗条的女士，宜选择较长的直发或大波浪的卷发等，身材太高的女士，不宜选择削得太薄的超短发。

(三)发型与职业

学习笔记

一般而言，青年学生，发型要活泼大方，以显示出青年人的朝气与活力；教师，应选择端庄大方的发型，以示教师的庄重典雅；演员，则可以选择时尚的发型等。

对于商界、政界等职业人士而言，头发的长度有明确的限制。女士头发前面不过额头、后面不长过肩部，必要时应盘发或束发；男士头发则是前发不触及额头、后发不及领口、两侧不遮挡耳朵。而不论男士与女士，不准留大鬓角、剃光头或“阴阳头”，更不可在发型上不分男女。

单元2 服饰得体

服饰是人的第二皮肤。服饰作为一种无声的语言，能真实地反映一个人的社会地位、文化修养和审美情趣等多种信息。正如莎士比亚所说：“服饰往往可以表现人格。”得体的服饰，对于美化人的仪表、改善人的气质、完善人的形象有着极为重要的作用。

马棚修容的故事

礼仪·小看板

着装实验①

美国著名的形象设计大师乔恩·莫利曾做过一个着装实验。

他挑选100个25岁左右出身美国中部中层家庭的年轻大学毕业生，让其中的50个按照中上层人士的标准着装，让另外50个按照中下层人士的标准着装。然后把他们分别送到100个公司的办公室，声称是新上任的公司经理助理。他让这些新上任的助理给秘书下达同样的指令：“小姐，请把这些文件给我找出来，送到我的办公室。”结果，按照中下层人士标准着装的，只有12个人得到了文件，而按照中上层人士标准着装的，却有42个人得到了文件。显然，秘书们更听从那些比照中上层人士标准着装人的指令，并较好地与他们配合。

点评：

这个实验表明，大多数人都是本能地以外表来判断、衡量一个人的身份和地位，进而决定自己对一个人的态度。在社会上进行交往时，一个人如何着装，将影响到别人对自己的态度、可信度和配合程度。

一、着装的原则

人们的喜好及打扮方式的不同，成就了五彩斑斓的服饰世界，但根据人们的审美观及审美心理，还是有一些基本的原则可循。

① 蒋光宇．着装实验[J]．心理与健康，2007(6)：46.

学习笔记

（一）个性原则

着装个性的原则，要求着装者在选择服饰时应符合自己的年龄、体型、职业、性格和身份等，隐丑扬美，突出个人独有的风格和魅力。

1. 与年龄、体型相符

中山装在中老年身上，显得成熟、稳重，在青少年身上未免有老气横秋之感；超短裙、白长袜在少女身上显得天真活泼，若在少妇身上则有轻佻之嫌。偏胖偏瘦的人不宜穿过于紧身的衣服，以免欠美之处凸显。

2. 与职业、身份相符

教师着装若过分前卫、时髦，就会有失庄重，青年学生若装扮得过于成人化，则会有失纯真活泼；商场女经理穿着可鲜亮、夸张、艺术些，而政府部门的女局长着装则应端庄、稳重、干练。

（二）配色原则

服饰的美是款式美、质料美和色彩美三者完美统一的体现，形、质、色三者相互衬托、相互依存，构成了服饰美统一的整体。其中，色彩美最先引人注目，因为色彩对人的视觉刺激最敏感、最快速，会给人留下很深的印象。服装色彩搭配主要有同色搭配、相似色搭配、主色搭配等方法。

1. 同色搭配

同色搭配，即由色彩相近或相同，明度有层次变化的色彩相互搭配造成一种统一和谐的效果。如墨绿配浅绿、咖啡配米色等。在同色搭配时，宜掌握上淡下深、上明下暗的原则。

2. 相似色搭配

色彩学把色环上大约90°以内的邻近色称为相似色。如蓝与绿、红与橙等。相似色搭配时，两个色的明度、纯度要错开，如深蓝色和浅绿色配在一起就比较合适。

小贴士

运用相近的色彩搭配，应遵守服饰礼仪的“三色原则”，即在正式场合，服饰的色彩在三种以内比较协调，而不应超过三种颜色。

3. 主色搭配

主色搭配指选一种起主导作用的基调和主色，相配于各种颜色，造成一种互相陪衬、相映成趣之效。主色调搭配如选色不当，容易造成混乱不堪，有损整体形象，因此使用的时候要慎重。

（三）TPO 原则

TPO 是英文“Time ”“Place”“ Occasion”三个词首字母的缩写。T 代表时间，P 代表地点，O 代表场合。着装的 TPO 原则要求人们穿着打扮要兼顾时间、地点、场合三个因素。

1. 时间原则

时间泛指早晚、季节与时代。时间原则是指在不同时间、不同季节、不同时代应穿不同的服装。如服装有日装与晚装之分，日装要求轻便、舒适，晚装则要求艳丽、华贵。

2. 地点原则

地点原则指着装要与环境相协调。穿泳装出现在海滨、浴场，是人们司空见惯的，如果穿着它出现在商场、街头则令人哗然。

3. 场合原则

场合原则指着装要与场合气氛相和谐。一般而言，公务场合，着装要传统保守；社交场合，着装要时尚个性；休闲场合，着装要舒适自然。

学习笔记

二、着装的礼仪

礼仪·小故事

孙先生的成功

孙先生在美国取得MBA学位后，进入了某英资企业北京分公司工作。几年后，步步高升的孙先生开始与英国人大卫·杰克竞争青岛分公司总经理的职位。大卫·杰克毕业于伦敦大学，也取得了MBA学位，工作有能力、很努力，但他的穿着打扮总是给人一种很"员工"的感觉，而陈先生总是西装革履、风度翩翩，以一位成功CEO的形象出现在别人面前。因此，在与总公司高管相处时，孙先生比大卫·杰克更能获得好感。最终，陈先生以其干净整洁的外貌和得体合适的着装当上了分公司总经理。

点评：孙先生和大卫·杰克虽具有同样的工作能力，但由于大卫·杰克始终无法给人一种成功人士的印象，失败便在情理之中了。作为职业人士，自然得体的举止、整洁的仪容仪表无疑是获得他人信任、提升个人品牌价值、提高自己的职业自信心的捷径。

(一)男士的西装

西装以其设计造型美观、线条简洁流畅、立体感强、适应性广泛等特点而深受男士的青睐。在现代交往中，西装是一种国际性服装。一套合体的西装，可以使穿着者显得潇洒、精神、风度翩翩。

1. 衣长

上衣的长度应以其下摆垂到手的虎口处，袖口垂到手腕为宜；西裤的大小应以裤子扣好后腰中能塞进一只手，长度以垂下来正好到皮鞋为佳。

2. 衬衣

(1)大小

在选择衬衣时，衬衣的大小以领口的大小为准。一般衬衣穿好后，扣好扣子，领子的大小以能塞进一个手指为好，如此，等系好领带后，可显得不松不紧。

西装与衬衫

学习笔记

(2)颜色

衬衫是西装的一个点缀，具有美化西装的功能。一般而言，衬衫以淡颜色居多，最常穿的是白衬衫，可以配所有的西装。近几年比较流行西装里面配有色衬衣，颜色一般选择与西装同色系。

(3)穿着

衬衣穿好后其领子应高出西装领，其袖子应长于西装袖。穿西装时，衬衣应塞进裤子里。领口应挺括、洁净。打领带时，领口的扣子、包括袖口上的扣子都要扣好；如不系领带，领口的扣子应解开。

3. 领带

西装与领带

领带是西装的装饰品，也是西装的灵魂。在正式场合下，不系领带穿着西装就显得不够端庄正式。

(1)选择

领带的面料有毛织、丝质、化纤等，花色图案很多，领带的选色应与衬衫、西装相协调。一般而言，男士全身服饰的色彩以不超过三色为原则，比如，藏青色西装，可以配雪青色衬衫和天青色的领带。

(2)佩戴

领带的长度以系好领带时，其尖端正好垂到皮带扣为宜。起固定领带作用的领带夹，一般夹在衬衫第四、第五粒纽扣之间。

小贴士

西装袖口的商标牌应摘掉，否则会贻笑大方。

礼仪·小看板

您注意过别人的领带结吗？①

带结又小又紧——小气、多疑、孤单、自我为先。

带结不大不小——安分守己、彬彬有礼、认真勤奋。

带结又大又松——富有感情、文质彬彬、善于交际。

4. 扣子

西装纽扣有单排、双排之分。双排扣西装应把扣子都扣好。单排扣西装，一粒扣的，系上端庄，敞开潇洒；两粒扣的，只系上面一粒扣是洋气、正统，都不系敞开是潇洒、帅气；三粒扣的，则应系上面两粒或中间一粒。

5. 口袋

无论哪种西装，口袋的使用原则都是尽量不放或少放东西。上衣两侧的口袋不可装东西，只做装饰用，外侧左胸部的口袋只可放折叠好的手帕。物品可

① 吕晨．读心术[M]．北京：北京时代华文书局，2019：63－64.

放在上衣内侧左右衣袋里。为了臀围合适、裤型美观，裤袋和上衣口袋一样不可装物品。

 礼仪·小看板

西装的帕饰①

西装的胸袋又称手帕兜，用来插装饰性手帕，也可空着。手帕需根据不同的场合折叠成各种形状，插于西装胸袋。手帕一般以白色居多，但也可是与衬衣相近的其他颜色。如浅咖啡衬衣配浅咖啡手帕；米色衬衣配米色手帕，这样显得别具一格。

西装与鞋袜

6. 鞋袜

皮鞋和袜子虽然穿在脚上，但却是作为与衬衣、领带同等重要的西装配件。

对于男士而言，深色西装最好配黑色皮鞋，最规范的应是黑色系带皮鞋；袜子最好是与西裤的颜色或与皮鞋的颜色相同，切忌选配浅色袜子，尤其是白色的袜子。而且选袜子时，最好选袜筒长一点的；否则，坐下时露出小腿是不雅观的。

小贴士

不要在正式、隆重的场合穿着非黑色皮鞋，即使它被擦拭得十分体面，也会显得穿着人不懂体面。

(二)女士的套裙

西装套裙，是女士在正式场合的常备装之一。它把西装的刚与裙装的柔有机地结合在一起，备受职业女士的青睐。

1. 颜色

套裙的颜色以素雅的冷色调为主，如藏蓝、炭黑、烟灰、雪青、黄褐、茶褐、蓝灰等，以体现出着装者的端庄、稳重、典雅无华之感。上衣与裙子可以是同一色，也可以采用上浅下深或上深下浅两种不同的色彩，使之形成对比。

2. 长度

职业女士的套裙要求上衣不宜过长，下裙不宜过短。通常套裙之中的上衣最短可以齐腰，而裙子最长则可以达到小腿的中部。上衣的袖长以恰恰盖住着装者的手腕为好。套裙的过肥、过大或过瘦、过小，通常都不会穿出美感。

3. 穿法

正式场合穿套裙时，上衣的衣扣必须全部扣好，裙子的拉链一定要拉好；上衣的领子要完全翻好，衣袋的盖子要拉出来盖住衣袋。不可将上衣披在身上，或者搭在身上；裙子要穿得端端正正，上下对齐。

4. 搭配

套裙所搭配的衬衫应轻薄柔软，色彩与外套和谐。内衣的轮廓最好不要从外

学习笔记

① 君淮．好习惯好前程[M]．北京：台海出版社，2017：69.

面显露出来。衬裙为白色、肉色或其他颜色，不宜有任何图案。

穿套裙不宜添加过多的点缀。简洁的胸针和项链、一条漂亮的丝巾都可起到画龙点睛的作用。

小贴士

在大庭广众之下，如果套裙上衣的衣扣系得疏漏，或者裙子的拉锁忘记拉上，这都会令着装者十分尴尬。

5. 鞋袜

(1)鞋子

与套裙配套的鞋子，宜为皮鞋，并以棕色或黑色牛皮鞋为上品，高跟或半高跟，颜色亦可与套裙色彩一致。

(2)袜子

穿套裙，可选择高筒袜和连裤袜，颜色有肉色、黑色、浅灰色、浅棕色等几种。长筒袜的长度一定要高于裙子下部边缘。鞋、裙的颜色应深于或略同于袜子的颜色。

礼仪·小看板

旗　袍①

旗袍是中国一种富有民族风情的女性服装，它是由满族女装演变而来。因满族又称“旗人”，所以被称为“旗袍”。

它的特点是立领，右大襟，紧腰身，两边下摆开衩，布料多用缎子，领子、襟、袖的边缘都用宽边镶绲。清朝建立后旗袍开始只在满族妇女中流行，后来汉族妇女也纷纷穿旗袍。清朝末年，旗袍的样式日益繁多，出现了立领，袍身刺绣，镶绲复杂，有三镶三绲、五镶五滚甚至十八镶绲等样式。

20世纪20年代，受西方和日本服饰影响，上海妇女对旗袍加以改进，将刺绣和镶绲工艺由繁变简，收紧腰身，突出了人体曲线美。这种新式旗袍立即风靡全国。

20世纪30年代至40年代，旗袍在长度、领、袖等部分又发生较大的变化，称改良旗袍，成为盛行的女装。

(三)大学生的着装

学习笔记

大学校园既是知识的圣堂，又是礼仪的殿堂。在校园内，衣着严谨是对老师最起码的尊重，而健康合适的穿着，方能彰显大学生的青春特质。

1. 符合身份

《弟子规》中有言：“衣贵洁，不贵华；上循分，下称家。”穿衣贵在整洁大方，而不在于华丽；衣服要符合自己的身份，还要和自己的家庭条件相适合。大学生作为无经济来源的特殊群体在着装时更要遵循这一教导。

① 斗南．国学知识全知道[M]．北京：北京联合出版公司，2018：494.

2. 自然质朴

大学生着装不应过分追求品牌、高档和时髦，应以物美价廉为宜，适合自己的年龄、身份和家庭条件，以自然、质朴为原则，款式和线条要简洁流畅，以表现出青年学生的热情和单纯。各种新款的校服、宽松的夹克衫、合体的运动服、T恤衫、飘逸的连衣裙等都是较合适的选择。

3. 和谐合体

大学生服装的色彩应该明快，但不能过于花哨；服装的尺寸应该合体，过瘦、过肥的服装都不适合青年学生活动较多的特点。

4. 分清场合

一般来说，大学生穿着以休闲、运动装为宜，但不同场合、不同时间应灵活对待，应遵循穿着得体原则。

舒服、轻便的休闲装、运动装适合大学生的学习和生活场合，穿这样的衣服进办公室、上课都没问题，既方便经济又体现出青春的朝气，符合大学生的特质。在一些特定的场合，如宿舍、休闲区域可随意一点，可以穿着便装、拖鞋、背心等；而在实验室中一定要穿着简单，穿特定试验服装；对于求职的大学生来说则需穿正装、套装，以给人留下一个良好的印象。

5. 注意禁忌

大学生着装应忌脏、忌乱、忌露、忌短、忌透、忌艳、忌紧、忌繁等。在夏季，女大学生不宜穿吊带装，不能袒胸露背；裙子的长度不得短于膝盖，不得穿皮裙、皮裤。男大学生不宜穿短裤、拖鞋，不能穿不符合学校氛围的各种奇装异服。

三、饰物的佩戴

饰物是修饰和装扮我们的一种无声语言，一般包括鞋、帽、手提包、围巾、胸饰、腰饰、手套、首饰等。在现代社会中，装饰品成为服装最亮丽的点缀，可以起到画龙点睛的效果。

(一)饰物佩戴的原则

1. 量少为宜

佩戴首饰，以少为佳，总量不要超过三种。如果没有特殊要求，一般可以是单一品种的戒指，或者是把戒指和项链、戒指和胸针、戒指和耳钉两两组合同时使用。

2. 扬长避短

选择首饰时，应充分考虑自身的特点，让首饰的佩戴和体型相协调，扬长避短。如圆形脸就不宜戴耳环；脖颈有赘肉和褶皱，不适合戴太有个性色彩的项

学习笔记

链；手指欠修长丰润，不宜戴镶有大宝石或珍珠的戒指。

3. 符合身份

选戴首饰时，不仅要照顾个人爱好，更应当服从自己的身份，要和自己的性别、年龄、职业、工作环境保持基本一致，而不要相差太多。

4. 和谐统一

佩戴首饰，是服装整体中的一个环节。要兼顾服装的质地、色彩、款式，并努力与着装在搭配和风格上相互协调。季节不同，戴的首饰也应不同。金色、深色首饰适合冷季佩戴，银色、艳色首饰适合暖季佩戴。

5. 遵守习俗

不同的地区、不同的民族，佩戴首饰的习惯多有不同，对此既要了解也要尊重。

（二）饰物佩戴的规范

1. 丝巾

丝巾的款式很多，质地也不一样。选择丝巾，既要考虑自己的肤色、爱好、着装及丝巾的质地，还要兼顾整体搭配效果。如脸色偏黄，不宜选用深红色、绿色、蓝色、黄色丝巾；脸色偏黑，不宜选用白色、有鲜艳大红图案的丝巾；再如衣深巾浅、衣素巾艳、衣冷色巾暖色等搭配规则也需注意。

2. 包

包的使用要“因地制宜”。郊游时，应选择体积大的背包，布制、草编的均可，很有自然风情；上班时，应选择容量大的中性包，质地要高档，做工精良；赴宴时，可选择精致的小包，缎制、绒制等手拿式的最合适。

> 小贴士
>
> 戒指戴在不同的手指上传递着不同的信息：
>
> 戴在食指——表示求爱或求婚。
>
> 戴在中指——表示已有心上人、正在热恋中。
>
> 戴在无名指——表示已婚或正式订婚。
>
> 戴在小指——表示单身或奉行独身主义。
>
> 大拇指通常不戴戒指。

3. 首饰

（1）项链

项链的粗细，应该和脖子的粗细成正比。一般而言，短项链，适合搭配低领上装；中长项链，可以广泛使用；长项链，适合女士用于社交场合；特长项链，适合女士在隆重的社交场合佩戴。

（2）戒指

戒指是具有明显象征性的饰物，不可随意乱戴。一般来说，戒指戴一枚即可，最多两枚，通常戴在左手上。

西方国家，未婚少女将戒指戴在右手中指上，而修女习惯把戒指戴在右手无名指上，意味着“把爱献给了上帝”。

（3）耳饰

耳饰有耳环、耳链、耳钉、耳坠等各种款式，仅限女性所用，并且讲究成对使用，也就是说每只耳朵上均佩戴一只。

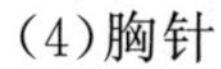

(4)胸针

男女都可以佩戴胸针。当穿西装的时候，应别在左侧领上。穿无领上衣时，应别在左侧胸前。具体高度应在从上往下数的第一粒、第二粒纽扣间。

(5)发饰

发饰常见的有头花、发带、发箍、发卡等。通常，头花和色彩鲜艳且图案花哨的发带、发箍、发卡都不宜在上班时佩戴。

四、香水的使用

学习笔记

法国著名的时装设计师夏奈尔说："香水是服饰的最后搭配。"它把服饰美烘托并升华到另一高度，是完成优雅形象塑造中的点睛之笔。

(一)香水使用的技巧

1. 顺序

洗完澡后，第一件事就是喷香水，然后穿上衣服。

2. 位置

适合喷洒香水的位置有两个：一是耳后和耳垂、手腕内侧、膝盖后面；二是内衣、衣领后、口袋、裙摆的内侧。如果活动时间较长，可以每隔 5 小时补喷一次。

3. 浓度

使用香水是十分讲究的，并不是越香越好。香水使用所达到的最好效果是，与别人擦肩而过时，留下的是隐隐约约、若有若无的香气。通常认为，与他人相处时，香味在一米以内能被闻到，不算过量；如果在 3 米开外，仍然能被他人闻到，则肯定是过量了。

4. 场合

一般而言，味浓的香水适合冬天、晚上使用，而清淡的香水则适宜夏天、白天使用。在工作岗位上，宜选择淡香型、微香型的香水，通常清淡如花的气味，比如茉莉花香味比较适合大多数人。

礼仪·小看板

香味过浓也不得体①

一位女士喷洒了新买的香水，心情愉快地去上班，但她却发现同乘电梯的人和办公室里的同事都异样地看着她。当无意中听到同事们议论她的香水时，才明白原来今天香水用得太多了，令她十分尴尬。

① 莱茵．香水使用要有度[J]. Women of China(中文海外版)，2006(9)：100－101.

每天使用相同的香水，习惯了这个香气之后，用量就会渐渐地增多。对自己而言也许是恰好的香味，但是对别人而言，浓烈的香味可能已经产生了"嗅觉公害"。香味过于浓烈，其实是不得体的行为，会使人产生压迫感。

(二)香水使用的注意事项

第一，在使用香水前，应了解该品牌香水所蕴含的社会人文内涵，因为香水的使用有男女之分、场合要求之分和身份之分。

第二，香水使用在身上，香味会随着时间、温度由下往上升，因此在使用香水的时候，不要只集中在上半身使用，要注重均衡分布。

小贴士

政府公务人员，不宜使用香水，因为香水味可能会减弱其威严。

第三，出席某种场合，如需喷洒香水，应先沐浴；在三五天不洗澡的情况下使用香水，香精与不良体味相混合，会产生令人反感的怪味。

第四，使用香水，不要往汗腺发达部位喷洒，否则会被适得其反的体味所否定。如果出席某种正式场合需喷洒香水，应提前两小时，千万不要"临阵磨枪"。

学习笔记

单元3 仪态优雅

仪态是指一个人举止的姿态和风度。看过《罗马假日》的朋友，不会忘记那个迷人、美丽、善良的安妮公主——奥黛丽·赫本以其脱俗的外貌、优雅的举止演绎出一个楚楚动人的公主形象，并成为世界电影史上的经典。如今，人们用"非常奥黛丽的"来形容那种优雅、高贵、智慧的完美结合。那么，优雅的仪态从何而来？它来自礼貌敬人的举止和行为。人际交往中，用优雅的举止表达礼仪，常常比用语言更让受礼者感到真实、美好和生动。

一、挺拔的站姿

站姿是人们在交际场合最基本的姿势，是工作和社交活动中第一引人注视的姿势，是其他姿势的基础，规范的站姿能衬托出美好的气质和风度。

(一)站姿要求

正确的站姿，能够给人一种平、直、高的感觉，即人们常说的"站如松"。由于性别上的差异，女性站姿应显得亭亭玉立、文静优雅；男性站姿则应显得刚劲稳健、挺拔潇洒。

站姿的基本要求：

上身挺直，头正肩平；

双目平视，下颌微收；

双唇微闭，面带微笑；

立腰收臀，挺胸收腹；

双臂下垂，手指弯曲；

双腿直立，双膝靠紧。

(二)基本站姿

站姿

学习笔记

1. 侧放式

身体挺直，双目平视，双膝并拢，脚跟靠紧，脚掌分开呈“V”字形，双手置于身体两侧，自然下垂。此为男女通用的站立姿势(见图 4-1)。

2. 手背式

身体挺直，双目平视，两腿分开，两脚平行，两脚间距离比肩宽略窄，双手轻握置于身后，右手搭在左手上，贴在臀部。此为男性的站立姿势，常用于门童和保卫人员(见图 4-1)。

3. 前腹式

一种是双膝并拢，脚跟靠紧，脚掌分开呈“V”字形，另一种是一脚在前，将脚跟置于另一脚内侧，两脚尖向外略展开，形成斜写的一个“丁”字，双手在腹前交叉，可将右手搭在左手上，贴在腹部。此为女性主要的站立姿势(见图 4-1)。男性通常可以两腿分开，两脚叉开以不超过肩宽为宜，双手相握、叠放于背后。

前腹式

侧放式

手背式

图 4-1　基本站姿

(三)不雅站姿

不雅站姿

身体不正。诸如歪脖、斜肩、弓背、塌腰、屈腿、撅臀等，或者倚墙靠柜。

手位不当。诸如手插衣袋、手托下巴、手叉腰间、交叉胸前等，或者下意识地做些小动作、玩弄衣服、咬手指甲、抓耳挠腮等。

腿位不直。诸如双腿叉开过宽、双腿扭在一起、双腿弯曲或不停地抖动等。

脚位不雅。诸如双脚叉开距离过大、歪脚站立等。

礼仪·小看板

一项面试试验

一位心理学家做了这样一个实验：分别让三位面试官面试同一名毕业生。

小贴士

说话办事与人打交道，就是一个识人的过程，观察对方的身体姿态可以更好地了解他人的心理状态，以便因时制宜、随机应变地做出对策。

第一名面试官：面试中，面试人一直垂着眉、低着头、穹着腰。面试官认为，此人定然是因能力上有所欠缺而自卑。

第二名面试官：面试中，面试人抬头挺胸、神采奕奕，站得端正、自然。面试官认为，此人稳重自信、胸有成竹，是个人才。

第三名面试官：面试中，面试人时不时摇头晃腿，站立不稳。面试官认为，此人必然不会踏实肯干，有可能还品行不端。

面试结果，只有第二个面试官决定录用面试人。

点评： 站立是人的基本姿势，是一种静态的美，它既是一种礼仪要求，更是一个人精神风貌的体现。在职场上，正确的站姿能为你的形象加分，能为你的事业和生活铺路。

二、端庄的坐姿

学习笔记

坐姿也是一种静态造型，是人们在社交场合采用最多的姿势。端庄优美的坐姿，会给人以文雅、稳重、自然、大方的美感。常言道"坐如钟"，即坐要像钟一样端正。

（一）坐姿要求

坐姿的基本要点是：轻入座、雅落座、慢离座。

1. 入座

入座要轻而稳，一般是从左侧进左侧出。入座时，轻缓走到座位前，右脚后退半步，从容地慢慢坐下。女士入座时，若着裙装，应双手轻拢裙子，以显得端庄文雅(见图 4-2)。

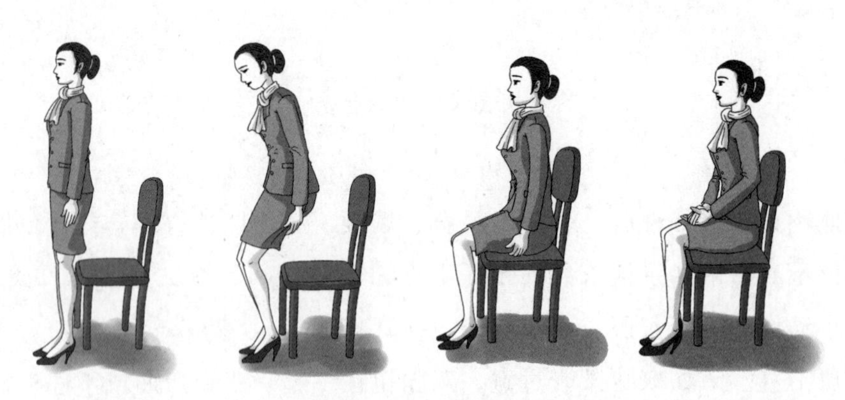

图 4-2 入座

2. 落座

在正式场合，或有地位较高的人在座时，不能满座位，一般只坐座位的 2/3。女士双膝并拢，两脚平行，鞋尖方向一致；男士膝部可分开，距离以一拳左右为宜。女士可将右手搭在左手上，轻放在腿上，男士可双手掌心向下，自然放在膝上或椅子上。

坐姿的基本要求：

上身挺直，头正肩平；

双目平视，下颌微收；

双唇微闭，面带微笑；

立腰收臀，挺胸收腹；

双臂下垂，手指弯曲；

双腿直立，双膝靠紧。

3. 离座

起立时，右脚向后收半步，轻轻地起身，轻稳离座。

坐姿

学习笔记

(二)基本坐姿

1. 正坐式

挺直坐正，双膝、双脚并拢；上身与大腿、大腿与小腿成直角，小腿与地面垂直，双手自然放在双腿上。这是正式场合的最基本坐姿。男士双腿可以略微分开但幅度小于肩宽(见图 4-3)。

2. 交叉式

上身挺直，双膝并拢，一脚置于另一脚之上，在踝部交叉。交叉后的双脚可以内收，亦可略向左侧或右侧斜放。适合于坐在主席台上、办公桌后面或汽车上。男士女士都可以选用(见图 4-3)。

3. 斜放式

上身挺直，双膝、双腿并拢，双脚同时向左或向右斜放，并与地面呈 45°左右夹角，双手叠放于左腿或右腿上。适合于女士穿裙子坐在较低的沙发上时采用(见图 4-3)。

4. 叠放式

一条腿的小腿垂直于地面，另一条腿叠放它之上，小腿向里收，脚尖向下垂放；双腿亦可向左侧或右侧斜放，与地面呈 45°左右夹角。女士穿超短裙慎用(见图 4-3)。

图 4-3　坐姿

（三）不雅坐姿

学习笔记

身体不直。或上身前倾后仰，或弯腰曲背，或半躺半坐等。

手位不当。双手或端臂，或抱脑后，或抱膝盖，或抱小腿，或置于臀部下面，或夹在两腿间等。

腿位不雅。或双腿前伸，或双腿过度叉开，或高架“二郎腿”呈“4”字形，或腿脚抖动摇晃等。

脚位不正。或脚尖朝天，或脚尖相对等。

礼仪·小看板

从坐姿洞悉他人心理①

正式场合或社交场合，坐在你旁边的人比坐在你对面的人在心理上更具有倾向你的潜意识。

坐在椅子上，习惯大幅度交叉双足的人，大体上可以肯定他是一个自信、乐观的人。

双膝分开，手脚微开，全身松弛的宽舒姿势，一般有接纳对方的用意。代表不拘小节、放心无拘束的意识情况。

紧紧交叉双臂或双腿，好像要把自己安全包裹起来，此种坐姿多带有自我防卫、拒绝对方的意味。代表抗拒、怀疑、不信任之态度。

左腿跨越在右腿上，这类人通常个性爽朗主动，人际关系较好，有人缘、有主见，略为主观，喜欢自我主张。

跷“二郎腿”，表示直率，这类人性格开朗，说话爽快，不喜欢拐弯抹角。

把手置于臀部下方，即坐在自己的手上，表示内心处于不安之中，正竭力控制自己，以免脱口说出不该说的话。

双腿不停抖动，表示其潜意识心神不定，优柔寡断，不太能明确表达自己，需要别人的倾听和了解，希望彼此建立信任。

图4-4 行姿

三、洒脱的行姿

行姿是一种动态的姿势，是展现人动态美的重要形式。人们常用“行如风”来形容轻快自然的步态。

（一）行姿要求

行姿是站姿的延续，以站姿为基础。男士行走，应步伐矫健、稳重、刚毅、洒脱，具有阳刚之美；女士行走，应步履匀称、轻盈，端庄、文雅，显示出庄重文雅的温柔之美(见图 4-4)。

行姿的基本要求：

① 胡礼明．有一种魔力叫沟通[M]．北京：中国长安出版社，2009：14－15．

上身挺直，双肩齐平；

双目平视，下颌微收；

收腹立腰，摆臀自然；

双臂下垂，自然摆臂（摆幅以 30°～35°为宜）；

手指弯曲，掌心向内；

步位要直，步速平稳；

步幅适度，步态优美；

表情自然，面带微笑。

男士走姿

女士走姿

蹲姿

（二）不雅行姿

不雅行姿：肚子腆起，身体后仰；脚尖不正（呈明显“内八字”脚或“外八字”脚），叉开双脚（两脚不落在一条线上）；手插口袋，抱肘行走；手腿僵直，身板僵硬；拖泥带水，脚蹭地面；多人横行，勾肩搭背；弯腰驼背，歪肩晃膀；扭腰摆臀，左顾右盼。

四、优雅的蹲姿

蹲姿是由站姿或走姿变化而来的相对处于静态的体态，是交往中用得不多，但最容易犯错误的姿态。在社交和工作场合，若能恰当地采用正确的蹲姿，会给人们留下美好的印象。

（一）基本蹲姿

1. 高低式

下蹲时，左（右）脚在前，右（左）脚在后；左（右）脚完全着地，小腿基本上垂直于地面；右（左）脚掌着地，脚跟提起；右（左）膝低于左（右）膝，右（左）膝内侧可靠于左（右）小腿的内侧，形成左（右）膝高右（左）膝低的姿态；臀部向下，上身略向前倾。下蹲时，女士两腿靠紧，男士两腿间可保持适当距离（见图 4-5）。

图 4-5　高低式

2. 交叉式

下蹲时，右（左）脚在前，左（右）脚在后；右（左）小腿垂直于地面，全脚着地；右（左）腿在上，左（右）腿在下，二者交叉重叠；左（右）膝由后下方伸向右侧，左（右）脚跟抬起，脚掌着地；两腿前后靠紧，合力支撑身体；上身略向前倾，臀部朝下。此蹲姿通常适用于女性，尤其是穿短裙女士，它的特点是造型优美典雅（见图 4-6）。

图 4-6　交叉式

（二）不雅蹲姿

不雅蹲姿：弯腰、撅臀的“撅臀式”蹲姿；双腿平行叉开的“洗手间姿势”蹲姿；露出内衣裤的“露背式”蹲姿等。

五、规范的手姿

手姿，又称手势，是人的两只手臂所做的动作。“心有所思，手有所指。”如

小贴士

不要正面或背面面对他人下蹲，而应侧面面对，否则不太礼貌。不要蹲在高于地平面处。

果说眼睛是心灵的窗口，那么手就是心灵的触角，是人的第二双眼睛。奥地利作家茨威格说："在泄露感情的隐秘上，手的表现是最无顾忌的。"

在工作和社会交往中，手姿的运用要规范、适度和准确，要有的放矢，运用适当，宁缺毋滥。恰当地使用手姿，有助于语言表达和人际沟通。

礼仪·小看板

手势的含义①

手势表达的含义非常丰富，表达的感情也非常微妙复杂。如招手致意、挥手告别、拍手称赞、拱手致谢、举手赞同、摆手拒绝；手抚是爱、手指是怒、手搂是亲、手捧是敬、手遮是羞等。手势的含义，或是发出信息，或是表示喜恶、表达感情。能够恰当地运用手势表情达意，会为交际形象增辉。

(一)基本手姿

1. 鼓掌

鼓掌是用以表示欢迎、祝贺、支持的一种手姿，多用于会议、演出、比赛或迎候嘉宾。其做法是以右手掌心向下，有节奏地拍击掌心向上的左掌。必要时，应起身站立。但是，不应该以此表示反对、拒绝、讽刺、驱赶之意，即不宜"鼓倒掌"。

递接物品

2. 递(接)物

递交物品的原则是安全、便利、尊重。

(1)双手为好

递接物品时，宜双手递接，若不方便双手并用，宜用右手递接，以左手递接物品是失礼的行为。

学习笔记

(2)递于手中

递物品，以交到他人手中为好。若是特殊情况，应放在对方方便接拿的位置。

(3)主动上前

若双方相距过远，应主动上前。若坐着，应在递接物品时起身站立为好。

(4)尖刃对己

递接带尖、带刃等物品时，宜将尖、刃部分对着自己，并以言语加以提醒。

(5)正面递接

递接带有文字的物品，应将文字正面朝着对方。

3. 指示

将右手或左手抬至一定高度，五指并拢，掌心向上，手掌与水平面呈45°角，

① 徐先玲．招人喜欢的社交礼仪[M]．北京：中国商业出版社，2018：35—36.

以肘关节为轴，朝一定方向伸出手臂。指示方向时，手的高度大约齐腰；指示物品时，手的高度根据物品来定，手臂、手掌和物品应在一条直线上。

学习笔记

(二)手姿禁忌

1. 不敬的手姿

说自己时，用手指着自己的鼻尖，讲别人时，用手指点别人；用手指指点方向，或手持物品指示方向等，这些都是失敬于人的手姿。

2. 不雅的手姿

当众挠头皮、掏耳朵、抠鼻子、剔牙齿、咬指甲、修指甲、搔痒痒、打哈欠等手姿，既不卫生，也不雅观，会给人留下粗鲁、缺乏教养的印象。

3. 过度的手姿

在人际交往中，手姿不宜过多，幅度不宜过大。手舞足蹈，动作夸张，会给人留下装腔作势、缺乏涵养甚至歇斯底里的感觉。

4. 不稳重的手姿

在大庭广众之下，双手乱动、乱摸、乱举，或是折衣角、抬胳膊等手姿，既不礼貌，又欠稳重。

5. 易误解的手姿

由于各国文化习俗的不同，手姿的表意也会有诸多差异，同一手姿表达的含义可能会大相径庭。因此，在人际交往中，禁忌随便使用自己文化圈中的手姿语，以避免产生不必要的误解。

(三)手姿语差异

1. OK 手姿

拇指、食指相接连成环状，余下三指自然伸直，掌心向外。在美国表示“同意”“顺利”“很好”等，在法国表示“零”或“毫无价值”，在日本表示“钱”，在巴西则表示“粗俗下流”。

2. 竖大拇指手姿

一般表示“好”“高”“妙”“一切顺利”“非常出色”等。但在美国和欧洲部分地区，表示要搭车，在德国表示数字“1”，在日本表示数字“5”，在我国则表示“赞同”“好”等。

3.“V”形手姿

食指、中指分开并伸直，其余三指相握，掌心向外，表示“胜利”，若掌心向内，在英国等国则是一种侮辱人的信号。

4. 伸出食指手姿

在我国和亚洲一些其他的国家表示“一”“一个”“一次”等，在法国、缅甸等国家则表示“请求”“拜托”之意。

礼仪·小看板

手心向上：亮出自己真诚的态度①

国外有个社会心理学教授做过一个实验，他让学生们互相访谈，在访谈过程中要求一半学生将手放在桌子下面，而另一半学生将手放在明显的地方并且手心向上。结果访谈结束后，专家发现，将手放在桌子下面的人给人的印象都不太好，他们被认为戒备心强，甚至说话虚伪。而另一半将手放在桌子上并且手心向上的人则被认为真诚大方，所说的话也具有较强的真诚度。虽然这个实验并不是非常严谨的科学实验，但是它仍能给我们一些启示：保持双手可见且手心向上，表示的是动作者十分真诚地亮出自己的内心。

学习笔记

5. 拳掌相击手姿

拳掌相击的手姿，在意大利、智利等国表示诅咒语，而在中国多表示为自己"鼓劲"或"叫好"的意思。

六、 得体的表情

表情最具表现力、最能表达人的情感和心理活动，是仅次于语言的一种交际手段与沟通方式。得体的表情是优雅风度的重要组成部分。在人际交往中，专注的眼神、真诚的微笑，会向人们传达积极的信息，让人觉得和蔼可亲，值得信赖，沟通就变得容易而轻松。

礼仪·小看板

感情的表达公式②

美国心理学家艾伯特·梅拉比安把人的感情表达效果总结了一个公式：感情的表达＝语言(7%)＋声音(38%)＋表情(55%)，这个公式说明了表情在人际沟通时能够恰如其分地表现出人的内在感情。

小贴士

印度诗人泰戈尔说："一旦学会了眼睛的语言，表情的变化将是无穷无尽的。"

(一)眼神的意义

眼神被认为是人类最明确的情感表现和沟通信号，在面部表情中占据主导地位。

"一身精神，具乎两目""眼睛是心灵的窗户"。眼睛具有反映深层心理的特殊功能。在人际交往与沟通中，诚恳、坦然、友好的目光，让人产生亲近、信任、受尊敬的感觉，而游离、茫然、轻蔑的眼神，会使人产生轻视、不被重视的感觉。

目光注视

1. 注视的时间

在人际交往中，注视对方时间的长短往往十分重要。若表示友好，则注视对

① 安辰．别人不说，你一定要懂的沟通心理学[M]．北京：中国致公出版社，2018：37.

② 黄胜．知晓礼仪的女人更有魅力[M]．天津：天津科学技术出版社，2009：248.

方的时间约占全部相处时间的 1/3；若表示重视，则注视对方的时间约占相处时间的 2/3。若注视对方的时间不到全部相处时间的 1/3，则意味着轻视和不感兴趣。

礼仪·小看板

无形的压力①

某公司在搬迁到一座新建的硬件设施都很好的大厦办公后，员工的工作效率反而降低了，经营者百思不得其解。后来管理者经过调查发现，原来问题出在那些为了多方采光而设计的宽广的玻璃窗上，由于外面的情形被一览无余，里面的工作人员觉得外边的人一直在盯着自己看，内心的不安全感造成了工作效率的低下。结果，这家公司只好用百叶窗遮住外面纷扰的情形，以维持员工的工作效率。

学习笔记

2. 注视的位置

在人际交往中，由于场合的不同、交往对象的不同，目光所及之处和注视区间是有差别的。

(1)公务注视区域

公务注视区域，即由两眼底线和前额构成的三角区域。注视这个区域，会显得郑重、严肃、认真和诚恳。在洽谈、磋商和谈判时使用这种目光，对方会感到你有合作的诚意，且容易把握住谈话的主动权和控制权。

(2)社交注视区域

社交注视区域，即以两眼为上线、嘴为下顶角所形成的倒三角区域，也就是双眼和嘴之间。注视这个区域，会令人感到舒服、安心、平等、轻松和亲切。通常在社交场合使用这种凝视，能营造一种热情友好、融洽和谐的社交氛围。

(3)亲密注视区域

亲密注视区域，即双眼到胸部所形成的区域。注视的对象是亲人、恋人或家庭成员等。

3. 注视的角度

在人际交往中，不同的注视角度所表达的含义是不同的。一般说来，仰视表示尊重和崇拜，适用于对尊长；正视表示友好、平等和礼貌等，适用于在普通场合身份、地位平等之人；俯视带来权威，有诲人之意，通常用于身居高处时，既可以表示对晚辈的宽容、怜爱，也可以表示对他人的轻慢、歧视。

小贴士

在一般情况下，与他人相处时，不能“目中无人”，也不宜注视其头顶、大腿、脚部与手部。与异性相处时，不应注视其肩部以下，尤其是不应注视其胸部和胸下部。

① 弘丰．微表情心理学[M]．北京：北京燕山出版社，2018：13.

礼仪·小故事

会说话的眼神①

有一次，李鸿章向曾国藩推荐三个人，恰好曾国藩散步去了，李鸿章示意三人在厅外等候。曾国藩散步回来，李鸿章说明来意，并请曾国藩考察那三个人。

曾国藩说："不必了，面向厅门、站在左边的那位是个忠厚的人，办事小心，让人放心，可派他做后勤供应之类的工作；中间那位是个阳奉阴违、两面三刀的人，不值得信任，担不得大任，只宜分派一些无足轻重的工作；右边那位是个将才，可独当一面，将来作为不小，应予重用。"

李鸿章很吃惊，问曾国藩是何时考察出来的。曾国藩笑着说："刚才我散步回来，见到那三个人，走过他们身边时，左边的那个低头不敢仰视，可见是位老实、小心谨慎之人，因此适合做后勤一类的工作。中间那位，表面上恭恭敬敬，可等我走过之后，就左顾右盼，可见是个阳奉阴违的人，因此不可重用。右边那位，始终挺拔而立，如一根栋梁，双目正视前方，不卑不亢，有大将之才。"曾国藩所指的那位"有大将之才"的人，便是后来在淮军中成为勇将的刘铭传。

点评：

性为内，情为外。情所表现出来的最显著、最难掩饰的部分，不是语言、动作，也不是态度，而是眼睛。观察一个人时，看他的眼神是十分重要的。

（二）微笑的魅力

微笑是温馨、亲切的表现，微笑是一种没有国界的语言，也是最美丽的交际语言。在人际交往中，微笑作为一种"通行证""润滑剂"，缩短了人与人之间的心理距离，使得沟通变得轻松，人际关系变得融洽。

布恩的微笑

1. 微笑的效用

陌生人相见，微笑可以减少隔阂，增加信任，放松气氛；熟人相见，点头微笑显得和谐、融洽。

学习笔记

领导对群众的微笑，可以拉近与下级和群众的距离，增加亲密感和信任感；长辈对晚辈的微笑，可以缩小年龄差距，增强忘年交流的深度；两性之间的微笑，可以消除原本的戒备心，增加相互的吸引力，获得更深层次的交流和更加亲密接触的信息。

服务人员的微笑，表现的是服务态度的热情与主动；商务人员业务洽谈中的微笑，表现的是潇洒大方、不卑不亢。

成功者的微笑，表现的是自信与谦逊；失败者的微笑，表现的是风度和信心。

微笑着向别人道歉，会消除对方的不满情绪；微笑着接受批评，能显示你承

① 周永辉．一眼看穿人心破解身体语言密码[M]．北京：中国经济出版社，2011：52—53.

认错误但又不诚惶诚恐；微笑着婉拒别人，代表你的大度，也不会使人感到难堪；微笑着与别人争论，既能缓解对方的紧逼势头，又能为寻找应对办法赢得时间。

礼仪·小故事

原一平的微笑[①]

原一平在日本被称为“推销之神”，是日本最著名的保险营销专家。

在他最初当保险推销员的几个月里，他没有为公司拉到一份保单。他没有钱租房，就睡在公园的长椅上；他没有钱吃饭，就去吃饭店专供流浪者的剩饭；他没有钱坐车，每天就步行去他要到的那些地方。可是，他从来不觉得自己是个失败者。

自清晨从长椅上醒来开始，他就向每一个所碰到的人微笑，不管对方是否在意或者回报以微笑，他都不在乎，而且他的微笑永远是那样的由衷和真诚，他让人看上去永远是那么精神抖擞，充满信心。

终于有一天，一位常去公园的资深老板对这个小个子的微笑产生了兴趣，他不明白一个吃不上饭的人怎么会总是这么快乐。于是，他提出请原一平吃顿早餐；尽管原一平饿得要死，但还是委婉地谢绝了。原一平请求这位大老板买一份保险，于是，原一平有了自己的第一个业绩。后来，这位大老板又把原一平介绍给他许多商场上的朋友。

点评：

机遇之后是成功。原一平凭借其自信和真诚的微笑使他成为日本历史上签下保单金额最多的一名保险推销员。

2. 微笑的要求

(1)真诚和谐

真正的微笑应是发自内心的，而且渗透着自己的情感。只有表里如一、真诚友善的微笑，才能营造明朗而富有人情味的气氛。而发自内心的真诚笑容应是口到、眼到、眉到、鼻到、肌到，即需要使各个部位的动作到位、和谐；否则，笑容就会显得勉强、做作、失真。

(2)适度优雅

微笑虽然是人际交往中最有吸引力、最有价值的面部表情，但也不能随心所欲，想怎么笑就怎么笑，想什么时候笑就什么时候笑。要讲究笑得适时、笑得适度，才能充分表达友善、和蔼、融洽等美好的情感，才能显示出良好的文化修养和优雅的气质。

学习笔记

① 刘敏．工匠精神让工作成为一种修行[M]．北京：中国言实出版社，2016(10)：185－186.

学习笔记

(3)声情并茂

微笑与语言美是一对孪生姐妹。甜美的微笑伴以礼貌的语言，二者相映生辉。若脸上微笑，却出言不逊、语言粗俗，其微笑就失去了意义；若语言高雅，却面无笑意、表情冰冷，会令人怀疑你的诚意。

礼仪·小看板

微笑的诗歌①

微微一笑并不费力，
但它带来的好处却无法算计。
得到一个笑脸觉得是个福气，
给予一个笑脸也不会损失分厘。
微微一笑虽然只需几秒，
她留下的记忆却不会轻易逝去。
没有谁富有得连笑脸也拒绝看到，
也没有谁会贫穷得连笑脸也担当不起。
微笑为你的家庭带来和顺美满，
微笑支持你在工作中百事如意，
微笑还能帮助传递友谊。
对于疲劳者它犹如休息，
对于失意者它仿佛鼓励，
对于伤心者它恰似慰藉。
“解语之花”“忘忧之草”的美名它当之无愧，
它买不来、借不到、偷也偷不去，
因为它只能在给人后才变得珍贵。

单元4 谈吐文雅

自古就有“一言兴邦、一言丧邦”的明训，说话的确是一门艺术，所谓“好言一语三冬暖，恶语伤人六月寒”。在人际交往中，不一定要伶牙俐齿、能言善道，但须掌握谈话的技巧，做到应对得体、以言达礼。

一、话题的选择

话题即谈话的主题。交谈时，选择合适的话题非常重要。如果选择了对方不熟悉或不感兴趣的话题，谈话很容易陷入僵局；如果选择了对方忌讳的话题，还

① 李真顺．高情商职场口才课[M]．成都：四川人民出版社，2019：56.

学习笔记

可能使谈话中断。

(一)适宜的话题

1. 既定的话题

既定的话题指的是交谈双方事先约定，或者其中某一方先期准备好的主题。如求人帮助、研究工作、讨论问题等。这是最直接、最为简洁的谈话主题，适用于比较正式的交谈。

2. 高雅的话题

高雅的话题内容一般涉及文学、艺术、历史、地理或其他专业方面的知识，适用于讲究品位的正式谈话，但要求面对知音时不要不懂装懂、班门弄斧。

3. 轻松的话题

轻松的话题一般指文艺演出、旅游度假、风土人情、电影电视、体育比赛、美容美发、烹饪小吃、天气状况等大家都喜闻乐见、轻松愉快的话题，适用于非正式交谈。这种话题会给交谈对象带去开心与欢乐。

4. 擅长的话题

擅长的话题多指自己所熟知的内容，或是对方所擅长的话题。这样双方在交谈中就会得心应手，既令对方感到自己谈吐不俗，也容易让对方兴致勃勃、谈得开心。应当注意的是，无论是选择自己擅长的内容，还是选择对方擅长的话题，都忌讳以己之长对他人之短，否则会使谈话陷入难堪与尴尬境地。

5. 热点的话题

谈话中，在不能确定对方的专长、爱好和擅长的话题时，选择时下热点的话题作为谈话的主题应该说是一个非常明智的选择，诸如油价上涨、房价过高、股市的升降、新上映的电影等，这些话题适合于各种交谈。但过于八卦或颇具争议性的话题，不适合在正式场合提起。

(二)话题的禁忌

1. 令人敏感的话题

(1)私人话题

个人隐私问题是非常敏感的话题，不能随便在交谈中涉及。与外国人交往时，尤其应回避个人隐私，包括不问收入、不问年龄、不问婚否、不问健康、不问个人经历五不问。谨记尊重对方隐私，就等同于尊重对方。

(2)富有争议的话题

比如政治、宗教、党派、民族等话题。这类话题没有个人利害关系，但涉及民族、宗教等情感，而且充满个人经验与立场。一旦失言，会使交谈陷入僵局。

2. 令人忌讳的话题

令人忌讳的话题包括生理的缺陷、以往的过失、心中的不幸、伤心的往事

学习笔记

等。“莫对失意者说得意之事”，否则将伤害对方的自尊。例如，不要在残疾人面前谈论运动与健美，不要在大龄未婚女子面前谈论家庭与孩子等。同时，也不可炫耀自己的成就与财富，因为炫耀自己就是贬低别人。

3. 非议他人的话题

一般而言，在背后议论他人的不是，是一种极不礼貌、极不光彩的做法。这样做不仅使别人的尊严受到损害，而且会让别人对自己个人的人格、信誉产生怀疑，哪怕是关乎自己的前途也不能如此。

4. 低级庸俗的话题

交谈中，如果将一些低级趣味的东西如家长里短、小道消息等当作谈资，并津津乐道，会贻笑大方，并使人觉得素质低下，有失教养，从而敬而远之。

礼仪·小看板

选择话题的方法①

中心开花法。选择众人关心的事件为题，围绕人们的注意中心，引导大家议论。如某地铁路道口，因道口员的失职，致使公共汽车和火车相撞，造成44人伤亡的惨剧。事故见报后第二天，有人和大伙交谈时提起这一话题，顿时大家议论纷纷，十分热闹。

即兴引入法。巧妙借用彼时、彼地、彼人的某些材料，引发交谈。如有人在夏天遇见一位不相识的环卫工人时，说：“这么热的天，看这西瓜成车地运进城，你们清扫瓜皮的任务肯定不轻啊!”一句话，轻松引起对方的共鸣。

投石问路法。与陌生人交谈，先提些“投石”式的问题，略有了解后再有目的地交谈，便能谈得较为投机。如在宴会上见到陌生的邻座，可先“投石”询问：“你和主人是老同学呢，还是老同事?”然后，可循着对方的回答交谈下去。

循趣入题法。问明对方的兴趣，循趣交谈，就能顺利地找到话题。因为人们对感兴趣的事，总是很熟悉、有话可谈，也乐于谈的。如对方喜爱摄影，便可以此为题，谈摄影的取景、各类相机的优劣等。

二、礼貌的谈吐

党的二十大报告提出，加强和改进未成年人思想道德建设，推动明大德、守公德、严私德，提高人民道德水准和文明素养。谈吐是一个人道德水准和文明素养的重要表现。在人与人交往和沟通中，除了要做到言辞达意外，应尽量以语言之“礼”吸引人，以语言之“美”征服人，要做到用语文明、用语文雅、用语准确。

（一）用语文明

1. 讲普通话

礼仪以交往对方为中心，要达到沟通有效的目的，必须要讲普通话。普通话

① 王利军，何雅丽，赵克昌．青少年心理健康教育概论[M]．太原：山西科学技术出版社，2008：288.

是我国法定的现代汉语的标准语。使用普通话进行交际，可以消除语言隔阂、增进人际交流、提高沟通质量。在人际交往中，除面对外国友人、少数民族人士或个别不懂普通话的人员之外，最好在交谈时讲普通话，面对不懂方言和土语的交往对象而又不讲普通话，只能表明自己保守排外而已。

2. 说文明话

作为有文化、有知识、有教养的现代青年，在言谈交往中一定要使用文明优雅的语言，杜绝粗话、脏话、黑话、荤话、怪话等。诸如把女孩子叫“小妞儿”，把名人叫“大腕”，把吃饭叫“撮一顿”等，讲此种粗话，是很失身份的。言语是个人学问、品格的衣冠，不雅的话说出来只会显示自己格调不高，也是对他人的不尊重。

(二)用语礼貌

1. 语言礼貌

在交谈中多使用礼貌用语，既是对交谈对象的尊重与友好，也是博得他人好感的最为简单易行的做法。所谓礼貌用语，简称礼貌语，是指约定俗成地表示谦虚恭敬的专门用语。常用的礼貌用语有问候语、致谢语、拜托语、慰问语、赞赏语、迎送语等。

礼仪·小看板

常用的礼貌用语①

问候语：早上好、您好、晚上好、见到您很高兴。(配以微笑)

致谢语：谢谢您、多谢了、非常感谢。(配以微笑和目光)

拜托语：请多关照、承蒙关照、拜托了。

慰问语：辛苦了、受累了、麻烦您了。

赞赏语：太好了、真棒、美极了、很好、很不错、太出色了。

迎送语：欢迎、欢迎光临、欢迎再次光临、再见。

祝贺语：祝您节日愉快、祝您生日快乐、祝您应聘成功。

征询语：您有什么事情？需要我帮您做什么事情？您还有别的事情吗？如果您不介意的话，我可以看看吗？请您慢点讲好吗？

道歉语：实在对不起、实在抱歉、请原谅、打扰您了、失礼了、完全是我们的过错。

礼请语：请、请进、请坐、请用茶。

道别语：再见、回头见、明天见、请走好、欢迎再来。

---

① 曹玉林．语文知识宝典[M]．太原：山西人民出版社，2008：474.

小贴士

“您好”不离口，“请”字放前头（放在请求别人做事的话之前），“对不起”时时有，“谢谢”跟后头（用在别人帮助我们之后），“再见”送客走。

2. 语言文雅

(1)使用敬语

敬语，亦称“敬辞”，是表示尊敬和敬仰的词语。尊敬是礼仪的核心内涵，体现在语言上就要常用敬语。在社会交往中，常使用的“请”字，“请坐”“请慢用”等；第二人称中的“您”字，“您好”“您请”等；代词“阁下”“尊夫人”“贵方”“贵公司”等。

礼仪·小故事

夏衍的遗言①

著名文学家、电影、戏剧作家夏衍先生临终前，感到十分难受。秘书说：“我去叫大夫。”正在他开门欲出时，夏衍突然睁开了眼睛，艰难地说：“不是‘叫’，是‘请’。”随后就昏迷过去，再也没有醒来。按说夏衍先生90多岁的高龄，从年龄看，医生和他的孙子差不多同辈，怎么“叫”都是可以的。但夏衍先生一辈子都注意尊重他人，医生是为自己看病的，无论辈分大小，都要用“请”，而不是“叫”！

点评：

有一种尊重不是“叫”是“请”，夏衍先生可以说是尊重人的模范。我们在日常生活中多用“请”字，少用“叫”字！尊重他人，从小事做起。

学习笔记

小贴士

“令”是美好的意思，凡称呼别人的家人，无论辈分大小，男女老少，都冠以“令”字，以示尊敬，如称别人的父亲为“令尊”、母亲为“令堂”、妻子为“令阃”、哥哥为“令兄”、妹妹为“令妹”、儿子为“令郎”、女儿为“令爱”等。

(2)使用谦语

谦语，亦称“谦词”，是向人表示谦恭和自谦的一种词语。谦语最常用的用法是在别人面前或在书信中谦称自己和自己的亲属。例如，称自己为“愚”“小”或“鄙”，如“鄙人”等；向别人称呼自己的长辈或平辈为“家父”“家嫂”等；向别人称比自己辈分小或年龄小的亲属为“舍妹”“舍侄”等；向别人称呼自己的子女和子女的配偶为“小儿”“小媳”等。尽管在现代生活中谦语使用不多，但其精神无处不在。若能在日常用语中表现出谦虚和恳切，就会赢得他人的尊重。

礼仪·小看板

词雅语美

初次见面说“久仰”，好久不见说“久违”。

等候客人用“恭候”，客人来到称“光临”。

未及欢迎说“失迎”，起身告别称“告辞”。

看望别人称“拜访”，请人别送用“留步”。

出门送客说“慢走”，与客道别说“再见”。

① 林友华．大学生礼仪素养[M]．上海：同济大学出版社，2010：60.

学习笔记

陪伴朋友用“奉陪”，中途告辞用“失陪”。
求人解答用“请教”，盼人指点用“赐教”。
欢迎购买用“惠顾”，请人受礼说“笑纳”。
请人帮助说“劳驾”，求人方便说“借光”。
托人办事用“拜托”，麻烦别人说“打扰”。
向人祝贺说“恭喜”，赞人见解称“高见”。
对方来信称“惠书”，赠人书画题“惠存”。
尊称老师为“恩师”，称人学生用“高足”。
老人年龄说“高寿”，小姐年龄称“芳龄”。
称人夫妇为“伉俪”，称人女儿为“千金”。

(3)使用雅语

雅语，是指一些比较文雅的词语。使用雅语，要求人们在社会交往中，用词用语要力求谦恭、高雅、敬人、脱俗。雅语常常在一些正规的场合以及一些有长辈和女性在场的情况下，被用来替代那些比较随便，甚至粗俗的话语。诸如用“您贵姓”代替“您叫什么名字”；用“我上洗手间”代替“我去厕所”；用“一共几位客人”代替“一共几个人”；用“斟酒”代替“倒酒”；用“小朋友”代替“小孩儿”“小东西”；等等。多使用雅语，能体现出一个人的文化素养以及尊重他人的良好品德。

(三)用语准确

1. 语音清晰

在与人交谈中，应力求发音纯正、吐字清晰，不能读错音、念错字，否则会产生歧义和误会。此外，在交谈时应注意控制自己说话时的音量，音量过强会显得生硬、粗暴，令人有不舒适感；音量过弱会显得有气无力，让人产生被怠慢的感觉。在公众场合，粗声大气的交谈，会给人缺乏教养的感觉；而附耳低语，则给人轻浮的感觉。

2. 语速适度

语速适度，即在谈话时，对语速应加以控制，使之保持匀速，快慢适中，舒张有度。这样做，不仅可以使自己的语言清晰易懂，而且可以显示出自己胸有成竹。语速过快、过慢或忽快忽慢，会给人一种慌慌张张、吞吞吐吐、没有条理的感觉。

3. 语气谦和

在交谈中，谈话的口气一定要平等、亲切、谦和。既不要在交谈中表现得居高临下、无所不知，也不宜在语气上阿谀奉承、随声附和。故意讨好对方，往往会令对方厌恶反感，应做到不卑不亢、落落大方、充满善意。

学习笔记

4. 语言流畅

在交谈中，如果词不达意或前言不搭后语，很容易被人误解，还达不到交往与沟通的目的。因此，应做到表达清楚明白，语句符合规范，尽量避免使用似是而非的语言，以免使人理解困难，产生歧义与误解。诸如使用口头语“那个”“反正”“然后”等，造成语句割断而影响语言的表达；使用书面语和专业术语，使人感到太正规而受拘束；随便省略主语，易造成言辞上的缺失而导致误解。

活动平台

微笑游戏——你笑我不笑

［活动目的］

感受微笑的魅力。

［活动要求］

1. 地点：礼仪实训室。

2. 方式。

(1)随机抽选20人参加游戏。男女生各10人。

(2)游戏时间10～15分钟。

［活动内容］

1. 游戏参加者分站两排，两两相对。

2. 各排选出一名代表，站在队伍的两端，相互鞠躬，身体弯腰达到90°，高喊“×××您好”。

3. 两人向前迈步走至队伍中央，再相互鞠躬高喊一次。

4. 鞠躬者与其余成员均不可笑，笑出声者即被对方打败，排至对方队伍最后入列。

5. 依次交换代表人选，如此反复。规定时间内打败对方成员多的一排获胜。

生活如一面镜子，你笑，生活就笑；你哭，生活就哭。人际交往和沟通中也是这个道理，要想获得别人的笑容，首先要绽放自己的笑容。己所不欲，勿施于人。

案例分析

办公室秘书小李

小李是一家银行的办公室秘书。在她看来，秘书应穿得青春靓丽，为此她在自己的穿着打扮上花了不少精力，专门买了一套低领连衣裙。一次，在接待一位客户时，小李穿着自己特意买的连衣裙为客人服务。由于茶几较低，小李只好弯着腰、撅着臂为客人上茶。

事后，办公室主任对小李委婉地说：“作为秘书人员，一定要保持大方、端庄的形象，注意为客人服务的细节。我不希望你为客人上茶时，让客人感到尴尬。这样不仅影响了我们所谈的内容，还影响了我们企业对外的形象。”

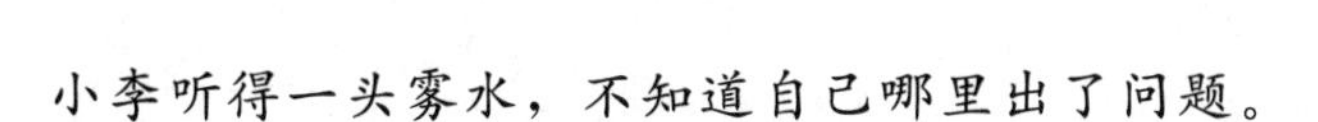
小李听得一头雾水，不知道自己哪里出了问题。

问题：

1. 请你帮小李找出问题究竟出在哪里。
2. 如果你是小李，在为客户服务时会采取怎样的姿势？

自我检测

1. 自我形象检查表。

男士		女士	
头发	是否整洁干净？ 长短是否合适？	头发	是否常整理？ 是否遮脸？
胡须	面部是否留须？	化妆	是否得体、浓淡是否相宜？
鼻孔	鼻毛是否露出，是否有污垢？	鼻孔	是否有污垢？
口气	是否清新？	口气	是否清新？
领带	是否与西服颜色搭配合适？ 所系长度是否符合要求？	耳朵	耳饰合适吗？
西服	上衣和裤子颜色是否搭配？ 穿前是否熨烫？	西服	穿前是否熨烫？
衬衫	颜色和花纹合适吗？ 衣领是否挺括、干净？	衬衫	颜色、款式和外衣协调吗？
袖口	是否干净？	袖口	是否干净？
手和指甲	手是否干净？ 指甲是否修剪整齐并清洁？	手和指甲	手是否干净？ 指甲油是什么颜色？
裤子	膝盖部分是否突起？ 是否有斑迹？	裙子	穿前是否熨烫？
袜子	是否穿白袜子？	丝袜	颜色是否合适？
皮鞋	颜色是否合适？ 是否擦拭干净？	皮鞋	鞋跟是否合适？ 颜色与衣服相配吗？

若有不符合礼仪要求的，请提出整改方案。

2. 假设您要参加晚七点开始的晚宴，您会选择下列哪套服装呢？

女性

晚礼服

白色套服

较正式的小洋服

学习笔记

男性

黑色西服　　较轻便的、其他颜色的西装　　燕尾服

3. 下面是一些常见的毛病，在您身上是否也偶有出现呢？如果有，请您每天提醒自己，尽快改掉。

双手插兜　跷着“二郎腿”

和

从后面拍人肩　双臂胸前交叉

____

____

4. 请依据题目的要求完成下面的练习。

用微笑的眼神结识一个新朋友。

时间：一分钟。

地点：图书馆或其他公共场合。

方法：以尊重的眼神向身边的一个陌生人看一会儿，使得他主动开口向您打招呼。

5. 请比较下面每组中的两种说话方式，找出较好的一句话，并指出较差的一句话的毛病在哪里。

(1)A.“我先要考察一下你们的公司，看看与我联营是否够格？”

B.“我想到贵公司参观参观，您看方便吗？”

较好的一句话是(　　)

另一句较差的原因是______________________________。

(2)A.“王老先生在家吗？”

B.“王老先生在吗？”

较好的一句话是(　　)

学习笔记

另一句较差的原因是＿＿＿＿＿＿＿＿＿＿＿＿＿＿＿＿＿＿＿＿＿＿＿＿＿＿＿＿＿＿。

6. 您作为一名听众，下面哪一句话最入耳？为什么？

(1)你懂不懂？

(2)你听清楚了吗？

(3)我说明白了吗？

最入耳的一句话是(　　)

原因是＿＿＿＿＿＿＿＿＿＿＿＿＿＿＿＿＿＿＿＿＿＿＿＿＿＿＿＿＿＿＿＿＿＿＿。

学以致用

1. 小袁成功应聘为某大酒店的前台经理。第一天上班，为展现自己好的形象，她烫了披肩发、化了时尚妆，穿上了超短裙和黑丝袜，脚蹬了红色的 7 厘米高跟鞋，戴着悬挂式耳环和马鞭链。

问题：

(1)请指出小袁着装的不妥之处。

(2)请你告诉小袁着装的原则有哪些。

2. A、B 两家公司就合作开发新产品进行了几轮前期接触，接触结果令双方满意，于是决定进行正式高层商谈。双方将商谈的日子约定在周五下午三点，地点选在某酒店。商谈结束后，A 公司老总吩咐产品开发部经理另外寻找合作伙伴。开发部经理有些不解，询问原因。老总对他说：“B 公司老总一走进会谈室就双手叉腰，趾高气扬坐下来又指手画脚，双腿还抖个不停。我不和这样的人打交道。”

问题：

(1)说一说仪态礼仪。

(2)给 B 公司老总提出改进仪态方面的相关建议。

模块实训

实训一　日常淡妆的训练

[实训目的]

熟练掌握日常淡妆的具体化妆手法。

[实训要求]

1. 地点。

礼仪实训室。

2. 道具。

各种化妆用品用具，如眉笔、眼线笔、眼影、唇彩、胭脂、粉底、散粉、粉扑、睫毛膏、睫毛夹、胭脂刷、睫毛刷、修眉刀、棉棒等。

学习笔记

3. 方式。

面向镜子，自我化妆操作；播放舒缓的音乐。

［实训内容］

1. 基本要领。

(1)清洁滋养。

先用清水配合洁面乳将面部的油脂、皮屑、汗液等污垢彻底清除干净，后拍上收缩水或者爽肤水，再涂抹乳液或隔离霜。

(2)涂抹粉底。

将粉底液分散点在面部五区，每区量约绿豆大小，用双手三根或四根手指指腹快速交替拍打的手法先将粉底液在5个区域散布开，再用两根手指指腹像涂乳液一样推匀，特别注意眼、鼻、唇窝处要涂匀。

(3)紧实定妆。

用散粉或者粉饼借助粉扑将干粉均匀地压按在面部，使妆面和肤色更为匀整贴合。

(4)眼影晕染。

单色晕染：将眼影涂抹在睫毛根部，越往上越淡，直至消失。

双色晕染：将略深色的眼影涂抹在睫毛根部并向上晕染，用较浅的眼影在此自然过渡，颜色由深到浅，眉骨处用浅亮色。

(5)描画眼线。

用黑色眼线笔沿着上睫毛根部描画出粗细合适的眼线，要掌握内细外粗的原则，淡妆时下眼线可以不画，也可以只画在眼尾处。

(6)睫毛美化。

先用睫毛夹夹卷睫毛，分三段夹，睫毛根部、中部、上端，使其上翘，再蘸取适量睫毛膏用睫毛刷卷曲上刷，注意不宜太厚，下睫毛可忽略，也可轻刷。假睫毛生活中不主张使用。

(7)眉毛塑形。

先用眉钳或修眉刀修出眉形后，用眉笔按照眉毛的生长方向一根根地描画，眉头色调要轻、眉峰色调略重、眉梢要浅淡，用色柔和自然，切忌又黑又粗。

(8)面色调整。

用胭脂刷沾少许胭脂涂抹在脸颊两侧，通常以颧骨为中心向四周晕染开来。一般向内不过瞳孔，向下不过鼻唇，向上不过外眼角平行线。

(9)唇部着色。

用唇彩或唇膏沿着唇峰、唇谷的形状进行涂抹，也可以用棉棒将唇彩或唇膏涂在上下唇中间，厚薄适中，用色均匀，自然浅淡，切忌血盆大口。生活中可以不描画唇线。

2. 纠正检查。

第一，同学间相互查看粉底颜色的选择和肤色是否相吻合、眉形和脸型是否相配、眼影晕染是否自然柔和等，整个妆面是否既达到了美化容貌的效果又没有露出明显的化妆痕迹。

第二，同学们在练习过程中可以针对自己的情况进行提问，观看老师示范，并在妆面完成后让老师检查，听老师讲解和纠正。

实训二　领带的常用系法

[实训目的]

掌握领带的常用系法。

[实训要求]

1. 地点。

礼仪实训室。

2. 道具。

领带。

3. 方式。

面向镜子，自我操作；播放舒缓的音乐。

[实训内容]

1. 两种基本打法。

(1)温莎结打法。

温莎结

第一步：领带宽端放在右边，窄端放在左边。

第二步：把宽端置于窄端之上，形成三个区域(左、中、右)。

第三步：宽端从颈圈下部向上穿，到达中区域，然后翻出至左区域。

第四步：将宽端从窄端之下由左翻到右。

第五步：把宽端翻上到中区域。

第六步：把宽端从领带结之下由中翻到右。

第七步：把宽端翻到前面至左区域。

第八步：到窄端之下，由左至中。

第九步：穿过前面的圈，并束紧领带结。

第十步：拉着窄端前端，另一只手把领带结移至衣领的中心。

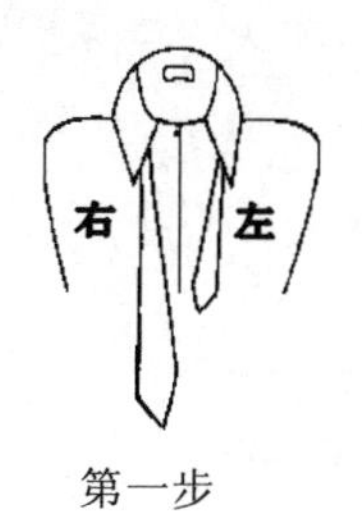

第一步

第二步

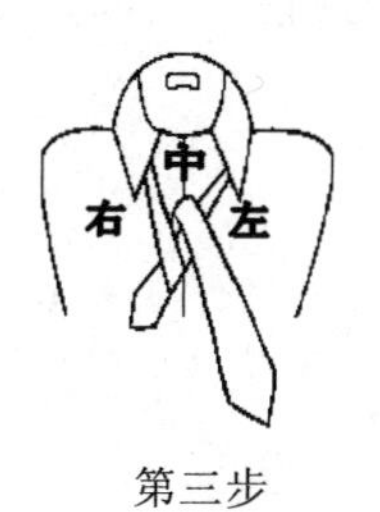

第三步

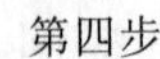

第四步

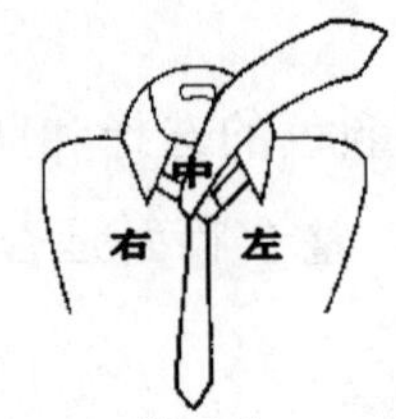

第五步

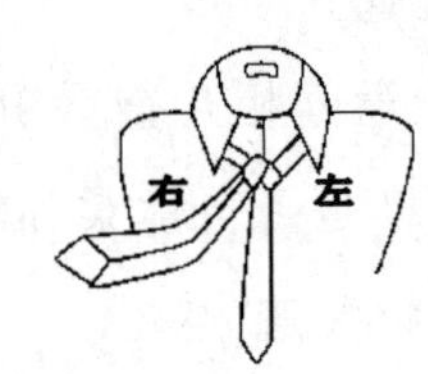

第六步

第七步

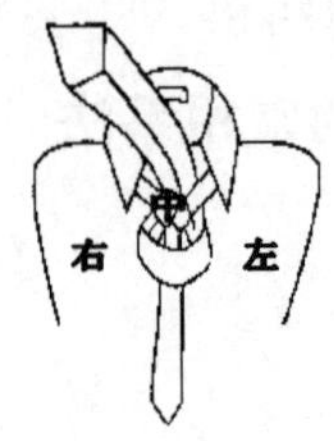

第八步

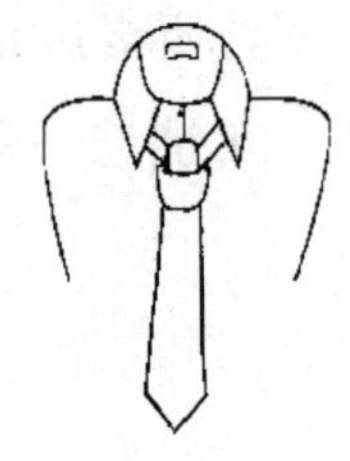

第九步

第十步

(2)四手结打法。

四手结

第一步：领带宽端放在右边，窄端放在左边。

第二步：把宽端置于窄端之上，形成三个区域(左、中、右)。

第三步：宽端从窄端之下拉至右区域。

第四步：再将宽端从窄端之上由右拉至左区域。

第五步：宽端从领带结之下，由左至中。

第六步：穿过前面的圈，并束紧领带结。

第七步：拉着窄端前端，另一只手把领带结移至衣领的中心。

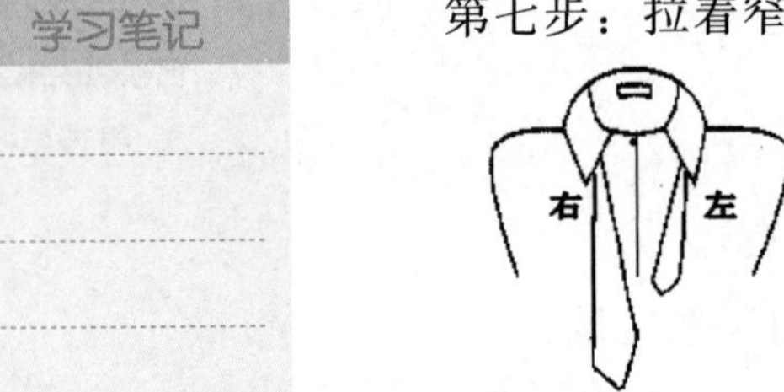

第一步

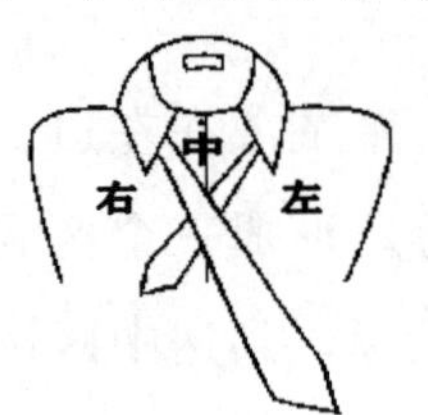

第二步

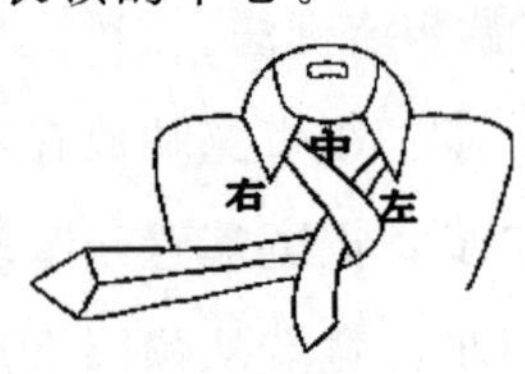

第三步

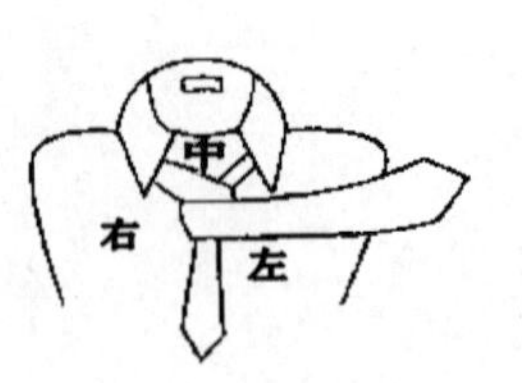

第四步

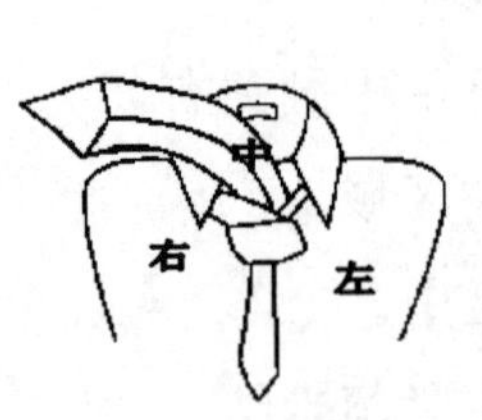

第五步

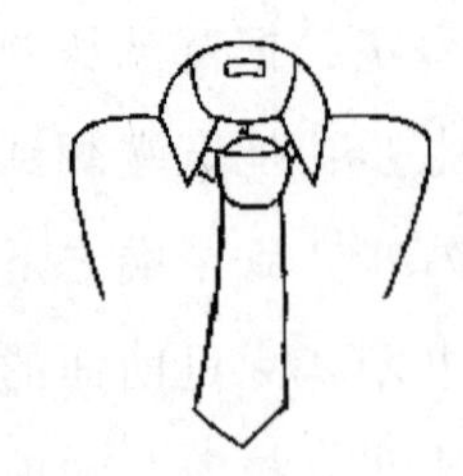

第六步

第七步

学习笔记

2. 注意事项。

(1)要把领带打得端正、挺括，外观上呈倒三角形。

(2)可以在收紧领结时，有意在其下压出一个窝或一条沟来，使其看起来美观、自然。

(3)领带结的大小大体上要与所穿衬衫领子大小成正比例。

(4)穿立领衬衫时不宜打领带，穿翼领衬衫时适合扎蝴蝶结或领结。

实训三 站姿训练

[实训目的]

熟练掌握站姿的基本动作要领和不同的站姿。

[实训要求]

1. 地点。

礼仪实训室。

2. 道具。

纸若干张，书若干本。

3. 方式。

根据实训室的大小，面向镜子 6～8 人排列练习；播放舒缓的音乐。

[实训内容]

1. 基本要领。

(1)头部：抬起，要平。

(2)两眼：平视。

(3)下颌：微微向后收。

(4)双肩：平正。

(5)颈部：挺直。

(6)胸部：挺起。

(7)腹部：收拢。

(8)双臂：自然下垂。

(9)腿部：双腿挺直，大腿收紧。

(10)双膝：相靠、放松。

(11)手部：掌心向内，虎口向前，手指自然弯曲、中指轻触裤缝。

(12)脚部：脚跟靠脚跟，脚掌分开呈“V”形。

2. 基本训练。

(1)靠墙法。

五点一线练习。具体是收腹靠墙站立，脚跟、小腿、臀、肩胛骨、头五点在一条直线上。保持身体挺直，站立 10 分钟。

学习笔记

(2)顶书法。

将书本放置在头顶，颈部自然挺直，微收下颌，目视前方，头部保持正直。保持身体挺直，书不掉下，站立10分钟。

(3)贴墙法。

脚跟离墙面10厘米左右；头、肩胛骨、臀部贴墙，然后尽量收腹，并时刻保持背部贴墙，以矫正挺腹的毛病。站立10分钟。

(4)背靠背法。

两人一组，背靠背站立，两人的小腿、臀部、双肩和后脑勺紧贴，两人小腿之间或肩部放置纸板，要求保持纸板不落掉。保持身体挺直，站立10分钟。

3. 不同站姿训练。

(1)前腹式站姿。

①同基本动作要领操作(1)～(10)相同。

②右(左)手搭在左(右)手，轻轻贴放在腹部。

③脚跟靠脚跟，脚掌分开呈"V"字状或"丁"字状。"丁"字状，女士双脚一前一后，一只脚的脚跟轻轻地靠近另一只脚的内侧。男士则双脚可适当分开，距离以不超过肩宽为宜。

(2)手背式站姿(男士)。

①同基本动作要领操作(1)～(10)相同。

②双手在身后交叉，右手贴在左手外面，左手稍握住右手，贴在两臀中间。

③双脚可分开，距离以不超过肩宽为宜。

实训四　坐姿训练

[实训目的]

熟练掌握坐姿的基本动作要领和不同的坐姿。

[实训要求]

1. 地点。

礼仪实训室。

2. 道具。

椅子若干把。

3. 方式。

根据实训室的大小，面向镜子4～6人排列练习；播放舒缓的音乐。

[实训内容]

1. 基本要领。

(1)头部。

平直端正，目视前方，微收下颌，面带微笑。

学习笔记

(2)上身。

上身应自然挺直，背部成一平面，身体重心垂直向下。坐满椅子的2/3。

(3)下身。

双膝、两腿并拢，两脚并行；小腿垂直于地面，上身和大腿、大腿和小腿都应当形成直角。

(4)手臂。

肩部放松，两臂屈肘，女士两手重叠放置于腿上，男士两手放置于膝上。

2. 基本训练。

(1)入座。

①站在座位的左侧，先左腿向前迈一步，右腿跟上并向右侧一步到座位前，左腿跟上并右腿；右脚后撤半步，上身保持挺直，轻稳地坐下。着裙装的女性，入座时将裙子下摆向前稍微收拢一下。

②入座后，右腿调整至与左腿并行，端坐。姿势同基本要领(1)～(4)。

(2)离座。

起立时，右脚向后收半步；直立站起时，右脚向前半步与左脚并齐。从左侧还原到入座前的位置。

3. 不同坐姿训练。

(1)正坐式坐姿。

①同基本要领(1)(2)。

②女士双膝、两腿并拢，两脚并齐；小腿垂直于地面，上身和大腿、大腿和小腿都应当形成直角；两臂屈肘，双手自然重叠放于大腿上，手指伸直、并拢。

③男士双膝分开，不超过肩宽，两脚平行；小腿垂直于地面，上身和大腿、大腿和小腿都应当形成直角；双手自然弯曲分别放在双膝上，手指并拢。

(2)交叉式坐姿。

①同基本要领(1)(2)。

②双膝并拢，一只脚置于另一只脚之上，在踝关节处交叉；双脚内收，或略向左侧或右侧斜放；双手叠放或相握，置于腿上。

(3)斜放式坐姿。

①同基本要领(1)(2)。

②大腿并拢，双膝与小腿也并拢；两腿同时侧向左或侧向右，与地面形成45°夹角；双手叠放或相握，置于腿上。

(4)重叠式坐姿。

①同基本要领(1)(2)。

②女士一条腿的小腿垂直于地面，全脚着地；另一条腿叠放在垂直于地面的腿上，小腿向里收，脚尖垂向地面；双手叠放，置于左腿或右腿上。

学习笔记

③女士双腿一上一下交叠，大腿与膝盖交叠，小腿相靠在一起；叠放在上的那只脚的脚尖垂向地面，双脚可以垂放或是斜放在左右一侧，与地面成45°夹角；双手叠放，置于左腿或右腿上。

④男士一条腿的小腿垂直于地面，全脚着地；另一条腿叠放在垂直于地面的腿上，小腿向里收，脚尖垂向地面；双手叠放，置于膝盖上，或一条小臂平放在座椅一侧的扶手上。

实训五　行姿训练

［实训目的］

熟练掌握行姿的基本动作要领和不同的行姿。

［实训要求］

1. 地点。

礼仪实训室。

2. 方式。

根据实训室的大小，面向镜子4～6人排列练习；播放舒缓的音乐。

［实训内容］

1. 基本要领。

(1)头部。

头正，与躯干形成一条直线；双目平视，下颌微收，面带微笑。

(2)身体。

伸直背肌，上身挺直，腰部放松，腿部伸直。

(3)手臂。

双臂伸直放松，手指自然弯曲、掌心向内。摆动时，以肩关节为轴，上臂带动前臂，前后自然摆动，摆幅以30°～35°为宜。

(4)步幅。

步幅适中。一般应该是前脚的脚后跟与后脚的脚后跟相距一脚长，跨出的步子应是全脚掌着地。

(5)步位。

行走足迹在一条直线上。

(6)步速。

步速均匀。在正常情况下，男子是每分钟约110步，女子是每分钟约120步。

2. 基本训练。

(1)双肩、双臂摆动训练。

身体直立，以身体为立柱，双肩平稳，以肩关节为轴，上臂带动前臂，向前、向后自然摆动，摆幅以30°～35°为宜。

学习笔记

(2)步位、步幅训练。

在地上画一条直线，行走时，脚尖可以微微分开，两脚(脚的内侧)有节奏地交替踩在直线上，每步距离约为一脚的长度。纠正“外八”“内八”及脚步过大、过小的毛病。

(3)顶书训练。

将书本置于头顶，放稳后松开，接着把双手放在身体两侧，从基本站立姿势起步行走。行走时，保持头正、颈直、目不斜视。

3. 不同行姿训练。

(1)前行步。

向前走时，练习与老师或同学问候时的仪态举止。头部和上体向左或右转动，面带微笑，点头致意，并配以恰当的问候语言。其他如基本要领。

(2)后退步。

与人告别时，应当先后退两三步，再转身离去。退步时脚轻擦地面，后退步幅要小，要先转身、后转头。其他如基本要领。

(3)引导步。

引导客人时，走在宾客左侧前方，左髋部朝着前行的方向，左肩稍前，右肩稍后，整个身体侧向宾客方向，保持两三步的距离。其他如基本要领。

实训六 蹲姿训练

[实训目的]

熟练掌握蹲姿的基本动作要领和规范。

[实训要求]

1. 地点。

礼仪实训室。

2. 方式。

根据实训室的大小，面向镜子4～6人排列练习；播放舒缓的音乐。

[实训内容]

1. 基本要领。

(1)头部。

平直端正，目视前方，微收下颌，面带微笑。

(2)上身。

头、颈、腰、背、臀保持在一条直线上，上身挺直。

(3)下身。

双腿右上左下或左上右下，上方那条腿的小腿垂直于地面，全脚着地，下方那条腿的脚跟提起，脚尖着地，臀部向下；女士下方那条腿内侧靠于上方那条腿内侧，男士下方那条腿平行于地面，双腿适度分开。

学习笔记

(4)手臂。

女士双手叠放于上方那条腿的膝盖上；男士双手自然弯曲置于双膝之上。

2. 基本训练。

(1)男士蹲姿(高低式)。

①用右手捡物品，走到物品的左边，右脚向后退半步后再蹲下来。

②同基本要领。

(2)女士蹲姿(高低式)。

①用右手捡东西，先走到物品的左边。

②左手轻挡前胸，右手稍捋裙摆。

③右脚向后退半步后再蹲下来。

④同基本要领。

实训七　微笑训练

[实训目的]

掌握微笑与目光的技巧，练就符合礼仪规范要求的表情。

[实训要求]

1. 地点。

礼仪实训室。

2. 道具。

小镜子、筷子若干。

3. 方式。

一人或两人一组进行练习，同时播放舒缓的音乐。

[实训内容]

1. 微笑要领。

(1)唇部。

放松面部肌肉，口腔打开到不露或刚露齿缝的程度，嘴角微微地向上翘起，让嘴唇略呈弧形。

(2)眼部。

目光柔和发亮，双眼略微睁大，眉头自然舒展，眉毛微微上扬。

(3)面部。

注意面部肌肉等器官的配合。

2. 微笑训练。

(1)口形法。

对着镜子，说“E——”“钱——”“茄子”等，或念英文单词“Cheese”、英文字母“G”等，让嘴的两端朝后缩，微张双唇。相同的动作反复几次，直到感觉自然为止。播放背景音乐。

学习笔记

(2)含箸法。

选用一根洁净、光滑的圆柱形筷子(不宜用一次性的简易木筷，以防划破嘴唇)，横放在嘴中，用牙轻轻咬住(含住)，面对镜子练习微笑，直到自然为止。播放背景音乐。

(3)食指法。

①轻握双拳，两食指伸出呈倒“八”字形，放于嘴唇两角处，向斜上方轻轻拉动嘴角，并寻找最佳位置，直到微笑自然为止。播放背景音乐。

②双手轻握，伸出食指；两拳相靠放于下巴下方，两食指放在嘴角两端，向斜上方轻轻推动。反复推动多次，直到位置满意为止。播放背景音乐。

(4)镜子微笑法。

端坐镜前，衣着整洁，以轻松愉快的心情，调整呼吸自然顺畅；静止 3 秒钟，开始微笑，双唇轻闭，使嘴角微微翘起，面部肌肉舒展开来；同时注意眼神的配合，使之达到眉目舒展的微笑面容。如此反复多次。自我对镜微笑，训练时间长度随意。为了使效果明显，可播放背景音乐(较欢快的节奏)。

学习反思

模块五

社会交往中的礼仪

学习目标

1. 了解见面、拜访、馈赠、宴请、聚会、舞会、晚会等社交活动礼仪规范。
2. 掌握接打电话及手机使用的礼仪，掌握书信写作格式和要求。
3. 了解网络交流的基本原则和礼仪规范。
4. 懂得在公共场合应遵守的社会公德和行为规范。
5. 把握求职、应聘、上岗等职场礼仪对仪容服饰、言谈举止的要求。

小格言

恭而无礼则劳，慎而无礼则葸，勇而无礼则乱，直而无礼则绞。

——孔子

在日常生活和工作中，人际交往能力是一个人成功的翅膀，恰当、得体地运用社会交往礼仪，自觉规范自己的行为，可以增强我们的自信，拉近与人的距离，为你塑造出独具魅力的个人形象，帮你在茫茫人海中获取友谊、赢得尊重，在大千世界里创造机会、成就辉煌。你愿意摆脱交往的疑虑和困惑吗？你渴望成为交际场合的行家里手吗？那么，请进入本章，这里将为你呈现见面、拜访、馈赠、宴请、聚会晚会、舞会等常见的社交活动礼仪规范。

案例导入

牛皋问路①

岳飞和牛皋一同赴京赶考。考前头一天，牛皋想去看看武试考场到底什么样子，于是独自一人出门。路上遇见一个老头儿，牛皋在马上吼道："老头儿！爷问你，小校场往哪儿走?"老头儿抬头一看，见这位武士面目不善，又出言粗俗，即显不悦之色，当下缄口不语，顾自前行未予搭理，只与牛皋擦肩而过。结果牛皋走了许多冤枉路才找到京城校场。岳飞在旅店好长时间不见牛皋人影，估计他去了校场，恐牛皋行为粗鲁莽撞，无端惹事，也离开旅店去找牛皋。路见一老者，岳飞赶紧离镫下马，上前拱手施礼道："敢问老伯，去校场的路怎么走啊?"老伯详细指点路径。岳飞不多时便来到校场。

感悟心语：

同为问路，牛皋态度粗暴，出言不逊；岳飞彬彬有礼，言语谦敬，结果当然大相径庭。中国有"君子不失色与人，不失口与人"的古训，礼到人心暖，无礼讨人嫌，与人交往时学会礼貌待人，才能赢得尊重，创造和谐。

单元1　见面礼仪

与人交往的第一步就是见面。见面礼节是进入交际状态的开端，是情感交流的开始。行使规范得体的见面礼，会给对方留下良好的第一印象，同时也显示出你优雅的气质。

一句问候的价值

一、致意与称呼

(一)致意

致意是已相识的人或有一面之交的人在相距较远或在人多不宜交谈的场合用无声的动作、表情表示友好的一种问候礼节。它是日常人际交往中最简单、最常用的见面礼节，如点头、微笑、招手、欠身、鼓掌等。使用致意方式时，针对不同场合、不同对象可以单用一种，也可几种并用。

学习笔记

1. 讲究顺序

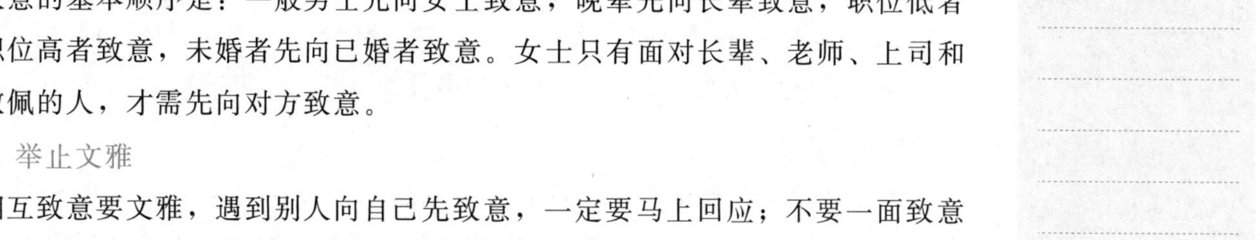

致意的基本顺序是：一般男士先向女士致意，晚辈先向长辈致意，职位低者先向职位高者致意，未婚者先向已婚者致意。女士只有面对长辈、老师、上司和特别敬佩的人，才需先向对方致意。

2. 举止文雅

相互致意要文雅，遇到别人向自己先致意，一定要马上回应；不要一面致意一面大声叫喊，也不要手插裤兜、嘴叼香烟致意。

① 林画．南怀瑾谈优秀孩子的经典教育[M]．北京：新世界出版社，2015：106－107.

(二)称呼

在人际交往中，首先面临的是称呼问题。如何得体地称呼别人，不仅表现了对他人的尊重，也体现了个人的教养和文明程度。

称呼的方式因国家地域和时代的不同，习惯也各不相同。一般来说，在日常生活中称呼要亲切、自然；在工作中，称呼则应庄重、规范。

1. 规范的称呼

(1)职衔称谓

对国家公务人员和专业技术人员，在正式场合流行称呼行政职务和职称，以示身份有别，敬意有加，如“王总经理”“李主任”“张教授”等。可只称职位或职称，也可以在职务和职称前加上姓名。但西方人一般不用行政职务称呼人，只在介绍时加以说明。

(2)职业称谓

在社交场合，称呼对方的职业，带有尊重对方职业和劳动之意，同时也自然地将话题转向与对方职业有关的内容，从而拉近与交往对象的距离，如“王师傅”“李老师”“张医生”等。

(3)社会通称

这是一种不区分被称呼人的年龄、职业、身份等因素而广泛使用的一种泛尊称。一般情况下，男性称“先生”，未婚女性称“小姐”，已婚女性可称“夫人”或“太太”，成年女性不明确其婚姻状况的则一律称“女士”。

在正式场合使用职衔称呼时应注意遵循“就高不就低”的原则。如果交往对象身兼数职，此时最明智的做法就是使用让对方感到最被尊敬的称呼，即选择职务最高的称呼。

2. 不规范的称呼

(1)庸俗的称呼

对同事使用“哥们儿”“姐们儿”“兄弟”，对上司称“老板”“头儿”等。这些称呼看似随意亲切，但在正式场合却显得俗气，不够职业化。

(2)不当的简称

简称一般只在非正式场合使用，如“张总”“刘工”等。正式场合最好用全称，这样才显得庄重得体。

(3)地域性称呼

有些称呼有很强的地方色彩，正式场合要避免使用。如北京人爱称人“师傅”，山东人见人叫“伙计”，在南方人听来却是“出家人”和“打工仔”之意。我们习惯称配偶为“爱人”，而西方人则将其理解为“情人”，可谓相去甚远。

(4)不敬的绰号

绰号一般只适合在非正式场合、关系密切的交往对象之间使用。在正式场合，切勿自作主张给对方起绰号或随便以绰号去称呼对方，更不能用带有侮辱性的、有损对方尊严的不敬绰号。

此外，在人际交往中还要特别注意，任何情形下，都不能无称呼就开始交谈，不能以“喂”“哎”等叹词招呼对方。尊重他人，称呼就要合乎常规，谦恭有礼。

二、介绍与名片

(一)介绍

介绍是人与人之间初步认识的桥梁，无论是介绍自己、还是介绍他人，都要规范得体。介绍分为自我介绍和介绍他人两种形式。

1. 自我介绍

在社交场合，当你渴望结识某人而又无人为你介绍时，可适时进行自我介绍。

(1)内容

公务场合，正式的自我介绍中，姓名、单位、部门、职务缺一不可。如“您好，我叫王海，是长江大学管理系主任”。有职务一定要报出职务，若职务较低或无职务，则可报出自己目前所从事的具体工作，如“您好，我叫李颖，在天地集团广告部从事广告策划工作”。

社交场合，大家彼此不太熟悉，若一时无人为你做介绍，你可介绍与主人的关系或其他内容。如朋友的结婚典礼上，可这样介绍自己：“您好(大家好)，我是王海的大学同学，我叫李柯。”

(2)举止

在向别人做自我介绍时，举止应自然大方、内容要实事求是、语句应简明扼要。一般情况下，先点头微笑向对方问候示意，然后自报姓名和身份，若有必要，可递上名片，以加深印象。

学习笔记

2. 介绍他人

(1)顺序

介绍的顺序要遵循“尊者优先了解情况”的原则。如把职位低的介绍给职位高的，把男士介绍给女士，把晚辈介绍给长辈，把主人介绍给客人，把未婚者介绍给已婚者，把家人介绍给同事、朋友，把晚到者介绍给早到者。

介绍他人

在公务场合，首先要以双方职位的高低来确定介绍顺序，其次才考虑女士优先或长者优先的原则。

在为他人做介绍时，常常会碰到被介绍一方或双方不止一人的情况。这是一种特殊的介绍他人的情况。具体做法是：先把双方当成个体，按照“尊者优先了解情况”的原则加以介绍，然后再按照尊者居前的顺序介绍各自一方的成员。

(2)姿态

介绍时的手势应是掌心向上，胳膊略往外伸，斜向被介绍者；同时面带微笑，眼睛要注视受礼者。当别人介绍到你或对方向你自我介绍后，应起身微笑、点头或握手回应；如不便站起来，则要微笑欠身表示礼貌。

(3)语言

介绍时，语言要简明规范，如“请允许我向您(大家)介绍……”等，同时要注意用尊称称呼别人，如“王先生，这是海潮公司的李明经理”等，切勿直呼其名。

学习笔记

礼仪·小看板

谁当介绍人[1]

社交场合，如宴会、舞会、家庭聚会等，介绍人一般是女主人。公务交往中介绍人一般有三种人：第一种是专业对口人员，如办公室主任、秘书等；第二种是公关礼宾人员，如前台接待、公关人员等；第三种，如果对方是贵宾的话，礼仪上讲身份对等，介绍人就应该是在场人里职务最高者。

(二)名片

名片往往承载着大量的个人信息，成为社会交往中人们相互了解的“介绍信”和保持联系的“联谊卡”。作为重要的交际工具，名片的规范使用尤为重要。

1. 名片的设计

常见的名片有公务名片和社交名片两种，社交名片除设计内容上与公务名片有所不同外，其他方面无太大区别。

(1)内容

以公务名片为例，一张标准的名片通常包括三部分内容。

一是本人所属公司的徽章、标志或商标、公司名称以及本人所在的具体部门。

二是本人的姓名、职务或职称。职衔不宜太多，列一两个主要职衔即可。

三是联络方式，包括公司地址、办公电话、传真号码、电子邮件地址、邮政编码等。

小贴士

印制名片时，无论是公务名片还是社交名片，一般都不印本人家庭住址、住宅电话和手机号码。如确有必要，可在交换名片时提供，以示对对方的重视和信赖。

此外，名片背面可根据需要印上英文，也可以印上公司的广告或经营范围。

(2)尺寸

公务名片的标准尺寸是9 cm×5.5 cm，形状奇特的名片，钱包和名片夹一般都放不下，不易保存。

(3)纸质

纸质最好是柔软耐磨的白板纸、布纹纸。色彩以白色、乳白色为主，切忌色彩鲜艳花哨。字体以横排为佳。

相对于公务名片，社交名片的内容没有一定之规，可以只印姓名，也可以印其他内容；色彩和尺寸也完全根据自己的喜好来设定，个性化较强。

① 冉静雅．创新金口才[M]．长春：北方妇女儿童出版社，2017：148．

2. 名片的交换

(1)把握时机

与人初次见面时，一般要递上名片，这样便于对方更清楚地了解你。告辞时，出示名片，表明希望与对方保持联络的意向，体现了积极的诚意。要想获得对方的名片理应先递上自己的名片，不可强行索要。

(2)恭敬递送

递送名片时，应起身站立，走上前去，双手食指和拇指分别捏住名片上端两角，高过腰部，将有文字的一面正对对方，稍事寒暄“多多关照”“常联系”等，或做一下自我介绍，再递过名片。若对方是外宾，最好将印有英文的那一面正对着对方。若双方同时递名片，身份低者应该把自己的名片从对方名片稍下方递过去，以示尊重。

递交名片

(3)讲究顺序

递送名片的顺序没有太严格的规定，一般是职位低者、来宾、晚辈、男性先向职位高者、主人、长辈、女性递名片。在向多人递送名片时，应按照职位由高到低或由远而近的顺序依次递上。

小贴士

当别人向你索要名片时，不宜直接拒绝，可这样说：“对不起，我的名片用光了”或“抱歉，我忘带了”。

(4)礼貌接受

接受别人递过来的名片，应起身站立双手接过，道声“谢谢”。接过名片后，要从头至尾认真看一下，有意识地轻读一下对方的单位名称、主要职务及其他尊贵的头衔，以示重视。

礼仪·小看板

名片的流变①

中国是名片的故乡，据记载已有2000多年的历史。

早在秦汉之际，人们在拜访谒见时，就开始用名帖来通报姓名了。但那时还没有纸张，所以当时的名帖是削竹木而成，上书自己的姓名，西汉时称作“谒”，东汉时则称作“刺”。汉代以后，由于造纸术的发明，开始用纸作名帖了。唐宋时，改为“名纸”“门状”“门启”等名，元代又称为“拜帖”，明朝时叫作“名帖”，清朝才正式有“名片”的称呼。

清朝的名片，开始向小型化发展，特别是在官场，官小者使用较大的名片以示谦恭，官大者使用较小的名片以示地位。古代名片与近、现代名片的主要区别是用手写而不是印刷。

3. 名片置放

随身携带的名片，最好放在专用的名片夹、名片包里，名片夹一般放在上衣口袋或公文包里，不要随便放在裤兜、钱夹、提包里。接过他人的名片，应将其放入名片包、名片夹或上衣口袋里，千万不要乱扔、乱放。

① 丁建顺．洪丕谟艺术论[M]．上海：上海人民出版社，2014：288－289.

礼仪·小看板

受冷落的名片

某城举行了一场商品交易会，甲公司刘总经理听说乙集团田董事长也来了，便想利用这个机会认识一下这位久仰大名却素未谋面的商界名人。

终于见面了，刘总彬彬有礼地走上前去："田董事长，您好！我是甲公司的总经理，我叫刘民，这是我的名片。"说着，双手将名片恭敬地递给了对方。

田董事长还沉浸在之前与别人的谈话中，他接过马总的名片："哦，你好！"草草地看过，顺手放在了一边的桌子上。刘总在一旁等候了一会儿，看了看放在桌子上的名片，见田董事长并没有交换名片的意思，便默默地走开了。

点评：

在职场中，名片交换是一项重要的交际礼仪，它不仅可以向对方表示尊重，也可以增进双方的了解，在任何时候都应引起重视。不懂名片礼仪，你可能会与他人失之交臂。

三、握手与鞠躬

握手

(一)握手

握手是社会交往中使用最普遍、最频繁的一种见面礼，常用于表示欢迎、祝贺、慰问、感激、惜别等意思。握手虽简单，但握手的方式、时间的长短、用力的大小、面部的表情等，往往传达出对他人的不同态度。

礼仪·小看板

握手的起源①

握手最早发生在人类"刀耕火种"的年代。那时，在狩猎和战争时，人们手上经常拿着石块或棍棒等武器。他们遇见陌生人时，如果大家都无恶意，就要放下手中的东西，并伸开手掌，让对方抚摸手掌心，表示手中没有藏武器。这种表示友善的行为习惯沿袭下来逐渐演变成今天的"握手"礼节。

在中世纪，骑士们征战时要披甲戴盔，除两只眼睛外，全身都包裹在铁甲里，准备随时冲向敌人。如果想表示友好，互相走近时就脱去右手的甲胄，伸出右手，表示没有武器，互相握一下右手。后来，这种友好的表达方式流传到民间，就成了握手礼。

1. 握手的顺序

(1)尊者决定

一般而言，遵循"尊者决定"的原则，即由位尊者决定双方是否有握手的必要，尊者先伸手，具体来说就是：职位高者、长辈、女性、已婚者先伸手，职位

① 刘庆财．世界文化知识精华一本全[M]．北京：北京联合出版公司，2013：356－357.

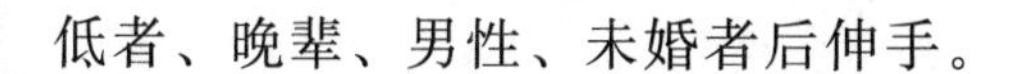

低者、晚辈、男性、未婚者后伸手。

在不同场合，“尊者”的含义不同，握手的顺序也是有区别的。公务场合握手的先后顺序主要取决于双方的身份、地位，“尊者”的判断顺序依次为职位—年龄—性别—婚否。而社交休闲场合则优先考虑双方的性别、年龄和婚否，依次以性别—年龄—婚否—职位作为“尊者”的判断顺序。

(2)宾主有别

接待来访时要特别注意主客关系的握手顺序。客人来访时，主人应先伸手表示热烈的欢迎；客人告辞时，客人先伸手表达衷心的谢意，切不可弄反，有失礼貌。另外，为表祝贺、宽慰、谅解之情，应主动伸手。

(3)对等同步

会见、典礼、仪式等礼节性场合，握手应坚持对等、同步的原则，最好同时伸手。双方伸手的时间差不可太明显。一方伸出手，另一方未及时回应，会让伸手方备感尴尬。

(4)由近及远

当1个人与多人握手时，可由尊者开始依次进行握手。若在场人数众多，且多人之间无明显的身份差异，采用由近及远的次序依次进行则更为可行。

2. 握手的方式

(1)表情

握手时，要面带微笑、注视对方，毫无表情或表情呆滞、冷淡，东张西望，心不在焉，会引起对方的不悦、猜疑，造成不信任感。

(2)姿态

握手时，伸出右手，彼此保持一步左右的距离，上身略向前倾，四指并拢微向内曲，拇指张开，双方虎口相触，放下拇指，手掌相握。

(3)力度

握手时，要稍许用力，上下轻晃两三下即可。用力太重，感觉比较粗鲁；用力过轻，又让人觉得缺乏诚意。

(4)时间

握手时间的长短因人、因地、因情而异，初次见面以1～3秒为宜。多人场合，不宜长时间与一人握手。

3. 握手的禁忌

(1)左手握手

不要用左手与他人握手，尤其是在与阿拉伯人、印度人交往时要牢记此点，因为在他们看来左手是不洁的。

学习笔记

小贴士

男性与女性握手是全掌相握还是只握女性的四根手指？在公务与商务场合中，推荐弱化性别差异，体现男女平等的全掌相握姿势。在社交场合，全掌握与四指式目前都存在且正确，如果你想体现优雅与绅士的贵族感可以尝试握女士的四指，如果你想体现平等与热情的现代感可以采用全掌相握。

小贴士

女士在社交场合戴着薄纱手套和礼帽与人握手礼仪上是允许的，而男士在握手前一定要脱下帽子和摘下手套。

(2)交叉握手

握手应依次而行，不要争先恐后。要避免两人握手时与另外两人相握的手形成交叉状，在西方一些国家和地区，这种交叉握手形状被视为一个十字架，被认为会带来不幸。

(3)相抱握手

男士与女士握手时，用双手紧握住女性的手，这种握手方式习称为“三明治式握手”，让人觉得很不舒服、很无礼。

(二)鞠躬

鞠躬礼源于中国，最初是指弯腰行礼、以示谦逊之态，后来逐渐演化为一种对他人表示尊敬的郑重礼节。它既适用于庄严肃穆或喜庆欢乐的仪式，又适用于普通的社交和商务活动场合。

1. 鞠躬的方式

图 5-1　鞠躬

鞠躬礼

行鞠躬礼时，须脱帽，立正站好，保持身体端正，面向受礼者，距离两三步远，以腰为轴，整个腰及肩部向前倾 15°～90°(具体的前倾幅度视行礼者对受礼者的尊敬程度而定)，目光向下，双手应在上体前倾时自然下垂平放膝前或体侧，同时问候“您好”“早上好”“欢迎光临”等，而后恢复立正姿势，双眼礼貌地注视对方(见图 5-1)。

通常，受礼者应以与施礼者的上体前倾度大致相同的鞠躬还礼；但上级或长者还礼时，不必以鞠躬还礼，可以欠身点头或握手答礼。

2. 鞠躬的含义

行鞠躬礼时，弯腰的幅度因场合、对象的不同而有所区别。一般来说，幅度越大越有敬意，越加谦恭。

15°：一般致敬、致谢和问候。

30°：恳切致谢和致歉。

45°：很诚恳地致谢、致意和致歉。

90°：在婚礼、葬礼、谢罪、忏悔等特殊情境中使用，表达最深切的感情。

礼仪·小佳话

李叔同的“三鞠躬”①

李叔同是我国著名音乐家、美术教育家、书法家、戏剧活动家，他在教书的时候喜欢给学生鞠躬。

一次，李叔同上音乐课时，发现一个学生在偷看别的书，他没有立即点破。等到下课后，别的

① 肖春辉．仙苑夜话[M]．北京：中国财富出版社，2017：64.

同学都出去了，他才用轻而严肃的声音，温和地对这位同学说："下次上课时不要看别的书。"说完，微微一鞠躬，表示拜托。又一次，一个学生上音乐课时，趁先生不注意，把痰吐在地板上。李叔同看到了，暂不作声。下课了，他把这位学生叫住，单独对他说："下次不要把痰吐在地板上。"说过之后，又是微微一鞠躬。还有一次，下音乐课时，最后出去的一位学生无心中把门一拉，碰得太重，发出很大的响声。李叔同走出门来，满脸和气地把他叫回去，用很轻而严肃的声音，温和地说："下次走出教室，轻轻地关上门。"说完又一鞠躬，然后把学生送出门，而自己则轻轻地把门关上了……同学们说，李先生的鞠躬比什么都厉害。

李叔同鞠躬行为对学生来讲，是一种尊重学生人格尊严的表现，也赢得了学生对他的敬重与爱戴。

四、拥抱与吻礼

(一)拥抱

学习笔记

在西方，拥抱是与握手一样重要的见面礼仪。新知故友见面或告别，都可以热烈地抱一抱，或轻轻地搂一搂，传递友谊和关爱。拥抱不但是人们日常交际的重要礼仪，也是各国政府首脑外交场合中常用的见面礼节。

1. 拥抱的方式

纯礼节性拥抱的标准做法是：两人相距约20厘米相对而立，面带微笑，抬起手臂，右臂略高，左臂略低，右手扶着对方的左后肩，左手扶着对方的右后腰，各自都按自己的方位，两人头部及上身都向左前方相互拥抱。如果是为了表达较为亲近的情感、更为密切的关系，在保持原手位不变的情况下，双方还应接着向右拥抱，再次向左拥抱，才算礼毕。

礼节性拥抱身体不可贴得太近，时间不可太长，更不能用嘴去亲对方的面颊。

2. 拥抱的限制

(1)对象限制

行拥抱礼，需了解交往对象的性别、民族、宗教等。在大多数欧美国家，男女老幼之间均可采用拥抱礼。而在亚洲、非洲的绝大多数国家里，尤其是在阿拉伯国家，拥抱礼仅适用于同性之间，与异性在大庭广众之中拥抱，是绝对禁止的。

(2)场合限制

行拥抱礼，要注意场合。在庆典、仪式、迎送等较为隆重的场合，拥抱礼最为多见，在政务活动中尤为如此；在私人性质的社交、休闲场合，拥抱礼则可用可不用；在某些特殊的场合，如谈判、检阅、授勋等，大都不使用拥抱礼；西方人在商务活动中，是不施行拥抱礼的。

礼仪·小看板

碰肘礼

2014年抗击埃博拉病毒时，中国医疗队派赴利比里亚。埃博拉属接触传播的烈性传染病，第一预防原则是避免身体接触。而在利比里亚，一般相见先握手，然后互送响指致意。医疗队发明了"碰肘礼"。标准动作是：两名身着防护服的队员会面问候时，相距约一米，各自伸出左胳膊肘轻轻触碰，然后是右肘。这次抗击新型冠状病毒，"碰肘礼"被带到了武汉，流行在战疫前线，肘碰肘、心连心，传递问候，励志互勉，是无声的"加油"。

2020年3月塞尔维亚总统武契奇到机场迎接中国抗疫医疗专家组时，专家组一行走出机舱、走下飞机时，武契奇总统走了上去伸出手与医疗队成员碰肘，这是特殊时期的"碰肘礼"。

由于疫情的暴发，"碰肘礼"已经成为一种被倡导的替代握手的礼仪。世卫组织全球传染病防范主任西尔维·布莱恩德博士在推特上推荐了包括"碰肘礼"在内的免接触礼节。

(二)吻礼

吻礼产生并流行于西方交际场合，是上级对下级、长辈对晚辈、朋友或夫妻之间表示亲密、友好、爱抚的一种见面礼节。

小贴士

吻手表示敬意，吻颊表示欢喜，吻唇表示恋爱，吻额表示关爱，吻眼表示幻想，吻掌表示热情。

礼仪·小看板

吻礼的起源①

吻礼，据说最早诞生于古罗马帝国时代。那时，古罗马帝国严禁妇女饮酒，男子打仗归来，首先要检查一下妻子是否偷喝了酒，于是就闻一闻她的嘴，这样相沿成习，逐渐演变成社交场合的见面礼节。

1. 吻礼的形式

行吻礼时，不同关系、不同身份的人，相吻的部位不尽相同，其含义也不一样。一般而言，女性之间可吻脸，男性之间抱肩拥抱，男女之间贴面颊，长辈对晚辈吻额头，男士对尊贵女宾吻手背。

2. 吻礼的禁忌

(1)区分性别

吻唇，这种礼节是配偶和情侣的专利，切忌不分性别及对象随意使用。

(2)考虑差异

吻礼是一种十分敏感的礼节。不同民族、不同宗教之间对于吻礼的观念和态度大相径庭。如阿拉伯国家的吻颊礼只限于男子之间；亚洲的中国、韩国、日本不施行吻礼；有些宗教信仰教规则严禁吻礼。

学习笔记

① 王孝本．礼俗地理学[M]．哈尔滨：哈尔滨地图出版社，2003：13.

单元 2 交际礼仪

交际礼仪是指人际交往时应有的礼仪规范。它主要包括拜访、宴会、聚会、舞会、晚会礼仪等。在人际交往中，需要以礼仪这种交际手段来沟通思想、协调关系，遵守并履行人际交往礼仪是人们顺利进行社会交往、促进事业成功的必要保证。

一、 拜访礼仪

拜访是指因公或因私前往他人的工作地点、私人居所或其他商定的地点探望、会晤对方，是现代社会重要的交际形式和交往手段。拜访是一种双向的礼节性行为，宾主双方依礼行事是保证拜访顺利、交际愉悦的重要前提。

礼仪·小佳话

周公吐哺①

周公是西周时期著名的政治家，辅佐成王礼治天下，每天宵衣旰食，尽心竭力。他曾说："吾文王之子，武王之弟，成王之叔父也；又相天下，吾于天下亦不轻矣。然一沐三握发，一饭三吐哺，起以待士，犹恐失天下之士。"位高权重的周公为了不怠慢客人，洗头时听说有贤士求见，不待洗毕就握发而起；吃饭时听说有贤士来访，吐出口中的食物立即出迎，屡屡如此，以求贤能。因此，天下贤士皆奔其门下。

点评：

正是有了周公的诚待天下，天下贤士精心为国，才成就了周王朝备受后世称誉的文武盛世。

(一)做客的礼节

"无辞不相接，无礼不相见。"作为客人，要想成为受人欢迎的来访者，就要尊重主人，大方有礼。

1. 有约在先

拜访前，应打电话或写信约定好来访的时间和地点，切勿未经约定不邀而至。拜访时间，通常应避开节假日、用餐时间、过早或过晚的时间，及其他一切主人不便的时间。公务拜访要尽量避免前往私人居所。

重要拜访，要事先考虑交通堵塞等意外情况，留出充裕的时间。最礼貌的做法是提前到达目的地附近，然后准时登门。

2. 有备而来

整洁的仪表、庄重的着装是对主人的尊重，公务拜访的着装最好选择制服或职业套装；还应根据拜访的性质和目的，准备一些必要的材料。另可酌情准备一些恰当的礼品。

① 乔忠延．成语里的中国历史[M]．北京：商务印书馆，2017：28.

3. 做客得体

(1)准时赴约

约定好的时间要严格遵守，不可轻易更改；如果有特殊原因不能如期赴约，务必尽早通知对方，说明情况并诚恳致歉，待见面时，应再次致歉。拜访时应准时到达，过早和推迟都不宜。

(2)叩门通报

敲门

到达后，先敲门或揿门铃通报，征得主人应允后方可入门。敲门时，以食指和中指轻扣两下即可，揿门铃时铃响两三声足矣，千万不可拍门、擂门或长时间揿住门铃不放。

(3)相见问候

进门后，应即刻向主人问好，与主人握手为礼，并奉上礼品。初次见面，要主动做自我介绍。进门后，应主动脱去外套，摘下帽子、手套，将随身带的物品放于主人示意的地方，同时，要按礼宾次序与在场其他人礼貌地打招呼。

小贴士

一般情况下，去私人居所拜访时，进门常常要脱鞋，所以切记拜访前一定要穿一双无异味、无破洞的干净袜子，以免尴尬。

(4)举止有仪

进屋后，应在主人指定的位置落座。没得到主人的同意，不可在屋内随意走动，乱翻东西，更不能进入主人的卧室等隐私空间。接受茶点时，应双手捧迎，欠身致谢。若非主人主动敬烟，或未征得主人同意，不可吸烟。

(5)言谈有度

拜访交谈要做到心中有数，适当的寒暄后，应尽快切入正题，不要东拉西扯，浪费时间。交谈时，不可询问主人隐私，闲谈的话题最好顾及主人的喜好。交谈时要注意互动，不可口若悬河，喋喋不休。

4. 适时告辞

拜访要注意掌握时间，要明白“客走主安”的道理。一般性的拜访，以一小时为限，初次拜访不宜超过30分钟。来访者应适时主动提出告辞，并对主人的款待表达谢意，出门后要与主人握手道别，并说“请留步”，稍后还应转身招手再次道别。

礼仪·小故事

失礼的拜访

一天，夏总正在办公室中专心致志地工作时，突然有个男青年没有敲门就闯了进来，径直走到夏总的眼前，大声地说：“女士，你好！”

夏总吓了一跳，愣了愣，还没等夏总开口说话，男青年说道：“我是××公司的销售人员，主要销售办公用品，您看您是否需要……”

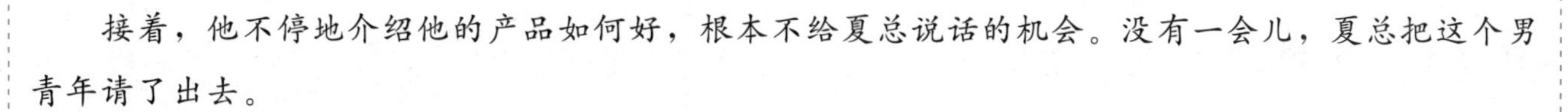

接着，他不停地介绍他的产品如何好，根本不给夏总说话的机会。没有一会儿，夏总把这个男青年请了出去。

点评：

在职场上，拜访要选择恰当的时间，不预约而临时拜访是不合适的。面对突然拜访，对方可能正忙于工作，如果不接待会让对方失礼，也会让你难堪，而进行接待可能又会给对方带来不便。

(二)待客的礼节

“有朋自远方来，不亦乐乎。”作为主人，热情、周到、礼貌地接待来访的客人，会使客人产生宾至如归的良好感觉，从而促进宾主双方关系更好地发展。

1. 细心准备

室内要保持清洁，物品要摆放整齐，要尽力设置一个舒适宜人的待客环境；要备好必要的待客用品，如茶饮、水果、糕点等；还要注意仪容干净、着装整洁，女主人还可略施淡妆。若是外地来客，可能还要做食宿和交通工具上的安排准备。

小贴士

在私人居所不可穿着睡衣接待客人，即使是相熟的朋友来访，也应换上便衣会客。

2. 热情相迎

(1)恭候客人

对于重要来宾或初次来访的客人，主人应亲自在大门口、楼下、办公室或居所的门外候迎；对远道来访的客人，可事先约好准时恭候客人于车站、机场、港口或是宾馆大堂；对于上门拜访的来宾，一旦对方抵达，主人应立即起身，相迎于门口。

小贴士

如果接待的是穿短裙的女士，上楼梯时，主人应走在女士的前面，否则女士穿短裙不方便。

(2)见面致意

与客人相见之初，主人应微笑着热情地与客人握手、问候并表示欢迎。若家人、同事或其他客人在场，主人也应予以相互介绍。

(3)引导有序

常规位次。与客人并排行走时，按照“以右为尊”的国际惯例，应让客人居于右侧。与客人前后行走时，主人要在客人的左前方，保持两三步左右的距离侧身引导。

上下楼梯

上下楼梯。引导客人上楼时，如果客人首次来访，不熟悉情况，主人应走在前面，先行带路；下楼时亦如此。如果客人熟悉了环境，上楼时，应让客人走在前面；下楼时，主人在前面，客人在后。

出入电梯

出入电梯。乘坐有人值守的电梯，应让客人先进先下；乘坐无人值守的电梯，主人先进后下，并按住电梯“开门”键，请客人后进先下。

出入房门。如若房门需朝内推，主人要先于客人而入，一手扶门，一手请客人入内；若房门朝外开，则主人要先拉开门，立于门边，请客人先进。出门时也是如此。

上下车礼仪

上下轿车。乘坐轿车，一般让客人先上后下；若多人乘坐，谁最方便谁先下。

礼仪·小看板

轿车的上座[①]

用轿车接待来宾时，座位安排非常重要。按照国际惯例，轿车的位次安排常规是：右高左低，后高前低。但接待情境不同，位次安排也有不同。

公务交往。公务接待活动时，一般由专职司机驾驶，轿车的上座是后排右座。副驾驶座也叫随员座，秘书、警卫或办公室主任坐此座。

社交应酬。社交活动时，主人驾车，上座是副驾驶座，上宾坐此座，表示平起平坐，体现对主人的尊重。

接待重要客人。接待高级领导、重要人物时，上座是后排左座，即司机后面的座位，人们形象地称其为“VIP”专座。因为这个位置隐蔽性强，安全系数高。

3. 亲切相待

礼貌奉茶

(1)礼让上座

客人进屋后，主人应尽快安排客人就座，要注意把“上座”让给客人。宾主并排而坐时，主人的右座或离门较远的位置为上座；宾主相向而坐时，面对房门的位置或进门时位于门右侧的位置为上座。就座之时，主人应先请客人入座，以表敬意。

小贴士

以茶招待老年人或海外华人时，不可一直劝其饮茶，因为按照中国传统的饮茶礼节，再三请客人饮茶，有逐客之意。

(2)恭奉茶饮

客人落座后，要立即奉上茶点、水果，以茶招待客人是中国人的传统礼节。

茶具：茶具不可有破损和污垢。一般客人可用一次性纸杯，重要的客人用陶瓷茶具为好。

泡茶：泡茶时，应用茶勺取茶；开水续至八分满，不可满至杯口，否则令客人有“茶满欺人”的逐客之感。

端茶：端茶时，手执杯柄，手指应避免与杯沿接触，更不可把拇指深入杯口。人多时可使用托盘端茶，盘内最好放一条毛巾，以便茶水溢出时擦拭。

敬茶：茶杯放于客人的右前方桌上；若大家围桌而坐，则应从每人的右后方将茶奉上；若宾主并排坐在沙发上，需从茶几前面或侧面上茶。给多人奉茶，可按由右往左或由尊及卑的顺序依次将茶奉上。奉茶要用双手，若手拿托盘，则用右手端茶。无论什么情况，都不能单用左手敬茶。敬茶时要轻声说“请用茶”，茶杯放于客人的右前方桌上。

① 金正昆．礼仪金说公关礼仪[M]．北京：北京联合出版公司，2013：171.

(3)认真倾谈

与客人交谈，要热情坦诚，认真倾听。客人说话时，主人要表情专注，目视对方，切忌不停地起身、看表或边看电视边交谈，如此会让客人感觉受到轻视、慢待。多人来访时，主人有责任巧引话题，活跃交谈气氛。

4. 礼貌相送

(1)真诚挽留

客人告辞时，主人应予以挽留；若客人执意要走，要等客人起身告辞时，主人方可起身送行。送客出门时，应提醒、帮助来宾带走随身之物，若有回赠之礼，应及时送上。

(2)热情道别

送别客人，应送到室外或电梯门口；重要的客人应送至大门口、楼下或客人乘车离去之处；远道来访的客人，可视情况送至车站、港口、机场或下榻之处。客人离去时，应挥手道别，目送客人远去。待客人离开视野后，方可转身离去。

二、馈赠礼仪

中国传统习俗讲究礼尚往来。“往而不来，非礼也；来而不往，亦非礼也。”馈赠以物表情，礼载于物，成为人们联络和沟通感情的最主要方式之一。在社会交往中，一件适宜的礼品，可以增进彼此情谊，加强友好合作。

(一)礼品的选择

1. 因人而异

选择礼品时，最好先了解收礼对象的身份、性格、爱好及文化修养等，做到因人而异。所谓“宝剑赠侠士，红粉赠佳人”就是这个意思。

2. 有的放矢

礼品的选择因送礼的目的不同而不同。商店的开业典礼，公司成立周年庆典，可送上一篮鲜花；同事患病，可送上有利健康的营养品；给知名学者祝寿，可送上名家字画等。

3. 轻重得体

礼物的轻重，主要取决于双方关系、身份和送礼的目的及场合。选择礼品要侧重于它的精神价值和纪念意义，不要以金钱来衡量礼物的轻重，所谓“礼轻情意重”。特别是在公务交往中，过于贵重的礼品，可能会给自己及对方带来不必要的麻烦。

4. 注意禁忌

选择礼品时，要考虑交往对象的宗教信仰和习俗禁忌。如中国人送礼忌讳送“钟”，因为“送钟”与“送终”谐音；西方人送礼忌送菊花，因其被视为“丧葬之花”；烈性酒和带有动物图案的礼品不能送给穆斯林等。

学习笔记

一般而言，送礼给外地的来宾，可选择本地的一些特产；招待外宾时，具有中华民族特色的礼品是送礼的首要之选。

礼仪·小佳话

千里送鹅毛，礼轻情意重①

唐朝时，一少数民族的首领为表示对唐王朝的拥戴，派特使缅伯高向太宗贡献天鹅。路过沔阳河时，好心的缅伯高把天鹅从笼子里放出来，想给它洗个澡。不料，天鹅展翅飞向高空。缅伯高忙伸手去抓，只扯得几根羽毛。缅伯高急得顿足捶胸，号啕大哭。随从们劝他说："已经飞走了，哭也没有用，还是想想补救的办法吧。"缅伯高一想，也只能如此了。

到了长安，缅伯高拜见唐太宗，并献上礼物。唐太宗见是一个精致的绸缎小包，便令人打开，一看是几根羽毛和一首小诗。诗曰："天鹅贡唐朝，山高路途遥。沔阳河失宝，倒地哭号啕。上复圣天子，可饶缅伯高。礼轻情意重，千里送鹅毛。"唐太宗莫名其妙，缅伯高随即讲出事情原委。唐太宗连声说："难能可贵！难能可贵！千里送鹅毛，礼轻情意重！"

作为感情的载体，礼物的轻重并不重要，关键是送礼的这份浓浓心意。

（二）礼品的赠送

小贴士

在包装前，千万别忘了把礼品上写有的价格标签撕掉，以免因价格的高低引起一些不必要的猜疑，从而有损双方的情意。

学习笔记

1. 精美的包装

正式场合赠送礼品一定要讲究包装，精美的包装会增加礼品的美感，提升礼品的档次，更能表达出赠礼者对受礼者的尊重和友好。选择包装纸时，要注意上面的文字、图案及颜色，不要触及受礼者的宗教和民族禁忌。礼物应当面赠送，若请别人代送或寄送，可在包装纸上附上贺词或名片。

2. 合适的时间

赠送礼品，一是要选择最佳时机，如对方重要的纪念日、节庆日、婚丧嫁娶等都是送礼联络感情的好时机；二是确定好具体时间，一般来说，拜访他人时，最好在双方见面之初向对方送上礼品；而接待来宾时，则应当在客人离去时或告别宴会上，把礼品送给对方。礼物应当事前送，事后补送是失礼的，若有特殊缘由，也需向对方解释清楚。

3. 适宜的场合

送礼的地点要注意公私有别。一般而言，公务交往中送礼应在公务场合，如办公室、写字楼、会客厅等；私人交往中礼品宜在私人居所赠送，不宜在大庭广众、众目睽睽之下的公共场所赠送。

4. 合理的方式

送礼时，应神态自然，举止大方。起身用双手将礼品奉上，同时向对方说些表示问候或祝贺的话，如"祝你生日快乐""承蒙关照，多多感谢"等。

赠送礼品时，应由在场之人中身份地位最高者亲自赠送，礼仪上把这种做法

① 崔永臣．读历史学智慧双色版[M]．北京：北京燕山出版社，2010：86－87．

叫规格对等。若条件不允许，应向对方解释清楚，如“抱歉，我们经理正在开会，无法走开，委托我把这件礼品送给您，希望您喜欢”。

（三）礼品的接受

1. 大方受礼

接受礼品时，受礼者应起身站立，面带微笑，双手接礼，握手并致以谢意。受礼时，态度要大方坦然，不要再三推辞，过于客气。一直说“不好意思”或“受之有愧”这类话，会让赠礼者觉得难堪，并认为你不够诚恳，缺乏诚意。

2. 拆启包装

中国人接受礼品，不习惯当面打开，以免有重礼轻情之嫌。有的国家的人收到礼物一定要当面拆启包装，适当地加以欣赏，得体地称赞一番，如此才是对对方的尊重和礼貌。

3. 表达谢意

接受礼品时，口中要说道谢的话。接受贵重礼品后，往往还需要打电话、发电子邮件或写信再次向对方表示谢意。

 礼仪·小看板

花言花语①

在现代社会，鲜花已成为最受欢迎的社交礼品。长期以来，人们以花寄情，以花表意，鲜花被人们赋予了特定的含义。要使自己成为一个受人欢迎的送花使者，了解花言花语是必不可少的礼仪。

牡丹：雍容华贵
荷花：淡泊、纯洁
兰花：典雅、高洁
月季：幸福、光荣
竹子：正直、虚心
并蒂莲：永结同心
红玫瑰：真实热烈的爱
天堂鸟：自由、幸福、吉祥
剑兰：长寿、步步高升
桂花：和平、友好、吉祥
万年青：长寿、健康、友谊
梅花：高风亮节、独立
黄菊：高洁、长寿、尊敬
白菊：哀悼、怀念
桃花：美丽、烂漫、活力
百合：百年好合
康乃馨：慈祥、温馨、母亲之花
勿忘我：友谊、思念
常春藤：友情，忠诚的爱
松柏：坚强、刚毅
满天星：纯洁、思念
水仙：优雅、骄傲

① 李宏．中学生礼仪[M]．贵阳：贵州人民出版社，1996：122—123.

学习笔记

三、宴请礼仪

“民以食为天。”宴请是为了表示欢迎、庆贺、饯行、答谢等而举行的一种隆重、正式的餐饮聚会，是社会交往中重要而常见的交际活动。宴请形式多样，礼仪繁杂，掌握其礼仪规范有助于社会交往的顺利进行。

(一)宴请的形式

在交际活动中，宴请可以根据不同的标准划分为多种形式，常见的宴请形式有宴会、招待会、茶会、工作餐等。

1. 宴会

宴会是指比较隆重、正式的设宴招待。根据举办的规格，可分为国宴、正式宴会、便宴和家宴四种形式。

(1)国宴

国宴是国家元首、政府首脑为国家庆典或为欢迎来访的外国元首、政府首脑而举行的最高规格的正式宴会。举办国宴要悬挂国旗，奏国歌，主人和主宾要相互致辞，席间要奏乐，菜单和席卡上印有国徽。参加国宴须着正装，按礼宾次序排列座次。

(2)正式宴会

除了不挂国旗，不奏国歌，出席者身份不同外，正式宴会的安排和礼仪要求与国宴相似。有固定的规格和程序，宾主按身份排席就座；对宴会地点、餐具、菜肴酒水、来宾服饰、服务水准都有严格的要求，事前要制发请柬。

(3)便宴

便宴属于非正式宴会，分为午宴和晚宴，一般晚宴又较午宴隆重。便宴形式较为简单。可以不排座位，不做正式讲话，菜肴、酒水不必太多。气氛亲切、随意，更适合日常友好交往。

(4)家宴

家宴是指在家里设宴招待宾客。通常由主人掌勺，也可请厨师上门做菜，家人共同招待客人。家宴气氛友好、自然，易使客人产生宾至如归的亲切感。

2. 招待会

招待会是指各种不备正餐的宴请形式。一般是自助餐形式，常见的有冷餐会和酒会两种形式。

(1)冷餐会

冷餐会的菜肴以冷食为主，时间可以安排在中午之后的任何时间，室内室外都行。菜肴和餐具一起陈设在长条桌上，供客人自取；酒水一般提供啤酒、果汁、可乐，陈设在桌上，或由服务员端送，自由饮用；一般站着就餐，可以自由活动。

(2)酒会

酒会的特点是以酒水为主，通常酒类品种较多，并配以各种果汁，向客人提供不同酒水混合调制的饮料(如鸡尾酒)，一般不提供烈性酒。略备小吃，如三明治、香肠、炸春卷等。宾客可随意走动，来去自由，不受拘束，形式较为轻松活泼。

礼仪·小看板

鸡尾酒的由来[1]

鸡尾酒是以朗姆酒、伏特加、威士忌等烈酒或是葡萄酒作为基酒，再配以果汁、蛋清、苦酒(Bitters)、牛奶、咖啡、可可、糖等其他佐料，加以搅拌或摇动而制成的一种冰镇饮料，最后再以柠檬片、水果或薄荷叶作为装饰物。

鸡尾酒起源于美洲，大约是18世纪末或19世纪初期。关于“鸡尾酒”名称的由来，有一则有趣的传说。

1776年，美国纽约州有一家用鸡尾羽毛作装饰的酒馆。一天，当酒馆各种酒将要卖完时，一些军官走进来要买酒喝。一位女侍者，便把剩下的酒统统倒在一个大容器里，并随手从一只大公鸡身上拔了一根羽毛搅匀酒，招待客人。军官们看看这酒的成色，品不出是什么酒的味道，就问女侍者，女侍者随口答道：“这是鸡尾酒哇!”一位军官听了，高兴地举杯祝酒，还喊了一声：“鸡尾酒万岁!”从此便有了“鸡尾酒”之名。

3. 茶会

茶会亦称茶话会，是一种以茶招待客人的简便接待形式。不必使用餐厅，一般在客厅摆放茶几、桌椅，不排座席，可略备点心或风味小吃，亦可备些咖啡和冷饮。茶会对茶叶品种、沏茶用水、茶具及递茶都有讲究。茶具要精致，应选用陶瓷器皿。

礼仪·小看板

英式下午茶[2]

1840年，英国贝德芙公爵夫人安娜女士，每到下午时刻就意兴阑珊、百无聊赖，此时距离穿着正式、礼节繁复的晚餐还有段时间，又感觉肚子有点儿饿，就让女仆准备几片烤面包、奶油以及茶。

后来安娜女士邀请几位知心好友伴随着茶与精致的点心，同享轻松惬意的午后时光。没想到一时之间，在当时贵族社交圈内蔚为风尚，渐渐演变成招待友人欢聚的社交茶会，进而衍生出各种礼节。一直到今天，茶会已俨然成为一种优雅自在的下午茶文化，也成为正统的“英国红茶文化”，这

---

① 赵子仪．你应该知道的2000个万事由来全本珍藏[M]．哈尔滨：哈尔滨出版社，2016：84.

② 吴文达．和好友来道下午茶[M]．太原：山西科学技术出版社，2016：14－15.

也是所谓的“英式下午茶”的由来。

虽然下午茶现在形式已简化不少，但是正确的冲泡、优雅的摆设、丰盛的茶点被视为下午茶的传统，流传至今。

4. 工作餐

学习笔记

工作餐是一种方便快捷的非正式宴请形式。它利用进餐时间，宾主双方边吃边谈工作、讨论问题，常采用快餐分食的方式进行。工作餐一般不排座次，如果是双边工作进餐，往往以长桌安排席位，便于主宾双方交谈、磋商。在国外，有时采用“AA制”付费。

(二)宴请的组织

宴会对宾主而言都是一次重要的社交活动，一次宴请的成功与否，往往取决于筹办过程中的组织准备工作是否到位。

1. 明确目的

宴请的目的是多种多样的，如节假日聚会、迎送来宾、会议闭幕、纪念庆典等。宴请目的不同，宴请的规格、内容、形式也不相同。因此，必须首先明确宴请的目的，师出无名会给宴会和活动的主办者带来不良影响。

2. 拟订名单

根据宴请的性质和主宾的身份，确定宴请的对象和范围，列出宾客名单。拟订名单时，尽量选择与主宾身份地位接近的人，控制范围，减少人数，宴请的人数最好是偶数；除工作餐外，社交宴请可邀请来宾的配偶。要特别注意不能把平时互有芥蒂的客人请来一起出席宴会，以免出现尴尬的情况。

3. 确定形式

以何种形式举办宴会，要视具体情况和本地的习惯做法。一般正式的、规格高的、人数少的活动应以宴会形式为宜；人数众多的庆祝性、纪念性活动采用冷餐会或酒会就更有气氛；妇女界活动则较多采用茶会形式。

4. 商定时间

宴请的时间应选择宾主双方都适宜的时候，最好先征求主宾的意见。注意不要选择对方的重大节日、有重要活动或有禁忌的日子和具体时间。

5. 选好地点

宴请地点体现了对客人的礼遇程度。宴请场所的选择应根据宴请的性质、对象、规模、形式及经费能力而定，一般选择那些交通方便、环境幽雅、菜肴精美、服务优良的宾馆酒店作为宴客的场所。比较重要的宴会，主人最好选择熟悉的地点。

6. 发出邀请

邀请方式通常有书面、电话和口头邀请等。正式宴会一般提前一周至两周制

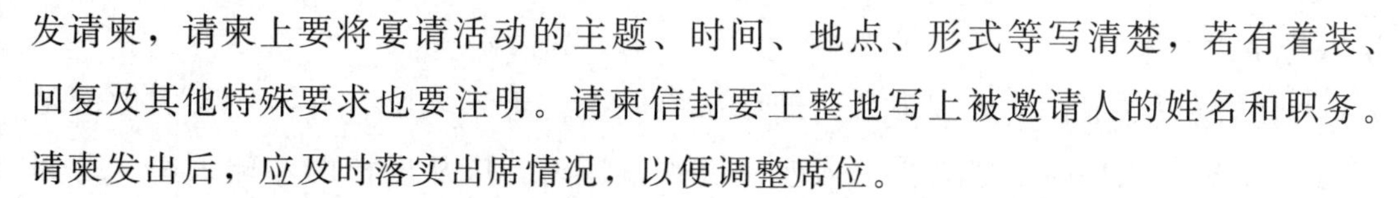

发请柬，请柬上要将宴请活动的主题、时间、地点、形式等写清楚，若有着装、回复及其他特殊要求也要注明。请柬信封要工整地写上被邀请人的姓名和职务。请柬发出后，应及时落实出席情况，以便调整席位。

7. 拟订菜单

宴请的菜单，要根据宴请的规格“看客下菜”，以主宾的口味喜好和禁忌而定，要注意尊重宾客的饮食习惯和宗教信仰，也要突出特色和文化。整桌菜谱应有冷有热，荤素搭配，营养平衡，主次分明。正式宴会上，菜单至少每桌一份，规格高的也可每位一份(如国宴)，菜单可给客人留作纪念。

小贴士

请柬最好亲手送达，托人转递是很不礼貌的。请柬如果是放入信封当面递送，要注意信封不能封口，否则造成又邀客又拒客的误解。

8. 布置现场

宴会成功与否，环境和气氛的好坏至关重要。宴请环境的布置，取决于活动的性质和形式。一般宴请场所的布置应整洁、舒适，装饰可视情况而定，但格调要高雅；官方正式宴会的布置，应该严肃、庄重、大方，不宜用霓虹灯作装饰，可用少量鲜花、盆景、刻花作点缀；若安排席间演奏，应轻柔舒缓。

9. 安排席位

在宴请活动中，席位的排列往往关系到来宾的身份以及主人给予对方的礼遇。正式宴会中，国际惯例和本国的礼宾次序是宴请席位排列的主要依据。无论何种规格和形式的宴请，安排席位时都应以主人为中心，把主宾置于最尊贵、最显要的位置上。

小贴士

涉外宴请时，座位卡应以中、英两种文字书写，我国的惯例是中文在上，英文在下。座位卡的两面都应书写赴宴者姓名。

安排好席位后，主人应在请柬上注明宾客所在的桌次和席次，在餐桌上放置桌次卡和个人姓名席次卡，也可以安排好专门的引位员引导来宾就座。

(三)赴宴的礼节

有人说，判断一个人的教养只需看他的吃相就行了。对于赴宴者来说，注意从入宴到告辞的礼节，这既是个人素质与修养的表现，也是对主人的尊重。

学习笔记

1. 应邀赴宴

一旦接到邀请，无论是否接受对方的邀请，都应及时、礼貌地给予答复，以便主人安排。若遇特殊情况而不能出席，应婉言解释缘由，并表示歉意(包括登门致谢、致歉)。一旦接受邀请，不可随意变动。

2. 修饰仪表

出席宴会前，应稍作打扮，做到整洁、优雅。参加正式宴会，要穿正式的服装，一般男士穿深色西装，女士穿旗袍或礼服。请柬上有着装要求的，要按要求穿着。

3. 按时抵达

按时出席宴会是最基本的礼貌。赴宴者应根据活动的性质和当地的习惯掌握好时间。西方习惯正点或晚一两分钟到达；我国的习惯是正点或提前两三分钟抵达。抵达宴会地点，先到衣帽间脱下大衣和帽子，然后前往主人迎宾处，主动向主人问候。

学习笔记

4. 文明入座

进入宴会厅前，应先知道自己的桌次与座次。若未设座席卡，稳妥的做法是待主人请客人入座时，客人方可入座。客人落座时，应从座椅的左侧入座。若邻座是长者、女士，应主动为其拉开椅子，协助其入座。

5. 文雅进餐

(1)举止

当一道菜端上桌时，应等主人邀请，主宾动筷后方可进食。取菜时，不要一次盛得过多，也不要拒绝一道菜一点儿不取。可向别人推荐菜肴，但不可为别人布菜。

坐姿要端正，俯身趴在餐桌上，或将双臂支在餐桌上，都是失礼的行为。双手不宜放于邻座的椅背或餐桌上。不要在餐桌上当众补妆，梳理头发或整理衣饰，除非主人示意，否则不可解开衣扣或脱下衣服。

(2)交谈

宴请的目的主要在于交际，就餐期间，静食不语是不礼貌的。就餐时，要适时与同桌的宾客交谈，交谈内容应健康、愉快、有趣，交谈的对象尽量要广泛，交谈的音量要适中。与人交谈时应放下手中餐具，暂停进食，不可边吃边说。

小贴士

宴会进行中，若不慎碰掉餐具，可请服务员新换上一副；酒水打翻溅到邻座身上，应表示歉意并协助擦干；若对方是女性，只要把干净的餐巾或手帕递上即可。

6. 礼貌敬酒

当主人向宾客敬酒时，宾客应起立回敬。敬酒时，应右手持杯、左手扶杯底，面带微笑，目视对方。敬酒要有自知之明，不可饮酒过量，以免失言、失态。当不愿或不能喝时，主人或服务员前来斟酒，只要说“不用了，谢谢”，伸出手轻轻地遮在杯上即可，千万不要手捂杯口或倒扣酒杯。对不善或不愿饮酒的来宾，敬酒时不可强求。

在主人和主宾致辞、祝酒时，应暂停进餐、交谈，注意倾听。

7. 告辞致谢

宴会结束时，当主人从座位上站起，宾客可随之起立。离席时，男宾应先起身，主动为身边的女士或职位高者拉开座椅。

告辞时，应向主人道谢，诸如“谢谢您的款待”等。通常是男主宾先向男主人告别，女主宾先向女主人告别，然后交叉，再与其他人告别。

正式宴会为表示郑重，可在宴会后的两三天内，给主人打个电话或寄送上印有“致谢”字样的名片或便函表示感谢。

(四)中餐礼仪

中餐菜肴品种繁多，风味各异，气氛热烈。无论国内交往还是涉外交往，都常用中餐宴请宾客，因此，熟悉中餐礼仪尤为必要。

1. 席位

(1)桌次

中餐宴请，往往采用圆桌布置菜肴、酒水。两桌以上的宴请，就要合理排列桌次。首先应确定主桌，主桌的安排往往依据“居中、居右、靠里”的原则，其他各桌以离主桌的远近而定，按照“右高左低、近高远低”的原则安排(见图 5-4)。左右方位的确定以面对正门位置为准。

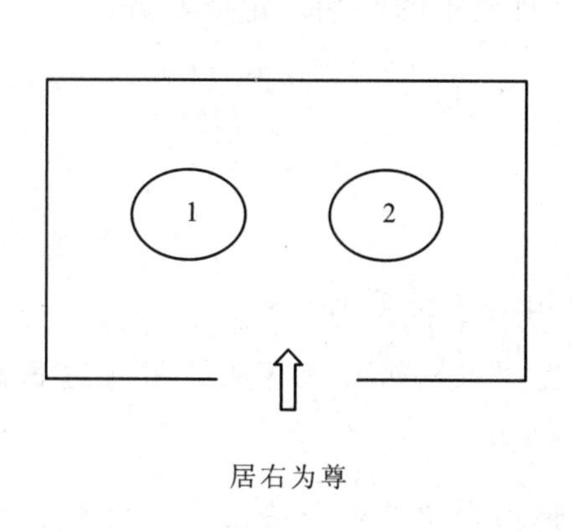

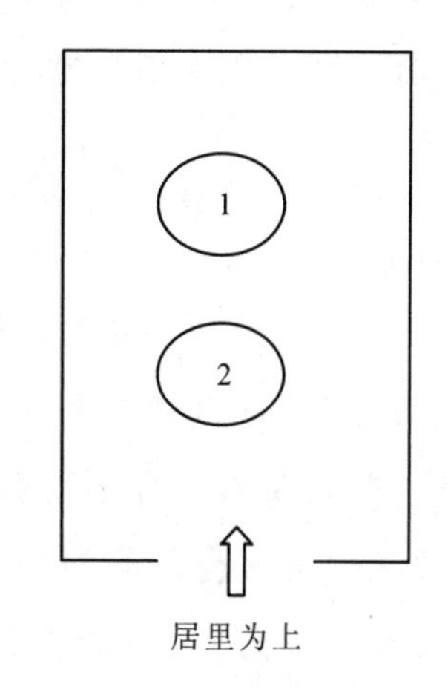

图 5-4　中餐两桌排列

(2)位次

主人应坐于主桌面门的位置，同一桌上位次的高低以离主人座位的远近而定：近高远低、右高左低。倘若主宾身份高于主人，为了表示尊重，可安排其在主人位置上就座，而主人则坐在主宾的位置上。多桌宴请，每桌主位之人应与主桌主人同向就座。每桌就座人数一般以十人为限，双数为宜，六、八、十为最佳。

圆桌上位次的具体排列又可分为两种情况(见图 5-5)。

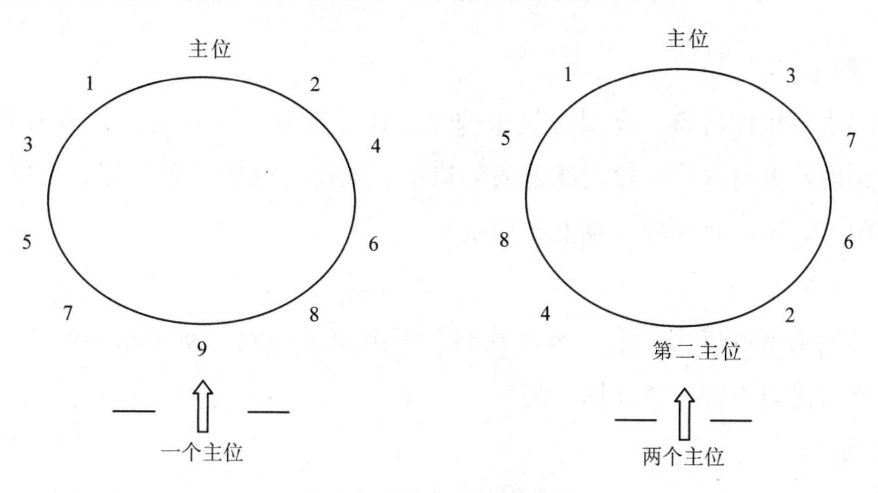

图 5-5　圆桌上位次的排列

在高档餐厅，室内外往往有优美的景致或高雅的演出，供用餐者欣赏，这时，观赏角度最好的座位是上座；在某些中低档餐馆用餐时，通常以靠墙的位置为上座，靠过道的位置为下座。

一是每桌一个主位的排列方法。每张餐桌上只有一个主人，主宾在其右首就座，形成一个谈话中心。

二是每桌两个主位的位次排列方法。其特点是主人夫妇就座于同一桌，以男主人为第一主人，女主人为第二主人，主宾和主宾夫人分别在男女主人右侧就座，这样每桌就形成了两个谈话中心。

2. 餐具

(1)筷子

筷子是中餐的主要餐具，正确的使用方法是右手执筷，大拇指和食指捏住筷子的上端，另三个手指自然弯曲扶住筷子，且筷子的两端一定要对齐。

礼仪·小看板

中国筷子文化[①]

筷子被誉为“东方文化的符号”，已有三千多年的历史，中国筷子的文化博大精深。

筷子谜。如“眠则俱眠，起则俱起，贪如豺狼，脏不入己”。“姐妹两人一样长，厨房进出总成双，千般苦辣酸甜味，总让她们第一尝。”等。

筷子诗。如宋代女诗人朱淑贞的“两个娘子小身材，捏着腰儿脚便开，若要尝中滋味好，除非伸出舌头来。”

(《咏箸》)的诗句：明代程良规有“殷勤问竹箸，甘苦乐先尝。滋味他人好，乐空去来忙”(《咏竹箸》)。

筷子画。甘肃敦煌437窟唐代《宴飲图》壁画，绘有男女九人围在一张长桌前准备进食的场面，每人面前都摆着匕和箸，可见这两样食具都是正式宴饮场合不可缺少的。

筷子联。如“玲珑自竹制来，古今饮誉神州萃；典雅由筷托出，中外扬名世界钦”。“一笼藏日月，双筷起炎黄。”等。

筷子德。筷子外形直而不弯，被古人寓以种种美德。唐玄宗曾把自己用的一双金筷子赐给宰相宋环，表彰他的耿直，以筷象征人格。

学习笔记

(2)汤匙

汤匙主要用以舀汤，或配合筷子取菜。汤匙取食，不可过满；若食物过烫，不可用汤匙舀来舀去；不可把汤匙放入口中，或反复吮吸，若不用，应放于食碟上或勺架上，不要直接放在桌上或汤碗里。

(3)水杯

水杯用来盛放清水、果汁等软饮料，不可用来盛酒。使用水杯时不可倒扣，更不能将喝进口中的东西吐回水杯。

(4)碗

碗主要用于盛放主食、羹汤。正式宴会上，要注意不可双手端碗就食；碗内的食品要用餐具取，不可用嘴吸；碗内剩食不可往嘴里倒；暂不用的碗不能放餐具或残渣。

(5)餐盘

稍小一点的餐盘又叫碟子，用来暂放从公用菜盘里取来享用的菜肴。使用餐

① 冯忠方．妙趣横生的筷子文化[J]．烹调知识，2020(3)：7.

学习笔记

盘要注意，一次不可取放太多菜肴；多种菜肴不要堆放在一起，以免“串味”；食物的残渣、骨、刺等应用筷子夹放于餐盘前端，由服务员清理、更换。

(6)湿巾

正式宴会用餐前，会为每位就餐者上一块湿巾，它只用来擦手，不可用来擦脸、擦嘴、擦汗；宴会结束前，会再上一条湿巾用来擦嘴，但不可用它擦脸、擦汗。

(7)牙签

就餐时最好不要当众剔牙。若有需要，也应以手掩口，侧身剔出。

3. 用餐

上菜后，等主人邀请、主宾动筷后方可拿筷；取菜时，要相互礼让，依次取用，可相互让菜，但不可为人布菜。进餐中，要闭嘴咀嚼，不要发出声音。热汤不要用嘴吹，应等其自然冷却后再食用。

用餐时，不要吃得摇头晃脑、宽衣解带、满脸油汗、汁汤横流、响声大作；不要敲敲打打、比比划划。若要清嗓子、擤鼻涕、吐痰等，应尽早去洗手间解决。

(五)西餐礼仪

中西方在传统饮食文化上差异很大，中国人重视的是美味佳肴，而西方人强调的是用餐时的精神愉悦，讲究“4M”原则，即 Menu(精美的菜单)、Mood(迷人的气氛)、Music(动听的音乐)、Manners(优雅的礼节)，尤其是优雅的礼节，可谓繁缛复杂。

1. 席位

(1)桌次

西餐宴会一般采用长桌。餐桌的设置，应根据参加宴会的规模、场所的大小来布置。一般有“一”字形、“T”字形、“U”字形和“山”字形等。总的要求是左右对称、出入方便。常见西餐餐桌的排列方法如图 5-6 所示。

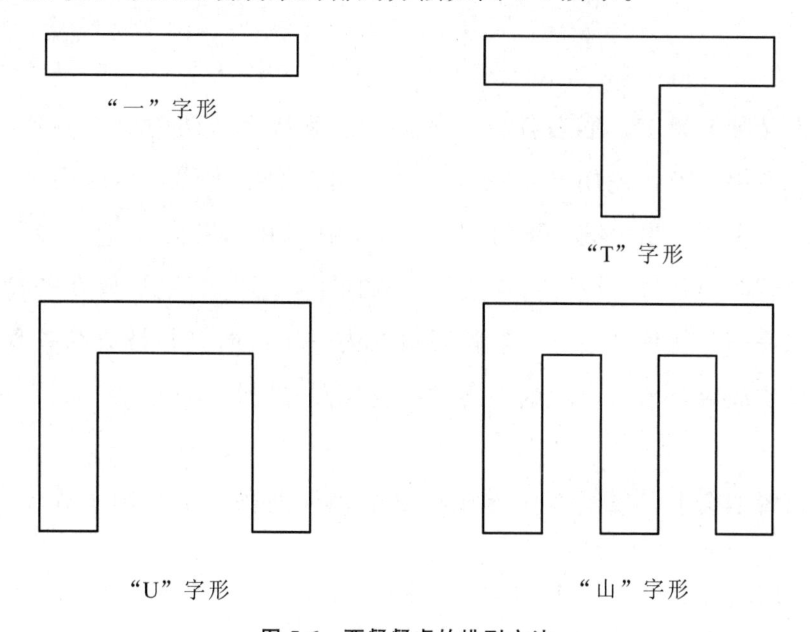

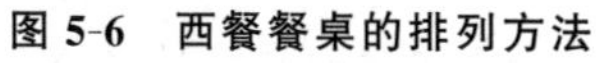

图 5-6　西餐餐桌的排列方法

学习笔记

(2)位次

西餐宴会席位一般按男女交叉入座原则安排。女主人为第一主人，坐于主位，主宾坐在女主人的右侧；男主人为第二主人，坐在女主人对面，主宾夫人坐在男主人的右侧；其他宾客以距离男女主人远近为准，按照近高远低、右高左低的原则交叉就座(见图 5-7)。

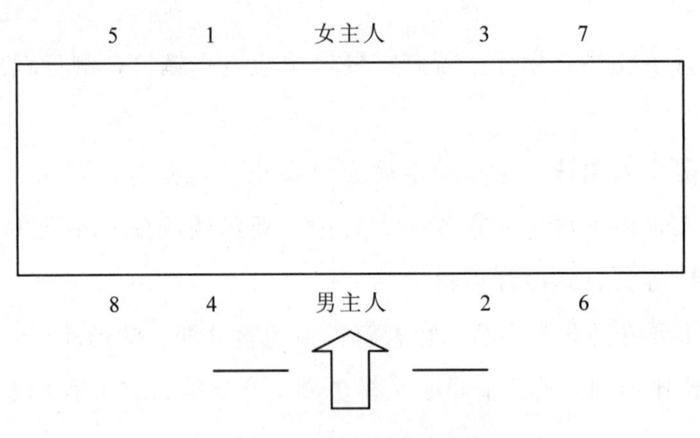

图 5-7　西餐宴会位次的排列

2. 餐具

礼仪·小看板

西餐餐具的摆放①

餐具摆放有些不成文的规矩，其中餐盘是最重要的。餐盘的左边摆放叉子，右边摆放刀勺。餐盘的左前方45°的位置，放面包碟和黄油刀，右前方45°的位置放饮品(或水或酒等)。餐盘正前方放甜品勺和甜品叉。关于餐盘，记住这五个位置就记住了西餐餐具的大致位置。可以用“左固体，右液体”来帮助记忆，或“左 B 右 D”来记忆，“B”是指左边放面包(Bread ）、右“D”是指右边放饮品(Drinks ）。

(1)刀叉

西餐刀叉种类繁多，形态各异。每上一道菜依次从两边由外侧到内侧取用，左手持叉、右手持刀，先用叉子按住食物，用刀切成小块，然后用叉送入口内。使用刀叉时，不要弄出声响，不可挥动刀叉交谈或用刀叉指人。

就餐中暂时离开时，应刀口向内、叉齿向下，呈“八”字形放在餐盘之上，表示用餐尚未完毕；就餐结束时，应将刀口向内、叉齿向上并排放在餐盘上。切忌将刀叉交叉摆放成“十”字形，或随意放在餐桌上(见图 5-8)。

(2)餐匙

正式西餐宴会上，餐匙至少有汤匙和甜品匙两种，主要用于饮汤、吃甜品。

① 魏风云．公务礼仪与形象塑造[M]．济南：山东大学出版社，2019：202.

刀叉“八”字形摆放

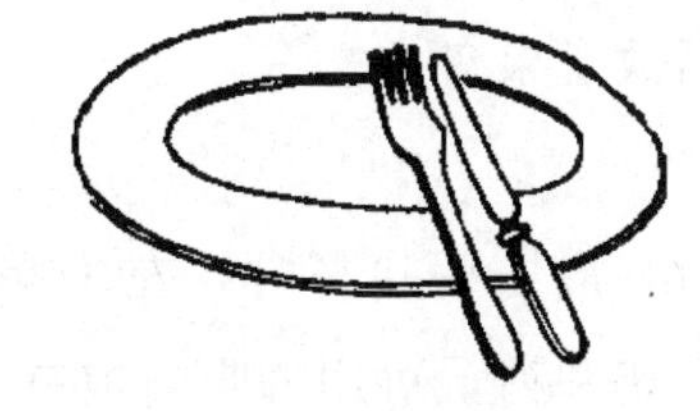

刀叉并排摆放

图 5-8 西餐餐具的摆放

喝完汤后，匙心向上，匙柄置于盘子右边缘放在盘子上。

(3)餐巾

就餐时，应将餐巾展开平铺在腿上。正方形餐巾应折成三角形，直角朝向膝盖方向；长方形餐巾则要对折，折口向外铺于腿上。不能把餐巾围在脖子上或掖在衣领、腰带上。中途离席，可将餐巾稍稍折叠置于椅子上；用餐完毕，则应把餐巾折放在餐盘右边的桌面上。

餐巾是用来擦嘴、揩手的，不可用来擦汗、擦脸、擦餐具；在剔牙或吐出嘴中的东西时，可用餐巾遮掩，以免失态。

3. 用餐

(1)菜肴

吃面包：用手将面包撕成小块，抹上黄油进食。整咬、叉挑都不可以。

喝汤：用汤匙由内向外舀喝，汤汁较少时，可稍微将汤盘向外侧倾斜以方便舀汤。喝汤时，不可端起盘子直接用嘴喝。

吃鱼：用餐刀将鱼切开，轻轻取出骨头、刺后，再把它切成小块，用叉子慢慢送入口中。

吃肉：用刀叉把肉切成一小块，吃一块，切一块，勿一次将肉都切成块。

吃鸡：用刀将鸡肉剥下，切成小块，用叉取食。

(2)甜点

西餐中的蛋糕、饼干、三明治、土豆片等，可直接用手拿着吃；面条则用叉子先卷起缠绕在餐叉上，再送入口中；布丁和冰激凌应用餐匙取食。

(3)水果

吃苹果、梨：应用刀切成四瓣再去皮、去核，用叉子叉着吃。

吃香蕉：应先切去头尾，剥皮，再切成数段食用。

吃橙子和柚子：可用刀切成两半，再用茶匙或尖柚子匙挖取食用。

吃西瓜、哈密瓜、菠萝：先去皮、切块、装盘，用叉(或牙签)取食。

吃橘子、荔枝：要用手去皮吃。

吃草莓：可直接用手取食。

学习笔记

小贴士

宴席上，上鸡、龙虾、水果时，有时送上一小水盂(铜盆、瓷碗或水晶玻璃缸)，水上漂有玫瑰花瓣或柠檬片，这是供洗手用的，碗里的水不是饮料，切不可用来喝。洗手时，两手轮流沾湿指头，轻轻刷洗，然后用餐巾或小毛巾擦干即可。

学习笔记

吃葡萄、樱桃：用手一颗一颗揪下来吃。果肉吃完时要用手掩嘴，把果核吐在手中，然后放于果盘中。

(4)咖啡

喝咖啡时，应右手执杯耳，左手端托盘，端起咖啡杯，轻轻啜饮。饮用时，如愿意添加牛奶和糖，可用咖啡勺搅拌，用完后，应将其平放在托盘中，切忌用勺舀咖啡喝，或将其放于杯中。站立、走动时，左手端托盘应与胸齐平，右手持杯饮用，饮毕，立即将杯放于托盘中。吃点心时，要放下杯子，不能“左右开弓”。

(5)酒水

西餐中的酒水讲究与菜肴的搭配，一般一道菜要配一种酒。侍者倒酒时，不要动手去拿酒杯，由侍者去倒即可。喝酒时绝对不能用吸管吸着喝，而是倾斜酒杯，像是将酒放在舌头上似的缓缓饮用。

礼仪·小看板

自助餐的礼仪

自助餐是一种由宾客自行挑选、选取或自烹自食的一种就餐形式，作为一种交际活动，在满足个性的同时，也要注重礼仪。

你懂得，自觉维护秩序排队选取食物；

别忘了，不要犹豫不决让身后人久等。

你懂得，取菜也是有先后顺序的；

别忘了，转一圈再有选择地取菜。

你懂得，浪费食物行为可耻；

别忘了，多次取菜量力而行。

你懂得，自助餐不能带回家；

别忘了，用餐完毕送回餐具。

你懂得，可向同伴提出选菜建议；

别忘了，不可以为对方代取食物。

四、 聚会礼仪

聚会是指为了某一目的，把相关人员集合在一起进行活动的交际方式，是一种常见而流行的交际活动。聚会的形式多样，有交际性聚会、联谊性聚会、学术性聚会、文艺性聚会等。聚会的活动方式也多种多样，可以是座谈会、茶话会、酒会、聚餐会，也可以是联欢会、晚会、舞会、家庭音乐会等。参加者应根据不同的聚会形式，遵守相应的礼仪规范要求。

礼仪·小看板

沙　龙①

“沙龙”是法语“Salon”一词的音译，中文意思即“客厅”，原指法国上层人物住宅中的豪华会客厅。从17世纪始，巴黎的名人(多半是名媛、贵妇)常把客厅变成休闲的社交场所。进出者常为戏剧家、小说家、诗人、音乐家、画家、评论家、哲学家和政治家等。他们志趣相投，会聚一堂，一边呷着饮料，欣赏典雅的音乐，一边就哲学、文学、艺术、政治等共同感兴趣的话题促膝长谈，无拘无束。这种聚会逐渐成为一种时尚，风靡于欧美各国文化界，到19世纪达到鼎盛。后来，人们便把这种在室内举办的专门的社交性聚会称作“沙龙”。

(一)聚会的组织

1. 选定地点

聚会的地点要根据聚会的形式和规模而定，一般要求空间适宜、环境幽雅，不受外界干扰，但也不能影响他人。

2. 约好时间

为了不影响正常工作、学习，通常聚会安排在周末下午或晚间举行。举办聚会的时间，一般以2～4小时为宜，具体时长视情形而定。

3. 商定形式

聚会形式可依目的加以选择，亲朋好友之间“聚一聚”，不妨采用聚餐会、联欢会、同乡会、校友会等轻松随意的形式；如果是有明确主题的“谈一谈”，座谈会、讨论会、茶会等形式是更好的选择。

4. 明确人员

聚会的主人应由发起者或组织者担任，按惯例，主人应当有男有女，以便照顾好男宾和女宾。参加聚会的人员要事先确定，最好彼此相识，不要将互有芥蒂的双方一起邀请与会。

(二)聚会的出席

小贴士

参加聚会，若无明确的要求，不要将幼童、婴儿带去，以免影响氛围。

1. 修饰仪表

参加聚会前，要适当地修饰仪容、仪表。男士应理发、剃须，女士要做发型、化妆，着装应根据聚会形式的不同分别换上礼服、时装或休闲装。若夫妻或情侣一同出席，两人的衣着打扮最好协调一致。

2. 恪守时约

参加聚会要按时赴约，不得无故迟到、早退或爽约，以免失敬于人；若难以准时或不能前往，应提前通知主人，表达歉意。

① 王艳春．党员干部不可不知的礼仪常识[M]．北京：国家行政学院出版社，2011：175.

学习笔记

3. 谈吐得体

交际性聚会上，与人交谈要诚恳、虚心，要认真倾听，不要轻易打断他人话语。专题性聚会上，发言要有的放矢，条理清晰，既要真实地表达自己的看法和观点，也要善于向他人学习请教，不可旁若无人、争论不休。

适度的幽默可以活跃聚会气氛，但不可话语庸俗、语带讥讽或阿谀吹捧。

4. 结识朋友

聚会是一个最佳的社交场所，应借此良机主动扩大自己的交际范围，更多地结识新朋友，不要一味地盯住熟人不放。

5. 尊重他人

尊重他人，尤其是尊重女性和长者。与女性和长者相处时，要尽可能地体谅、帮助、照顾他们。与他们交往时，谈吐要文明，行为要得体，切忌说“脏”话、开无聊的玩笑，或是与女性、长者动手动脚，打打闹闹等。

6. 体谅主人

聚会上应设身处地多替主人着想，尽可能地对其施以援手，诸如替客人续茶、递烟，帮主人运送物品等。此外，对于聚会中出现的一些不愉快，如准备不足、物品短缺、食品不佳等，不可说三道四或指手画脚。

五、舞会礼仪

舞会，一般是指以参加者自愿相邀共舞为主要内容的一种文娱性社交聚会。优美的乐曲、美妙的灯光、高雅的舞姿相互衬托，人们从中不仅可以从容自在地获得自我放松，而且还可以结交新朋、会见老友，扩大自己的社交圈。

(一)舞会的组织

1. 时间

舞会一般选择在周末、节假日或纪念活动、联欢活动的晚上举行，舞会持续时间长度最好控制在2～4小时，不至于影响工作和学习。

2. 场地

舞会的场地安排要考虑人数、交通、安全以及舞池条件等问题。舞池面积要大小适宜(人均1平方米)，地面应洁净平整，灯光柔和而富于变化，音响应柔和悦耳，舞池四周可放置适量桌椅。

3. 曲目

曲目是舞会的导向和灵魂。曲目的选择要照顾大多数人的需要，可采用中外名曲。一般情况下，宜选择大家熟悉、节奏鲜明清晰、旋律优美动听的曲目，并应考虑到曲目数量与舞会时间的协调；还须遵守惯例，特别选定一支舞曲，如《友谊地久天长》等作为终场曲，此曲一经播放，等于宣布舞会结束。

在正式的舞会上，最好将选好的舞曲印成曲目单，届时人手一份，使跳舞者心中有数。

4. 邀请

对于舞会的来宾，应尽早以适当的方式发出邀请，书面邀请最为正规；最好提前两周发出，请帖上要注明舞会持续时间。邀请舞会来宾要考虑到场地条件，总量上做到男女人数大致相等，各占一半，以便相邀共舞。

5. 接待

首先要确定舞会主持人、接待人员。主持人通常由有组织才能和文艺特长、技艺的人担任，一般情况下，应由女士担任；接待人员主要负责迎送、接待来宾，邀请单身前来的嘉宾共舞。正式的大型舞会上，还须备适量茶饮、水果和点心，供客人食用。

学习笔记

(二)舞会的出席

1. 修饰

参加舞会时，要适当注意仪容、仪表。男士务必剃须，宜穿西装套装或长袖衬衣配长裤；女士则适当化妆，穿裙装、礼服等，搭配色彩协调的高跟鞋。舞会上不宜穿过露、过透、过短、过小、过紧等不庄重的服装，更不能穿拖鞋、短裤入场。正式舞会，请柬上往往会注明着装的要求。

小贴士

舞会前，切勿饮酒和食用葱、蒜等刺激性气味的食物，以免产生异味。

2. 邀舞

在舞会上邀请舞伴时，男士应当主动邀请女士。舞曲响起后，男士可行至拟邀舞的女士面前，先向与她一起在座的男士或家人点头致意，然后向女士点一下头，或欠身施礼，目视对方轻声说“请您赏光”或“可以请您跳舞吗?”得到允许后，方可起舞。第一支舞曲一般由男士邀请同来的女士共舞；一对舞伴，宜共舞一支曲子，接下来交换舞伴以扩大交际面；如有必要，两人还可以在舞会结束曲时再次共舞。

3. 拒邀

舞会上，女士被人邀舞是受到尊重的表示，所以不可无故谢绝。即使拒绝他人时，语言也不可僵硬、粗鲁，可使用委婉、暗示性托词，如“对不起，已经有人邀我了”或“对不起，我累了，想休息一会儿”等，并注意不要马上接受别人的邀请。女士面对两位或者两位以上的邀请者，最好全部委婉谢绝。两位男士一前一后邀请，则可以接受先到者的邀请，同时诚恳地对后者说“很抱歉，下一曲吧!”并尽量兑现自己的承诺。

小贴士

一般情况下，女士不主动邀请男士。但在特殊情况下，需要请长者或者贵宾时，则可以不失身份地说：“先生，请您赏光”或“我能有幸请您跳舞吗?”女士邀请男士，男士不可拒绝。

4. 共舞

步入舞池时，须女先男后，由女士选择跳舞的具体方位。男士领舞在前，女士配合在后。跳舞时所有人的行进方向，必须按照逆时针方向进行。

跳舞时，身体要端正，舞伴之间不宜相距过近；男士不可把女士的手捏得太紧，不可把整个手掌全贴在女士的腰上，不要在旋转时把女士拖来扯去；女士不

要把双手套在男士的脖子上，也不要把头部主动俯靠在对方的肩上。万一不慎碰撞或踩踏了对方，应主动致歉。跳舞时要面带微笑，表情自然大方，不要目不转睛地凝视对方。

小贴士

根据国际惯例，同性不宜共舞。两位男士共舞等于宣告他们不愿意邀请在场的任何一位女士，无形中表明他们是同性恋关系。两位女士也应尽量不共舞，尤其是在涉外场合。

有乐队伴奏时，一曲舞毕，跳舞者应先面向乐队鼓掌表示感谢，然后男士要把女士送回原休息之处，道谢告别后再离开。

六、晚会礼仪

邀请朋友和宾客出席晚会、观看文艺表演是一种集娱乐、交际与艺术享受为一体的社交活动。在国际社会，人们把观看演出、出席舞会与参加宴会列为礼仪要求最高的三项社交活动，历来很重视其礼仪规范。

(一)晚会的组织

1. 选定节目

根据晚会的性质及观众的兴趣，选择恰当的形式如戏剧、舞蹈、音乐或曲艺、杂技等；具体节目的确定要从晚会主题出发，形式多样、健康生动，开场和结尾压轴的节目一定要精彩。涉外接待中，演出的节目除了能反映本国本民族特色外，还应安排一些来宾所属国家或民族的节目或来宾本人喜欢的节目。正式晚会，应印制专门节目单发给观众，便于观众了解节目内容。

学习笔记

2. 发出邀请

确定节目后，要正式向来宾发出邀请，将活动的目的、主题、时间、地点以及要求告知对方。可通过门票等方式，控制好观众或来宾的人数，人数过多或过少，都会影响晚会的效果。

3. 排定座位

晚会的座次要根据观众的身份事先做出安排。一般以第七、第八排座位为最佳(大剧院以包厢为佳)。若是专场演出，应将贵宾席留给主人或主宾，其他人依据身份和与主人、主宾的关系远近依次排位。一般性的晚会，可自由入座；若需对号入座，发请柬时，要将座位票一同发出。

4. 入席退席

专场演出，必须让观众先行入场就座，主宾及贵宾应在开幕前由主人陪同或礼宾人员引导入场，观众应礼貌起立鼓掌欢迎；等主宾落座后，观众方可坐下。演出结束后，由主人陪同主宾走上舞台，向演员献花致谢并合影留念，然后观众站立鼓掌欢送贵宾离场。

(二)晚会的出席

1. 修饰仪表

参加晚会是重要的社交活动。适当地修饰面容、整理发型、化妆是必要的。着装则要根据晚会的形式有所区别，一般要求衣冠整洁、入时合宜，不可穿短裤、背心、拖鞋入场；出席正式、隆重的文艺晚会，应着正装或礼服，不可穿运动装或休闲服入场。

2. 礼貌入场

依照惯例，演出开始后不得入场，中场休息时方可进入。因此，观众应提前一刻钟左右入场，做好观看节目的准备。入场后要对号入座，穿过他人进入座位时，应向被扰之人致歉，并面向就座的观众侧身走向自己的座位。

小贴士

在许多文明的国际大都市的许多剧院或电影院看剧或电影时，不会有人迟到或早退，不会有电话铃声响，不会有吃零食的声音，不会有小孩子在过道里跑来跑去，也不会有人交谈，连咳嗽和清嗓的声音都没有……有些音乐会的老听众，他们在翻看节目单时都会尽量做到小心，生怕发出一点响动。的确，即使是最小的、最短暂的噪声也是噪声。

3. 文明观看

演出开始后，不要到处走动、交头接耳，不要吸烟、吃零食；不要大声咳嗽、打哈欠；让手机处于振动或静音状态，未经允许不得随意拍照或摄像；演出中，不要随意鼓掌，更不能吹口哨、喝倒彩。遵守秩序，文明观看是良好教养的体现。

4. 适时鼓掌

演出中，可适时鼓掌，以表示对演员演出的肯定和赞赏。但鼓掌要讲究礼貌和分寸，每个节目结束或一幕终了时，音乐会一曲演奏完时，歌剧中独唱结束时，芭蕾舞独舞或双人舞表演完后方可鼓掌，节目进行中不要鼓掌叫好。有时演出至精彩处也可即兴鼓掌，但时间不宜过长，以免影响演出和观众欣赏。

5. 有序退场

观看演出，中途不能提前离场。演出全部结束后，演员出来谢幕，应全体起立鼓掌表示感谢，然后等待贵宾退场后，观众才可有序离开。退场时要依次而行，应让儿童、女士、长者先行，不要争先恐后，挤来挤去。

礼仪·小看板

文明观演

每一个剧场都是一个考场，每一次演出也是一次考试，考的不仅仅是表演者的艺术水准，也包括观众的文明素养。在观赏到越来越多高质量演出的同时，观众也应该不断提高自身修养。

你懂得，观看演出时注意着装；

别忘了，切忌穿背心短裤拖鞋。

你懂得，提早进场对号就座；

别忘了，迟到不要影响他人。

你懂得，不能妨碍其他观众观看演出；

别忘了，不把脚架在前排座位椅背上。

你懂得，观看演出时保持安静；

别忘了，将手机关闭或调为静音。

学习笔记

学习笔记

你懂得，尊重演出人员劳动；
别忘了，有礼貌地适时鼓掌。
你懂得，表演失误在所难免；
别忘了，不要喝倒彩、吹口哨。
你懂得，观看演出不要中途退场；
别忘了，离席上洗手间选好时机。
你懂得，掌声表达感谢赞赏；
别忘了，演出结束起立鼓掌。
你懂得，退场时自觉将垃圾带走；
别忘了，与演员合影先征得同意。

单元3 通联礼仪

“从此谈心有捷径，何须握手始言欢。”在现代人际交往中，人们除了采用面对面交谈的方式进行沟通外，还更多地借助电话、书信等手段进行跨越时空的交流。使用电话、手机、网络看似容易，但其中大有讲究，也可以说是一门学问和艺术。

一、电话礼仪

电话是人们在社会交往中使用最频繁、最重要的交际工具。拨打和接听电话时，通话中的语气语调、态度表情能够充分体现出一个人的修养和素质。因此，掌握通话中的礼仪技巧，塑造良好的电话形象是现代交际的重要素养。

（一）拨打电话

1. 时间适宜

除了双方约定的时间之外，拨打电话应选择对方方便的时间。公务电话，最好选择在上班时间拨打，如早上9点以后，下午5点之前，不要在别人私人时间，特别是节假日、用餐和休息时间给别人打公务电话；私人电话，若非特殊情况，不要在早上7点以前、晚上10点以后及午休、吃饭等时间拨打，以免打扰对方休息或用餐；拨打国际电话，要考虑到两地时差。

通话时要掌握时间，长话短说。正常情况下，应遵守“三分钟原则”，即一次通话时间应控制在三分钟左右。

2. 有所准备

拨打电话前，尤其是拨打重要电话或国际电话，要提前做好准备，诸如对方的号码、名称、通话要点等应仔细核对，列成提纲，如此通话既节约了时间，又会给对方留下良好的印象。

3. 语言文明

打电话时，应首先礼貌问候对方“您好!”然后主动自报家门。通话中，礼貌用语要常挂嘴边，如“您好”“请”“麻烦您”“劳驾您”“谢谢”“再见”等。通话时，要吐字清晰，语气、语调柔和亲切，语速、音量适中。文明的语言，礼貌地表达会给对方亲切、愉悦的感受。

4. 举止得体

拨打电话，应左手持听筒、右手拨电话。话筒和嘴之间保持3厘米左右的距离。打电话时，身体挺直、坐姿端正，不能趴着、仰着、坐在桌角上或是高架双腿；通话时，话筒要轻拿轻放，不可把话筒夹在脖子下，或抱着电话随意走动，也不可边打电话边吸烟或喝茶、吃东西，这些失礼的举止，对方是能够“听”出来的。

(二)接听电话

1. 及时接听

电话铃声响起时，最好在两声之后三声之内接听。铃响了四五声以上才拿起话筒，应先向对方表示歉意，如“对不起，让您久等了”。

2. 亲切应答

拿起听筒后，先主动问候，再自报家门，如“您好！这里是江海大学管理系”。切忌“喂，喂”或者“你找谁呀?”当接到拨错电话时，应礼貌温和地说“您打错了”，并告知本电话是何单位、何人，必要时，可告知对方正确号码或代为查找；接听两个电话时，先接先打进来的，征得对方同意后，再去接另一个电话，让其留下号码，再转听第一个电话；掉线时，受话人应稍等片刻，等发话人重新拨打。

3. 热情代转

如果对方电话是找其他人，应告知对方“请稍候”，然后用手捂住受话孔迅速找人；如果受话人不在，应立即告诉对方，然后才可问对方是何人，有何事，可否代转信息或留言；对方若要留言，一定要认真记录，及时传达。

4. 认真记录

接听重要或内容复杂的电话内容，要在电话机旁准备好纸和笔，以便随时记录下来。电话记录要简洁、完备、准确，可应用“5W1H”技巧。所谓“5W1H”是指何时(When)、何人(Who)、何地(Where)、何事(What)、为什么(Why)、如何进行(How)，即包括来电人姓名、单位、电话号码、来电时间等内容。记录后，可将重点内容复述一遍，详加核实，以免有误。

5. 礼貌挂机

结束通话前，可询问对方“还有什么事吗?”“还有什么要求?”这既是尊重对方，也是提醒对方，最后以“再见”结束通话，并轻轻放下话筒。电话通信应请尊者先挂电话，卑者后挂。如果双方地位、身份平等，应由发话人先挂电话。

礼仪·小看板

职场电话范例

接打电话时应当按照一定的“程序”进行。请看下面的范例。（电话铃响过两声之后，接电话者——王晨，将声音调整到“微笑”状并拿起了电话。）

王晨：红星公司市场部。您好！

张林：您好！我是东方公司业务部的张林。请问王明经理在吗？

王晨：在，请稍候。（将电话交给王明）

王明：您好！我是王明。

张林：您好！我是东方公司业务部的张林。您订的货今天已经到了，您看什么时间方便给您送过去？

王明：明天行吗？张林：行的。明天大约什么时候？

王明：明天下午3点，送到采购部，交给李红。

张林：（重复刚才的要点并在纸上做记录）好，明天下午三点，交给采购部的李红。

王明：是的。

张林：好的。打扰您了！

王明：不用客气，再见！

张林：再见！

二、手机礼仪

手机现在被称作“第五媒体”，由于其携带方便、联系快捷，不受时空限制，所以备受人们喜爱，已成为现代社会生活中不可或缺的通信工具。随着手机的普及，公共场合不合规范地使用手机已成为一种社会公害，因此，手机使用的礼仪也越来越受到关注。

（一）使用手机

1. 场合适宜

使用手机一定要遵守社会公德。开会、上课、听报告或举行各种正式仪式时应关机；在需要“保持安静”的公共场所，如图书馆、音乐厅、影剧院、展览馆等，应让手机处于静音或振动状态；观看一些运动员需要专注的体育比赛时，不应让手机大声响起；电梯内、车厢中、餐厅里等公共场合，不可当众旁若无人地打电话，若急需通话，应寻找无人之处，若不得不当众通话，应向周围的人致歉，并尽量压低声音、长话短说。

使用手机还要注意安全，如加油站、医院病房等场所，以及驾车、坐飞机时，应自觉关闭手机，以免发生危险。

2. 放置有位

手机的使用者，不可有意识将自己的手机展示于人，应将其放置于合乎礼仪的位置。通常，随身携带手机最佳位置一是公文包，二是上衣内袋。切勿将手机挂在脖子上、别在腰带上、放在桌子上，也不要拿在手里或放在上衣、裤子口袋里。

3. 重视私密

一般而言，手机的号码，不宜随便告之于人。因此，不应随便打探他人的手机号码，更不应不负责任地将别人的手机号码转告他人，或是对外广而告之。为了体现自己的涵养，不要随意借用他人手机打电话，若不得已需要借用他人手机，请不要走出手机主人的视线，且应该长话短说。

小贴士

未经他人同意，不得翻看他人隐私。如他人将手机递过来给你看某张照片，你看完未经过他人允许，不得翻看其他照片。聊天记录、浏览记录等也一样。

(二)收发短信

手机短信的使用越来越广泛，尤其是年轻人使用最为频繁，使得它也成为手机礼仪关注的焦点。

1. 内容文明

编发短信，应注意内容文明，不编发有违法规或不健康的短信。收到不良短信可采用合适方式告诫对方，切勿随意转发。

2. 用语简洁

编发短信语言要简洁，篇幅不可过长，一般控制在30～50字，全部文字在1页内完成最好，以便让收信人对信的内容一目了然。

学习笔记

3. 格式规范

短信再短也是信，写信就须规范。开头的称呼和最后的署名必不可少，哪怕是问候性质的短短两句话，也要附上自己的姓名。尤其是转发短信，更要注意署上姓名。这样才能体现出对对方的尊重。

4. 及时回复

收到短信应及时回复，回复时间最好不要隔夜，如果无端拖延，容易让发信者产生受到轻慢的不良感受。回复可以言简意赅，内容表达清楚即可，但不能有敷衍的嫌疑。针对特殊情况下延迟收到的短信，回复时要说明原因、致以歉意。

(三)使用微信

微信，已成为全民级移动通信工具，且已从通信工具逐渐成为行为方式的一部分，几乎是“身体的一部分”。因此，在微信上会聊天、懂礼仪也成为人们需要掌握的技能和必备的素养。

1. 起名规范

微信名虽说是网名，但应遵循利于交往、利于记忆的宗旨起一个规范、高雅的微信名，而不可标新立异。

学习笔记

小贴士

加微信后的初次沟通，最好不用语音。语音沟通往往被认为更适合熟悉、亲近者之间的交流。

听微信语音最好戴耳机或将语音转换成文字形式阅读。

小贴士

微信不是法外之地，既要遵守相关的法律法规，又要坚守法律道德底线；转发内容，不要跟风发低俗内容或谣言。

2. 慎重加友

微信是较私密的通信工具，不可见人就扫一扫，特别是异性朋友，当主动提议对方婉拒时，不可再提及。

3. 时间时宜

把握好发微信的时间，太晚或太早，都有可能打扰别人的休息；不要在别人忙时聊个不停，如果聊天对方看到信息没有立刻回复或“晚点再说”，一是可能话题不感兴趣，二是在忙。

4. 慎用语音

发微信一般采用文字，尽量不用语音。文字表达直观，语音很多时候不方便听取，有时甚至会因为发音不标准或不清晰而让人产生歧义或误解。

5. 回复及时

微信与短信不同，需要在手机上网的前提下才能正常发挥功能，所以要随时保持微信的正常运行，以确保及时回复他人信息，因故未及时回复的要表明歉意。

6. 注意内容

一条就能说清楚的，不必用两条；表达要完整、准确，数字、标点要正确，不可通篇都是逗号、句号或叹号。发送前要确认好联系人，避免将内容发错对象，引起不必要的尴尬。对于重要事情的内容发过去没得到回复，应该主动电话联系以免误事。

7. 点赞恰当

不要盲目随意点赞，在点赞评论前要看清楚对方发的是什么内容，这是对他人的一种尊重。

8. 刷屏慎重

即使有太多希望和大家分享的内容，也应控制发朋友圈的数量，否则会遭到他人的屏蔽。

(四)设置铃声

时下个性化铃声的使用已成为一种社会时尚。多姿多彩的铃声给人们生活增加了色彩，也带来了许多不文明的现象。合乎礼仪地使用手机铃声，已成为现代文明的标志。

1. 区分场合

个性化铃声为生活增添了色彩，但使用应区分场合，在办公室和一些严肃的场合，若突然响起“汪汪”狗叫声，是非常令人尴尬的。如果确实喜欢用些个性化铃声，应适时将铃声调至振动。

2. 内容高雅

铃声内容应文明健康，在公共场所使用不雅、媚俗的铃声，不仅会让人觉得品位低下，而且会产生不良的社会影响。有些铃声易使人产生误解，还是不要使用为佳。

3. 符合身份

设置铃声，应注意与自己身份相匹配。过于个性化的铃声年轻人使用起来比较合适，年长者或者有一定身份的人使用，就会显得不伦不类，有损自我形象和组织形象。

4. 音量适中

铃声音量不能调得过大，以离开座位两米可以听见为宜。在公共场所，如医院、幼儿园、办公室等铃声过大会干扰和影响他人。

礼仪·小故事

“我不接，我就是不接”①

某公司与客户洽谈一笔重要业务，公司让方小姐负责与对方联络。有一天，客户想与方小姐公司的总经理见面，于是，他们拨通了方小姐的手机。可由于信号问题，客户连打五次都因为话音不清晰而被迫中断。每次重拨时，客户都从方小姐的手机中听到了“我不接不接就不接——”的声音。结果，这段方小姐钟爱的彩铃惹烦了客户，他们拒绝再与方小姐联系，一桩原本已经谈好的生意也就落入他人之手。公司领导一怒之下，也炒了方小姐“鱿鱼”。

点评：

设置个性化铃声，不能光考虑个人的喜好和时尚，还要注意使用的场合和对象。职场之人，铃声还是简单、庄重为佳。

(五) 慎用拍照

在使用手机的拍照功能时，应遵守社会公德。拍照应征得对方的同意，并要保护对方的隐私权，未经允许不得将照片转发给他人，甚至传到网络上使之传播。有“禁止拍照”警示的地方，如参观博物馆或观看特定的一些体育比赛等，应自觉遵守规定，切勿擅自拍照或摄像。

三、 网络礼仪

网络礼仪是人们在网上交往活动中表示尊重、友好的行为规范与准则。

随着互联网的日益普及，人与人的地缘相隔大大缩短，为人们提供了一个更广阔的交流、交友空间。虽然网络世界是虚拟的，但是生活在虚拟世界的人们却是真真切切的，因此通过自觉自律的礼仪行为，在网上营造一个和谐的交际氛围，是进行网络交流、沟通的根本保证。

(一) 基本原则

1. 互相尊重

网络把来自五湖四海的人们聚集在一起，网络的虚拟性，可在未见其人、未

① 裴培．职场礼仪与沟通技巧[M]．北京：科学技术文献出版社，2015：71.

学习笔记

闻其声的状况下进行交流。不要以为面对的只是电脑荧屏，而让自己的行为变得粗劣和无礼，要记住对方的存在。尊重对方的人格，尊重别人的隐私，不要随意评论对方的长相、智商、宗教信仰、生活方式和饮食习惯等。尊重，是网络礼仪的首要原则。

2. 诚信守法

诚实是做人之本。在未见其人的网络虚拟世界中，诚实更能体现一个人的品格与修养。网上购物要诚信，网络营销要守信，网上言论要合法，不要发布和传播虚假信息，不要转载、复制拥有版权的文字、图片和影像资料等。

3. 文明交流

网络是虚拟的空间，网上的言谈用语成为体现一个人品格修养与道德水平的唯一依据。网络交流方式很多，无论使用何种方式，都必须注意文明交流，不使用过火的词语和侮辱性的语言，不要恶意攻击、诋毁他人等。

4. 严守秘密

在网上，不要公开发布私人邮件；不要公开别人与你用电子邮件或私聊的记录，它是个人隐私的一部分；未经同意，不要公开他人的网名；如果不小心看到别人打开电脑上的电子邮件或秘密，不应到处传播。

5. 确保安全

使用网络要有安全自保意识。不要随便传递内部文件和信息，以免造成泄密；公用账户、私人密码不要在公众场合使用；要防范黑客、病毒，要谨慎对待不明电子邮件；对于有关部门发布的信息预警，要及时采取措施防范。

(二)电子邮件

电子邮件是信件的一种特殊形式，除了具有一般书信的礼仪要求之外，还有其特有的规范。

1. 规范撰写

电子邮件正文的格式与普通书信并无不同，邮件正文要简洁，用语要礼貌。注意结尾一定要署上自己或单位的真实姓名，不能用信箱名称。电子邮件必须写有标题，让收信人一看就知道来信的要旨。以发附件为主的邮件也要写有正文，否则会有失礼貌。

2. 讲究收发

在发邮件前，须用杀毒软件扫描文件，以免将病毒传染给对方。对于一些要求限时转发的连锁电子邮件应尽快删除，不得传播。发送较大邮件应先行压缩，以减少对他人信箱空间的占用。将一封信同时传给不同的收件人时，最好用“秘密抄送”方式传递。

3. 尽快回复

应当定期打开收件箱查看邮件，以免遗漏或耽误重要邮件的阅读和回复。一般应在收到邮件后的当天予以回复。如果涉及较难处理的问题，要先告诉对方你已收到邮件，来信处理后会及时给予正式回复。

4. 慎用大写

撰写英文邮件时不可全部采用大写字母，如果需要用大写来强调，应在被强调的词语或句子的两端用“ * ”标记，如 It is a * RAINY * day，还应在邮件的主题部分写明主旨，才符合礼仪要求。

学习笔记

（三）网上聊天

网上聊天已成为当今的热门话题。网聊既可以一对一地谈心，也可以群聊讨论问题。虚拟的社区、隐匿的身份、自由的言论，使网聊不仅给人们带来了畅所欲言的便利，也引发了许多社会问题。因此，强调网上聊天的礼仪，既是和谐交往的需要，也是社会文明的追求。

1. 来去有礼

在网上和人聊天时，进入聊天室应先问候“您好”“大家好”“很高兴认识您”等；离开聊天室时应打招呼“我要下线了，以后再聊好吗”“再见”等，千万不要来去自由。聊天时不必使用真名，可用表现自身特点的网名，但一旦确定，不宜频频更换，以便交流。

2. 平等待人

在网络上大家都是以普通网民（网友）身份出现的，人格是平等的。在聊天中，忌讳侮辱对方人格，绝不能进行人身攻击，尤其对异性网友更不能口无遮拦、出言不逊。一般不要追问涉及对方隐私的问题，如果有必要想知道对方的情况，应该首先把自己的情况告诉对方；如果对方不愿意回答，也不要继续追问。

小贴士

如果你很忙，就不要在线，可以设置一个忙碌或隐身状态。

3. 慎用网络用语

网络用语是指在网络上使用的非正式语言，它常由数字、字母、谐音等方法构成，深受年轻网民的喜爱，有的甚至进入了人们日常交流之中，如“GG”“MM”“斑竹”等。网上聊天时，适当地使用网络用语，可以张扬个性，使聊天更有趣味。但应根据对象和场合谨慎使用。如面对新手或老者，网络用语还是少用为妙，以免对方不解进而导致交流受阻；若聊天事关公务等严肃内容，还是规范用语较好，能体现交流的严肃性；一些带有黑话或色情的网络用语切忌使用，以维护网络用语的文明。

4. 表情得体

得体地使用QQ表情、图片、动漫等，可以使聊天图文并茂、情景交融、妙趣横生，尤其是自制的图片更能体现个性、展示品位。但是，在使用表情图片时，一定要注意选择适合话题、情景和气氛的图片。多使用祝福的表情图片；忌用带有侮辱性、低级下流的表情图片；表意不明、容易造成误解的表情图片也尽量不要使用。

(四)微博

微博，即微博客的简称，是一种基于网络的用户信息分享、传播以及获取平台。对话，是微博的基本形式。在微博之上虽然彼此互动不见其人，但微博上的一言一行，都能勾勒和展示每个ID用户的气质形象、品行涵养。

1. 遵规守法

微博是张扬个性的、自由的，但不可妨碍国家、集体和他人的利益。在微博上要记住“六不得”，即不得泄露国家机密，不得危害国家安全，不得制造民族、宗教分裂，不得涉及他人隐私，不得传播谣言，不得传播低俗下流有伤风化的东西，不得未经本人同意转载他人的文字、图像、音频或视频。

2. 文明高雅

发微博有字数限制，一般在140字内。微博的文字既要简洁明了、生动风趣，又要注意文明礼貌；不能信口雌黄，不可言语粗俗，更不可攻击他人和随意骂人。错别字、生字更要注意避免出现。对他人或事件的跟帖、评论要公正、客观，用词要文明，以理服人，切忌恶毒攻击、思想偏激走极端。

3. 礼尚往来

微博是一个网络社交平台，在微博上同样讲究礼尚往来，互相关注也是一种礼貌。如果别人关注你，你也应当适时回访，也关注别人，“互粉”才是礼貌的。

4. 态度友好

对关注微博、在微博下留言的网民，应报以真诚友好的态度，一视同仁，用亲切谦逊的语气口吻和认真严谨的态度与对方进行交流。

(五)视频通话

私信是微博上一种进行私密对话的功能。如果有一些敏感性问题不宜公开交流，那么不妨私信对方，同时要注意，如果没有必要进行私下沟通，那么尽量不以私信形式来处理，以免令对方产生反感。

随着移动互联网的发展，通过手机、电脑等实现面对面的视频通话已经屡见不鲜，并由于其便捷方便、节省费用，受到人们的青睐，在生活和工作中被广泛使用和采用。人们在进行视频通话时，除了注意传统电话礼仪的规范外，还应遵循视频通话礼仪规范。

1. 选择好通话时间

视频通话交流时，应注意通话时间是否适宜，在通话之前要考虑到对方是否可以接听、对方是否在休息。如果对方正忙于其他事务或者休息时应避免打扰。

2. 准备好通话设备(环境)

视频通话对设备和网络有要求，网络要畅通、电子设备(计算机、平电脑、手机等)要运转正常、图像要清晰等，这是视频通话顺利进行的保障；视频通话的环境也很重要，光线好、安静不受干扰的环境，是视频通话的有效保障。

3. 理清好通话内容

一般通话之前，最好给对方先发一个短信或者留言，一定要征得对方同意，

学习笔记

未经同意不能直接要求视频通话，尤其是异性之间。要提前准备好谈话的内容，尽可能言简意赅、谈明主题。特别是公事，最好能够简明扼要，每次通话控制在5～10分钟。

4. 塑造好通话形象

视频电话与传统电话最大区别是可以看到彼此的容貌。因此，人们在进行视频通话时，应讲究仪容仪表、表情举止，重视个人形象塑造。在整个通话过程中，一定要注意表情，应适当地微笑。

四、书信礼仪

"烽火连三月，家书抵万金。"书信是人际交往中最普遍、最古老的一种沟通方式。现代社会尽管电话、网络日益普及，但手写书信这种"带着体温的文字"因其情感表达的特殊性，仍是人们重要的社交工具。

作为社交的一种重要工具，书信在形式上有很强的礼仪性。无论是书信主体的书写还是信封的使用，都有一套完备的礼仪程式。

(一)信文礼仪

信文，也叫笺文、信囊，即写在信笺上的文字，是书信内容的主体。一般由称谓、问候、正文、祝词、落款等构成。

【例文】

亲爱的妈妈：

您好！近来身体还好吧！

开学已有一个月了。因为是新生入学，又是军训，又是专业介绍，因此一直也没有给您写信，请您原谅。

经过多年的努力，我终于圆了大学梦，成为一名大学生。现在，在梦寐以求的大学校园里学习和生活，我感到非常高兴。大学的生活充满了新鲜感、新奇感，这里有学识渊博的老师，有来自五湖四海的同学。我想，置身于这样的环境中，我一定能够学习到更多的知识，成长为一名有用的人才。

虽然学校离家很远，但我现在已经基本适应了新的生活。食堂的饭菜也很可口，这里的一切都很好，请您放心。

好了，就写到这儿吧，妈妈要注意身体噢！

此致

敬礼！

儿：浩宇

××××年××月××日于宿舍

1. 称谓

称谓是对收信人的具体称呼，第一行顶格写，后加冒号。称谓应遵循长幼有

序、礼貌待人的原则，要兼顾收信人性别、年龄、职业、身份及双方彼此关系。

2. 问候

问候是对收信人的问候，在称谓语后另起一行空两格书写。典型的是“您好”“节日好”等。为表尊重，问候一般不允许省去。

3. 正文

正文是书信的主体和核心内容，在问候语后另起一行空两格书写。根据实际需要，正文可分成数段。原则上，一段写一件事情，这样层次清晰，便于阅读。

4. 祝词

祝词是正文之后向对方表达良好祝愿的话。它依据对象、内容、场合、时令等具体情形选择词语，多采用专门的习惯用语，如“此致，敬礼”“祝学习进步”“敬祝安康”等。

敬语通常分为两部分，前部分可紧接着正文末尾，也可另起一行空前两格书写；后部分要顶格书写，即“此致”等词紧接正文末尾或另起一行空前两格书写，下一行顶格处用“敬礼”等词与之呼应。

5. 落款

信文最后要写发信人姓名和写信日期，即署名及时间。

署名应在祝词后，另起一行靠右位置。署名后可酌情加启禀词，对长辈用“拜上”，对同辈用“敬上”，对晚辈用“字”“白”等词。

署名之下写日期，可以写上×××年××月××日，也可以写××月××日或只写××日，还可以加上具体时间和写信地点，如9月6日晚7时于××。

6. 补遗

补遗是写完信后，发现有遗漏的内容，加以补充说明的话语，也就是附言。一般提行在开头处写“另外”“又及”“还有”等词语加以提示，再补写内容。补遗语独立成段，不宜过长，也不能随意穿插在信的中间。

（二）信封礼仪

> 小贴士
>
> 不宜用红色笔和铅笔写信，红字书信意味绝交，铅笔书信会让收信人认为你不尊重他，轻视他。

人们在邮寄信件时，用以装存、保护信笺的信封是必不可少的。信封上的文字，即封文，有严格的书写标准和规范，内容一般包括收信人的地址、姓名和寄信人的地址、姓名等。

1. 书写规范

(1)收信人地址、邮编

邮编写在信封左上方。邮编后面或下一行书写收信人地址，一般按省、县、乡、村或所在单位的顺序写。书写一定要准确，不得用简称、省略或简化形式。

(2)收信人姓名

信封中部写收信人姓名(或单位名称)，字号要略大些。姓名之后空一两格写

“同志”“先生”“女士”等称谓，之后加上“启”“收”等敬辞，字号要略小些。称谓是写给邮递员看的，千万不能使用寄信人对收信人的私人关系称谓或收信人的行政职务，如“×× 父亲收”“×× 局长收”等。

(3)寄信人地址、邮编

信封右下方写明寄信人地址和邮编，要准确、清楚，信件若出现情况便于退信。有时为表礼貌，也可在地址之后加上姓名和“谨缄”“缄”等敬辞。

(4)邮票

邮票贴在右上角，注意贴紧；若需多枚邮票，可贴在信封背面。

学习笔记

礼仪·小看板

传统书信礼仪：“自谦而敬人”①

中华民族是礼仪之邦，人们相互通信来往，既讲究修辞、文法，又讲究礼仪。

书信中以敬称称呼对方表明尊重。可用古代的爵称，君、公等，也可在称谓前加敬字。比如，对于一些我们非常敬仰的、有一定学术地位的长者，一般都称为某公。

书信中绝对不能出现我、你、他字样，如果非要用就需要用一些词代替。如“你”可以称为某某仁兄、某某砚兄或阁下。在信中称自己应该为在下、小弟。信中的“他”应该用“渠”来代替。

古人“自谦而敬人”的做人原则在书信中表现为对别人用敬称的同时自己用谦称。如称自己给别人的东西应该用“菲”“芹”“寸”“薄”。如薄酒一杯，聊表芹献。请他人吃饭叫作“略具菲酌”。

信的正文中，在称谓自己的亲属时应使用谦称。过去有“家大舍小令外人”的七字诀，也就是如何称呼别人以及自己。如称谓比自己辈分高或年纪大的亲属时可冠以“家”字。称自己的父亲为“家父”，称自己的母亲为“家母”。“舍小”就是当着别人称呼比自己辈分小或年龄小的家里人的谦称。如“舍弟”等。而愚、鄙、敝、拙也常用于自称，如“愚兄”“鄙人”“敝姓”“拙见”。

敬辞则用在称呼对方及和对方有关的人和事上。对尊辈、平辈或晚辈可用“贤”字，如称对方为贤家、贤弟；敬称别人的亲属或事物则用“高”字。如高堂、高就、高论。称老人的年龄(多指六十岁以上)为高龄，而高寿则用于问老人的年纪，高足用于称呼别人的学生；用于对方对待自己的行动则可用“雅”或者“惠”。如称对方的指教为雅教、雅正。称别人的光临为惠顾，而称别人的赠送则说惠赐、惠赠。称别人写来的书信为惠音。人家的指点则是惠示或惠教。

书信结尾时，要用“即颂近安”“祝你进步”之类祝词对收信人表示祝愿。如对文人学士，用“道安”“撰安”“文安”等；对医家可用“诊安”“壶安”等；对政界使用“政安”“勋安”“升安”等；对教师可用“教安”“教祺”等。

2. 托交有礼

托人转交的信件，信封一般不封口或由受委托人封口，以示礼貌，如捎信人

① 葛奇峰．传统书信礼仪[J]．中华活页文选，2017(10)：21.

熟悉收信人的地址，信封上就不用再写地址，只写“烦交”“面交”“送交”“呈交”即可；如果不熟悉，应把详细地址写上。信封中间写收信人姓名，信封右下角写“×××托”或“×××拜托”。

小贴士

不要用公家信封信纸写私人信件，这不仅是礼仪要求，也是品格修养的表现，还是国际通行的惯例。

（三）折叠礼仪

一般信笺的折叠是文字向外，顺折向上，能让收信人拆信后，抽出信笺就看见自己的名字。文字向内的折法，一般是凶信折法，写文言文书信，寄给谙熟古人礼仪的人时切忌这一折法。信笺不要乱折，也不必上缠下绕，边角对插，过分神秘。

礼仪·小看板

信纸的折叠①

以低示己法：先将信笺三等分纵向折叠，再将其横折，使其两端一长一短。意在表示谦恭之意，俗称“磕头信”。

外露姓名法：在折叠信笺时，有意将收信人姓名外露。此法可使收信人产生亲切之感。

公函折叠法：先将信笺纵向对折，再在折线处往里卷折1～2厘米宽，最后将其横向对折。多用于因公通信。

随意折叠法：将信笺先横向对折两次，然后再将其纵向折叠到可以装入信封的长度。多用于日常通信之时。

学习笔记

单元4 场所礼仪

场所是公众进行工作学习、文化娱乐、游览社交等社会活动以及满足生活需求所使用的一切公用建筑物、处所及其设施的总称。场所是礼仪行为最重要的背景，是反映一个国家、民族物质条件和精神文明的窗口。

一、学校礼仪

学校是教书育人的专门场所，礼仪教育是德育、美育的重要内容。学生是教育的主体，因此，学生的行为规范是学校礼仪教育最为重要的部分。学生在课堂上，在活动中，在与教师和同学相处过程中都要遵守一定的礼仪规范。

（一）教室礼仪

教室是学生学习的场所，学生每天大部分时间都是在教室里度过的。优雅的教室环境、浓郁的学习氛围，有利于教师愉快地授课，学生轻松地吸收知识营养。

① 王丽娜．中国民俗文化精粹第1册礼仪节俗图文珍藏版[M]．北京：线装书局，2016：188．

1. 环境整洁

清洁教室环境。教室窗明几净，课桌椅摆放整齐，讲台清洁，黑板干净，课表贴放规范，黑板报位置固定。保持环境卫生。不乱涂乱画，拒绝课桌文化，不带食物进入教室，不在教室抽烟和乱扔果皮、纸屑，不随地吐痰，不可用脚踩踏墙面。杜绝将梳子、镜子、指甲剪、手机、饭盒等物摆放在课桌或窗台上。

2. 保持安静

教室是学习的地方，无论是上课时间还是课余自习时间，都应尽量保持安静。出入教室要轻声开关房门，走路、放置东西要轻，与同学交谈音量适当，不可大声吵。

3. 仪表端庄

学生进入教室要面容清洁，头发整齐；衣着整洁，端庄大方。男同学不要胡子拉碴，女同学不可浓妆艳抹；男同学夏天不能穿背心、拖鞋到教室，更不能敞胸露怀，女同学不可穿着过于紧小、透视和裸露，奇装异服和奢华高档服饰都不符合学生身份和学习场所。

4. 举止得体

进入教室时，不要用脚踢门，也不要倚门；进入教室后，无论是坐、还是站立行走都要严格要求自己、按照礼仪规范去行事；在教室内，应轻声慢步，保持安静，不能大声喧哗，追逐打闹。

(二)课堂礼仪

学生上课是学、思、习、行结合的学习过程。遵守课堂纪律，言谈举止规范，学习态度积极，既是对教师辛勤劳动的尊重，也是学生最基本的礼貌。

1. 上课

预备铃响之前，学生应进入教室；铃声一响，应端坐在教室，恭候老师。当老师宣布上课时，全班迅速肃立，向老师问好，待老师答礼后，方可坐下。若因特殊情况迟到了，应先轻轻敲门，得到允许后，方可进入教室，并快速、轻步地走向自己的座位；坐下时，轻拿书包和课本，不要发出太大的响声或做出滑稽的举动，尽量减少对课堂秩序的影响。

2. 听讲

课堂上，要认真听老师讲解，注意力集中，独立思考，重要的内容应做好笔记。提问或回答问题时，应先举手，老师允许时方可发言；发言时，身体立正，态度大方，声音清晰，用语标准。若对教学有异议，最好课下单独找老师交换意见，共同探讨，要做到态度诚恳、语言谦敬、方式得当。

礼仪·小故事

给老师纠错[①]

例一：同学们在安静地抄笔记。突然，一个同学喊道：“老师，你写错字了！”教室的宁静顿时被打破，大家开始七嘴八舌，再也没有心思上课了。原来由于老师笔误，将“帮助”写成了“帮帮”。这一声喊叫，使得这堂课一直乱到下课。

例二：老师在礼堂作报告，其中有句话说“竹竿都是圆的”。有位同学悄悄写了张条子传上去。老师看了，很乐意地纠正说：竹竿大多是圆的，但也有方竹和扁竹，老师还当场感谢和表扬了这位同学的指正。

点评：

“人非圣贤，孰能无过。”老师在教学中出错时，学生应选择适当的时间和场合，采用适当的方式，以商议的语气、谦和的态度指出，不能使老师当场难堪。

学习笔记

3. 下课

下课铃响时，若老师还未宣布下课，学生应安心听讲，不要忙着收拾书本，或把桌子弄得乒乓作响，这是对老师的不尊重。下课时，全体同学须起立与老师互道“再见”，待老师离开教室后，学生方可离开。

4. 着装

课堂上，学生要衣着整洁、端庄大方，不能赤脚、穿拖鞋或背心上课，更不能袒胸露怀。奇装异服和奢华高档的服装都不符合学生身份和教学场合。

（三）尊师礼仪

“师者，所以传道授业解惑也。”尊师重教是中华民族的优良传统，也是每一位大学生应有的美德。

1. 称呼得体

学生见到老师应主动称呼，如“张老师”，也可称其职务或职称，如“王主任”“史教授”等。学校的行政人员，如果不清楚他的职位，也可称其为“老师”，从广义上讲，学校工作人员都是老师。

2. 行为有礼

遇见老师，应微笑致意，主动问候；若相遇在楼梯口、教室门口或狭窄的通道，应侧身让老师先行。进入老师办公室，应先敲门，允许后方可进入；离开时，应礼貌告辞。与老师交谈时，老师若没有示意，学生不可坐下。在老师工作、生活的场所，不可随便翻动老师的物品。学生对老师的相貌和衣着不应指指点点，评头论足，要尊重老师的习惯和人格。

① 李荣建．礼仪训练[M]．武汉：华中科技大学出版社，2015：88.

礼仪·小故事

曾子避席①

曾子是孔子的弟子。有一次他在孔子身边侍坐，孔子就问他："以前的圣贤之王有至高无上的德行、精要奥妙的理论，用来教导天下之人，人们就能和睦相处，君王和臣下之间也没有不满，你知道它们是什么吗?"曾子听了，明白老师是要指点他最深刻的道理，于是立刻从坐着的席子上站起来，走到席子外面，恭恭敬敬地回答道："我不够聪明，哪里能知道，还请老师把这些道理教给我。"

"避席"是一种非常礼貌的行为，当曾子听到老师要向他传授知识时，他站起身来，走到席子外向老师请教，是为了表示对老师的尊重。尊师不是一句口号，而是体现在我们点滴的行动中，体现在良好的行为习惯上。

3. 听从教诲

学习笔记

"教不严，师之惰。"为了培养学生成为有用之才，老师经常会对学生的缺点、错误进行批评教育。对老师的批评教育，学生要理解并虚心接受，不要表现出不耐烦的举动，更不能扭头就走。如果老师话语过于激烈或批评有误，不要直接与老师发生正面冲突，注意维护老师的威信和自尊，可在事后心平气和地向老师做出解释，达成谅解。

4. 不忘师恩

"一日为师，终身为父。"凡是教过自己的老师，不管他是名人还是普通人，都要一视同仁，永远记住他们。作为学生，不管身份、地位如何变化，要明白在老师面前永远是学生。有时间、有条件常去看看老师，逢年过节给老师打个电话、寄个贺卡问候一下；尤其是教师节，捧束鲜花、带点儿纪念品慰问一下老师，这些都会令老师感到格外欣喜和安慰。

礼仪·小故事

她是我的老师②

1932 年，华沙镭学院研究院举行落成典礼。镭的发现者居里夫人接受了祖国的邀请，到华沙参加开幕仪式。这天，总统及许多著名人物都簇拥在居里夫人的周围。在典礼快要开始的时候，居里夫人忽然从主席台跑下，来到一位坐在轮椅上的白发苍苍的老妇人身边，弯下腰，深深地吻了吻她的两颊，随后推着她走向主席台。原来这位头发斑白的老人就是居里夫人小学时的老师，她已经

① 周爱农．成长训练营100个故事助你懂礼貌[M]．郑州：河南科学技术出版社，2013：17.

② 韦克贤，路远．科学家小故事[M]．哈尔滨：黑龙江科学技术出版社，1986：100.

80多岁了。在场的所有人都被这一幕感动了，会场上响起了经久不息的掌声！幸福的泪水流过老人的双颊。

点评：

一个人无论取得多么值得骄傲的成就，都应当记住自己过去的老师，是他们为自己的成长播下了最初的种子。

（四）同学礼仪

学习笔记

同学之间朝夕相处，情同手足，这样的感情真诚纯洁，是每个人一生中最美好的情感之一，令人难忘。要想获得真挚的友情，同学之间应该互相关心，互相尊重，以礼相待。

1. 互帮互助

“我为人人，人人为我。”同学间应互相关心、互相帮助，才能建立和谐友爱的关系。当同学有困难或有求于你时，我们应主动伸出援助之手。对于同学遭遇的不幸、偶尔的失败、学习上暂时的落后等，我们不应嘲笑、歧视，而应给予热情的帮助。借用同学学习和生活用品时，应先征得同意后再用，用后应及时归还，并要致谢。

乐于助人是美德，但给予同学帮助时，要明辨是非。合情、合理、合法的事，可尽力而为，量力而行；若是违法违纪的事，就不能同流合污。

2. 尊重人格

同学间要平等相待，互相尊重。彼此间可直呼其名，但不能用“喂”“哎”等不礼貌用语称呼同学；有求于同学时，需用“请”“谢谢”“麻烦你”等礼貌用语。对同学的相貌、体态、衣着不要评头论足、讥笑，或起带侮辱性的绰号，甚至嘲笑同学的生理缺陷，这是很不道德的行为。同学间开玩笑应讲究分寸，不提及对方的短处和痛处。注意约束自己的“好奇心”，不打探、传播同学的隐私，未经许可，不翻看别人的日记和信件。尊重他人，就是尊重和保护别人的隐私权，尊重别人的人格。

3. 宽以待人

“己所不欲，勿施于人。”同学间和谐相处，宽以待人是一剂良方。每个人都有自己的长处和短处，宽容就是多看别人长处，少看别人短处，学会包容他人。要避免无谓的争吵，不要将自己的观点、情感和自尊心强加于人，宽容就是允许别人有行动和表达的自由。每个人的性格、经历、生活习惯各不相同，宽容就是站在对方的立场思考，理解、尊重他人的生活习惯。学会宽容，才能受人欢迎，收获友情。

礼仪·小故事

沙与石①

有两个朋友在沙漠中旅行，在旅途中他们吵架了，一个还给了另外一个一记耳光。被打的觉得受辱，一言不语，在沙子上写下："今天我的好朋友打了我一巴掌。"他们继续往前走，到了沃野，便决定停下。不幸的是，被打巴掌的那位落入河中差点淹死，幸好被朋友救起。被救起后，他拿了一把小剑在石头上刻下："今天我的好朋友救了我一命。"一旁的朋友好奇地问："为什么我打了你以后，你要写在沙子上，而现在要刻在石头上呢？"这个人笑笑说："当被一个朋友伤害时，要写在易忘的地方，风会负责抹去它；相反，如果被朋友帮助，我们要把它刻在心灵的深处，那里任何风都不能磨灭它。"

点评：

朋友的伤害往往是无心的，帮助却是真心的，忘记、宽容那些无心的伤害，铭记那些真诚的帮助，你会发现这世上有很多真心的朋友。

（五）宿舍礼仪

学习笔记

宿舍是同学们在学校的生活场所，是同学们共同的"家"。在这个共同生活的集体里，同学间相处得好坏，直接影响到同学们的人际关系以及学习状况。

1. 遵守制度

为了维护集体生活秩序，大家要遵守宿舍作息制度。按时起床、就寝，上下床动作要轻，娱乐时不要高声大叫，注意节制，不要太晚，以免影响他人休息。

2. 讲究卫生

注意维护公共卫生，保持寝室内外整洁，经常打扫寝室。被褥叠放整齐美观，个人生活用品保持干净，放置有位；脏衣、脏袜等及时清洗，不乱丢乱放；宿舍内外不应乱写乱画，以免污染环境。爱护宿舍里的公共设施，节约用水、用电，损坏的设施要主动赔偿。

3. 注意安全

进出宿舍门口，不要拥挤；不要轻易带外人进入宿舍，更不能随意留宿外人。严禁私安、私接电源和使用超功率电气设施。

4. 串门有礼

在接到同学相邀，或得到其他寝室同学允许时，才可串门。不要选择在多数同学处理生活问题的时候去，更不能熄灯后去。进门后，应主动向其他同学打招呼，只能坐在邀你的同学铺位上，不可随处乱坐。不乱翻、乱用别人物品，说话要轻，时间要短，以免影响其他同学。到异性同学寝室去，需注意得到该室同学

① 羽玲．每天给孩子一个成长故事妈妈我最棒[M]．哈尔滨：黑龙江科学技术出版社，2016：91－92.

允许后方可进入，而且要谈吐文雅，逗留时间不宜过长。

5. 接访热情

接待亲友或外人来访时，自己应先向室内的同学打招呼。入室后，应主动为同学做介绍，如果是异性亲友或外人来访，自己更要先打招呼，说明情况，在同室人有所准备之后，方可进入。同室同学也要主动热情、礼貌待人，这样既尊重了来人，也尊重了同学。

午休或晚上休息时间，不宜在宿舍接待来访，以免影响其他同学休息。

（六）升旗礼仪

国旗是一个国家的象征，升降国旗是进行爱国主义教育的一种方式。升旗时，全体学生应列队整齐排列，面向国旗，肃立致敬。当升国旗、奏国歌时，要立正，脱帽，行注目礼，直至升旗完毕。升旗是一种严肃、庄重的活动，一定要保持安静，切忌自由活动，嘻嘻哈哈或东张西望。

（七）图书馆礼仪

图书馆是同学们查阅资料、进行自修的公共学习场所。为了创造一个良好的阅读环境，就要遵守图书馆的规章制度和相应的礼仪规范。

1. 保持安静

进入图书馆要保持安静，走路要轻，不要大声说话、高声谈笑；阅读时，应轻拿、轻放、轻翻阅，不要影响别人。

2. 维护秩序

借阅图书时，应依次排队，循序进入；不占位子，也不能利用空座躺卧休息。保持卫生，不吃零食、不吸烟。遵守秩序，服从管理。

3. 爱护书籍

爱护图书，不可折页、撕页或涂画；开架图书，阅毕送回原处；有用的资料可以抄下来或拿去复印，“开天窗”或窃为己有，都是不道德的行为。借阅图书要按时归还，不要迟迟不还甚至占为己有，这是缺乏社会公德的自私表现。

礼仪·小看板

“噪声警察”①

为营造良好的读书环境，新加坡发起“图书馆礼仪运动”，在图书馆里新增“噪声警察”，他们将提醒图书馆里的人关掉手机或避免大声喧哗，以维护图书馆宁静的阅读环境。在每天最繁忙的时间，共有十多位志愿者巡逻在新加坡的6个图书馆里。这些志愿者小声提醒那些用手机通话或大吵大闹的人保持安静，有时他们仅写个“请替别人着想”的纸条递过去。这些志愿者没有权力罚款或命令吵闹者离开图书馆，但那些被提醒的读者大多诚恳地表示歉意。

① 程亚男．流动的风景图书馆之旅[M]．北京：北京图书馆出版社，2006：185.

学习笔记

(八)校内公共场所礼仪

学生应该自觉保持校园整洁，不在教室、楼道、操场乱扔纸屑、果皮，不随地吐痰，不乱倒垃圾，不在黑板、墙壁和课桌椅上乱涂、乱画、乱抹、乱刻，爱护学校公共财物、花草树木。自觉将自行车存放在指定的车棚或地点，不乱停乱放。在食堂用餐时要排队礼让，不乱拥挤，要爱惜粮食，不乱倒剩菜、剩饭。

二、公共场合礼仪

公共场合是指商店、街头、景点、车站、博物馆等人人可去的地方。公共场合礼仪就是指人们在公共场所约定俗成地表示尊重、维护和谐的规范和准则。它是社会公德的体现，是使用频率最高的礼仪。

(一)交通礼仪

随着人们生活水平的提高，乘坐车、船、飞机的机会越来越多，私家车也越来越普及。乘坐这些交通工具时，应当遵守相应的礼仪规范，这样才能出行有序，出行愉悦。

1. 乘坐公交车

(1)上下有序

车到站时，自觉从规定车门排队上下，不可自恃强壮强行挤撞。一般情况下，遇有老人、孩子或行动不便者，应主动给予帮助。若提大件物品，注意尽量避免撞到他人。下车前要提前做好准备，尽量往车门靠近，若离车门较远，可礼貌地请其他乘客让一下或调换一下位置。

(2)主动礼让

上车后应尽量往里走，不可堵在车门口。避免坐老幼病残孕专座，遇到老人、孕妇等需要帮助的人，应主动让座，不可熟视无睹或假装不知。

(3)注意卫生

不在公交车上吸烟、吃带壳的食物；不往地下、车窗外吐痰或乱扔废弃物；咳嗽、打喷嚏时要用手挡住，防止细菌传播；有气味、易污染的东西包装好，以免弄脏他人，影响车内环境。

(4)举止文明

车内空间狭小，注意自己的行为举止不要妨碍他人。站立时，应手扶把手，保持端正的站姿，双脚叉开不要过大(尤其是女性)；坐下时，不跷“二郎腿”，不把腿顶在前排椅背上，或伸到前排座位下。在车厢内不要大声喧哗，接电话降低音量；忌打赤膊或穿拖鞋、背心上车。恋人之间不宜过分亲昵，会有失端庄。

2. 乘坐火车

乘坐火车应遵守的礼仪规范，除了上下有序、注意卫生、礼让他人、举止文明等之外，考虑到乘车空间有别、时间较长，还要注意遵守以下行为规范。

小贴士

下雨天乘车，在上车前应把雨衣脱下叠好，雨伞折拢，伞尖向下，以免戳伤或弄湿他人。

(1)对号入座

找准车厢，对号入座。放置行李相互礼让，少占空间，与人方便。

(2)言谈有度

与人交谈时，不可打探别人隐私，不谈论不健康、不文明的话题；对方如无交谈意愿，不可勉强；注意不要轻易把自己的情况透露给他人。身边的乘客休息时，不要大声谈笑。

(3)注意形象

未经允许，不随便拿别人的书报看。晚间出入卧铺车厢，如遇别人宽衣就寝，应在走廊小候片刻；自己脱衣就寝时，应背对他人。女士不可当他人之面化妆或整理衣裙。到达目的地后，收拾好行李，向其他乘客礼貌道别。

小贴士

乘坐客轮时，不要在船头挥动丝巾或晚上拿手电乱晃，以免被其他船误认打旗语或灯光信号。

3. 乘坐客轮

(1)注意安全

乘坐客轮时，要有安全意识，风浪大时做好防备，防止摔倒；甲板上，不可四处追逐；带孩子的乘客要看住自己的孩子；吸烟的乘客要避免火灾；客轮上的电气设备，绝对不可随意触动。

(2)交际有度

船上的服务设施齐全，餐厅、阅览室、娱乐室、歌舞厅等可供就餐或消闲，也可以去甲板散步。如邀请其他乘客一起娱乐，一定要征求他人同意，不可强求。若房中其他乘客出门，不要好奇去翻动同房乘客的物品。

小贴士

乘飞机携带行李尽可能轻便，随机托运行李时尽可能将几个小件行李集中放在一个大袋中，这样可以节省时间，又避免遗失。

4. 乘坐客机

(1)提前到达

乘坐飞机至少需要提前1小时到达机场(乘坐国际航班还应留出更充裕的时间)，以便从容地托运行李，检查机票、身份证和进行安全检查等。为了避免在安全检查中耽搁时间或出现不快，应将带有金属的物品装在托运的行李中。

(2)与人方便

登机后，放好行李，对号入座。不可在通道上逗留，妨碍他人。飞行中，注意坐卧姿态，不给他人带来不便。放低椅背时，先告知后排的人；不跷“二郎腿”，以免碰撞前排座位；推回托板时动作要轻。如果坐在靠通道一侧，有义务帮助内侧乘客传递饮料或餐盘等物品。

(3)注意安全

起飞前，应认真听取乘务员示范如何使用降落伞、氧气面具和紧急出口等。起飞和降落时，应系好安全带。航行中，不可在通道停留、交谈或奔跑。登机后，应主动关闭手机等无线电设备，并遵守“请勿吸烟”的禁令。同时，不可乱动飞机上的安全用品及设施。

(4)尊重空乘

上下飞机时，对乘务员的迎送问候有所回应。飞行中，除了递送饮料食物，乘务员会尽量满足你其他合理要求，如送杂志、毛毯、常备药物等，你可按呼唤按钮或向乘务员招手示意，但不宜大声喊叫。接受服务后要礼貌致谢。

5. 驾乘轿车

(1)乘坐

小贴士

乘坐火车、客轮和飞机时，卫生间是男女合用的，乘客应排队依序使用。入内要尽量少占时间，要保持卫生间的清洁。

礼让上座。陪同客人乘坐轿车时，主人应先打开车门，以手挡住车门上框，把客人引导到上座就座；下车时，主人先下，绕过车后协助客人下车。

交谈得体。车上交谈，一般不涉及车祸、劫车、凶杀、死亡等使人晦气的话题，也不谈论隐私性内容以及一些敏感且有争议的话题。

举止文明。不在车内吸烟、脱鞋、赤脚，女士不在车内化妆。不要在车内乱吃东西、喝饮料，不在车内吐痰或向车外吐痰，更不要向车窗外扔东西。

注意安全。乘坐轿车时，不同司机谈天，也不对司机的驾驶技术说三道四。上下车、开关门时，要先看后行，以免贸然开门，伤及路人。

(2)驾驶

学习笔记

遵守交规驾车时应把安全放在首位，遵守交通法规是开车的基本礼貌，还要注意仪表言行文明。

礼仪·小看板

乘坐出租车的礼仪要求①

路边招停，以不影响公共交通为宜。

上车时，年长者或女士先上；下车时，年轻者或男士先下。

保持车内卫生，不往车外吐痰、扔杂物，应将痰吐在纸巾里，下车时随其他杂物随身带走。

在没有禁止吸烟的车上，如要吸烟，应征得司机同意，不可将烟灰弹落车内，不将烟蒂扔到窗外。

注重形象。驾车时不仅要保持车身的干净，驾车者自身也要仪表整洁，不宜光着膀子或穿着过于暴露的服装。车窗是透明的，驾驶室并非个人私密空间。

言行有礼。不要朝别的驾车人大喊大叫，尤其对新手应给予理解和宽容；应耐心等待行人过马路，切勿跟行人抢道；喇叭在最需要的时候按一两声即可，千万不要不分场合长按不止。

① 陈营．社会常识全知道[M]．长春：北方妇女儿童出版社，2014：214.

学习笔记

(二)游览礼仪

旅游观光，是一项文明而健康的休闲活动。游山玩水中，举手投足间，讲究文明游览是每一个旅游者应有的素养。

1. 观光

(1)爱护环境

名胜古迹是大自然的恩赐，是民族文明的标志，一旦被毁就不可再生，因此应珍惜爱护旅游景点的一草一木、一砖一瓦。攀折花木、踩踏草地、乱涂乱画、随意拍摄、触摸文物、投掷动物以及大声喧闹、随地便溺、乱丢垃圾等，都是破坏环境、有违公德的不文明行为，恶劣者还会受到法律的严惩。

(2)礼让他人

观光中，游客间要谦敬互让。景点拍照不争抢，请人帮忙应致谢；对待老幼妇孺要主动让道、让座，乘车、乘船时多予照顾；游览时不与人争执，冒犯他人及时道歉。人人以礼相待，旅途自然愉悦。

(3)健康娱乐

旅游过程中，要选择健康、高雅的文化娱乐活动，自觉抵制色情、赌博等非法旅游项目。注意个人形象，行为举止不伤风化，所到之处入乡随俗，做一个文明礼貌的旅游者。

小贴士

随团旅游，一定要听从导游的安排，应征得同意后方可离队。自由游玩时要注意准时归队，以避免让全队等待，耽误大家的时间。

礼仪·小看板

中国公民国内旅游文明行为公约①

1. 维护环境卫生。不随地吐痰和口香糖，不乱扔废弃物，不在禁烟场所吸烟。

2. 遵守公共秩序。不喧哗吵闹，排队遵守秩序，不并行挡道，不在公众场所高声交谈。

3. 保护生态环境。不踩踏绿地，不摘折花木和果实，不追逐、投打、乱喂动物。

4. 保护文物古迹。不在文物古迹上涂刻，不攀爬触摸文物，拍照摄像遵守规定。

5. 爱惜公共设施。不污损客房用品，不损坏公用设施，不贪占小便宜，节约用水用电，用餐不浪费。

6. 尊重别人权利。不强行和外宾合影，不对着别人打喷嚏，不长期占用公共设施，尊重服务人员的劳动，尊重各民族宗教习俗。

7. 讲究以礼待人。衣着整洁得体，不在公共场所袒胸赤膊；礼让老幼病残，礼让女士；不讲粗话。

8. 提倡健康娱乐。抵制封建迷信活动，拒绝黄、赌、毒。

---

① 谢建宏．礼在你身边[M]．青岛：中国海洋大学出版社，2017：35.

2. 住宿

(1)内外有别

客房是客人临时之家，可穿家居之服，但走廊等旅店公共场合不可随意着装，或穿着睡衣。若约好客人在下榻饭店的客厅洽谈业务，应遵守日常的待客礼仪。

> 小贴士
>
> 不要在客房之内会晤来访的人士，尤其是会晤异性来访者。一般情况下，饭店的前厅或咖啡厅，是会客的理想去处。

(2)文明入住

开关房门，用力要轻。与别人合住，要保持安静，不要在房间里或走廊上喧哗，以免影响他人休息。休息的时候可以打开"请勿打扰"的标志灯，或在门外挂上"请勿打扰"的牌子。到别的房间找人，不要唐突闯入，应礼貌敲门，经许可再进入。

礼仪·小看板

洗手间——私密空间净雅静①

1. 不论男士还是女士，在洗手间被占用的情况下，后来者必须排队依次使用。
2. 有的洗手间采用封闭的门扉，进去时，先敲一下门，确认没人再进去。
3. 当用完厕所以后，应主动放水及时冲洗，并关好水龙头；若怕冲水时手被污染，则不妨用卫生纸包住冲水把手。纸巾千万别顺手扔入马桶中，以免造成马桶堵塞。
4. 使用时要关门；使用完毕，不必把厕所门关好，留下一些缝隙，让后来者不需要猜测就可知道是空的。
5. 洗完手后不要挥动双手，把地板弄湿，应用纸巾把手和弄湿的洗手池台面擦干净再离开。
6. 不要随手拿走或乱拉乱用洗手间的手纸。
7. 洗手间里一般不适宜与人交谈，不要长时间阅读，不可吸烟和向别人让烟。遇到熟人，只需点头致意或悄声招呼即可。
8. 走出洗手间前，应把衣饰整理好。不要一边系着裤扣或者整理着衣裙一边往外走，显得很不雅观。

请记住，卫生间绝不是一个社交场所，不要在里面大声谈笑！

(3)安全第一

进入客房后要查看一下窗户和侧门是否锁好。旅行期间，贵重物品随身携带，钱财、照相机、文件等应锁在旅店的保险箱里。在屋内的时候，把门关好并上好锁；开门前先问一声，或从窥孔看一下来人是谁。睡觉前，应将防撬链扣挂好。

(4)爱护设施

旅店客房内的桌、椅、灯具、电视、空调，以及卫生洁具、浴具等设施，使

① 张金豹．阳光阅读礼仪讲堂[M]．南京：江苏凤凰教育出版社，2016：78.

用时应爱护。如不慎损坏应主动赔偿，故意破坏房内物品或损坏了物品不声不响，甚至把房内不属于自己的东西随意拿走等都是违背社会公德的不文明行为。

(5)保持卫生

废弃物应投入垃圾桶内，也可放到茶几上让服务员来收拾，千万不要扔进马桶里，以免堵塞马桶，影响使用。吸烟者不要乱弹烟灰、乱扔烟头，以避免烧坏地毯或家具，甚至引起火灾。出门擦鞋应用擦鞋器，用枕巾、床单擦鞋是不道德的行为。

小贴士

入住旅店，进入客房后应先阅读房间门后消防逃生路线图，熟悉所在房间的位置和紧急出口以及安全通道的所在，以防万一。

相关链接

党的二十大报告提出，弘扬诚信文化，健全诚信建设长效机制。诚信是职场成功的重要品质。

礼仪·小看板

中国公民出境旅游文明行为指南①

中国公民，出境旅游；注重礼仪，保持尊严。
讲究卫生，爱护环境；衣着得体，请勿喧哗。
尊老爱幼，助人为乐；女士优先，礼貌谦让。
出行办事，遵守时间；排队有序，不越黄线。
文明住宿，不损用品；安静用餐，请勿浪费。
健康娱乐，有益身心；赌博色情，坚决拒绝。
参观游览，遵守规定；习俗禁忌，切勿冒犯。
遇有疑难，咨询领馆；文明出行，一路平安。

学习笔记

三、职场礼仪

在当今竞争激烈的社会中，能找到一份适合自己专业和兴趣的工作是一件令人羡慕的事。而要想“职”在必得，除了要有真才实学外，还需要掌握一定的交往沟通技巧和求职礼仪。

(一)求职面试礼仪

“工欲善其事，必先利其器。”每个人都想谋得一份好的职业，要想应聘获得成功，求职应聘前的各项准备工作必须精心做好。

1. 求职前的准备

(1)知己知彼

应聘之前，应通过各种途径了解招聘单位和应聘职位的情况，单位名称的准确读音和写法应明确；单位的性质、经营状况、经营规模、公众形象、行业地位、发展规划等要清楚；单位的工作条件及收入水平要明白。对应试单位情况了解越多，就越会明确自己的努力方向，面试时就越有把握。

应聘之前，应了解自己的长处、兴趣、人生目标、就业方向等，明确自己的

① 谢建宏．礼在你身边[M]．青岛：中国海洋大学出版社，2017：35.

缺点和短处，参考家人及有社会经验师友的建议，在客观、全面、深刻的自我分析与认识的基础上，根据职业倾向选择一个适合自己并能实现自我价值的职业和单位来应聘，以便在面试时能够扬长避短，成功应聘。

(2)资料完备

求职应聘，为了让对方全面了解自己的情况，求职资料的准备是必不可少的，如就业推荐表、求职信、个人简历、各种证书等，其中最重要的就是求职信和个人简历。

求职信是向用人单位进行自我推荐的一种专用书信，又称自荐信、求职报告或求职申请书等。主要用来表达个人愿望与求职意向，重点是介绍自己的情况，证明自己的能力，以引起用人单位的兴趣。

态度诚恳。求职信既要表现出对所求职位的渴望，又要表现出胜任这份工作的自信，所以态度要恳切。求职信中可适当用一些谦辞、敬语，诸如“恳请”“敬请”“您”“贵公司”等。

实事求是。即真实可靠地说明自身的实际情况，如实地写出想从事某项工作的条件和原因，但应避免假、大、空描述，更不可无中生有、自吹自擂，以致弄巧成拙。

突出重点。求职信要充分展示自己的特点和突出自己的优势，包括专业知识、工作经历、自身特长等。针对不同类型的应聘单位，使用不同的表述内容和方式，尤其要突出自己符合应聘职位要求的与众不同的一面。

附件齐备。求职应聘前准备的各种证明材料要附在求职信的后面，应根据职位的需要，有重点、有选择地提供相关的材料，同时要有必要的公章及签名，以增强材料的可信度和对方的信任感。

小贴士

求职信最好亲自动手写，以示尊重和诚意。若字写得不好，还是用电脑打字为佳，以免“露短”。若附有简历，简历中的具体内容不应在求职信中重复。

在求职申请书中不应涉及工资、福利、待遇等个人利益问题，这些问题应等面试时再磋商。

【例文】

求职信

尊敬的××经理：

您好！我从招聘网站上获悉贵酒店欲招聘一名经理秘书，特冒昧写信应聘。

我即将从××大学工商管理系酒店管理专业毕业。今年21岁，身高165厘米，相貌端庄，气质较佳。在校期间，我系统地学习了现代管理概论、酒店管理概论、酒店财务会计、酒店客房管理与服务、酒店餐饮管理与服务、酒店前厅管理与服务、酒店营销、酒店人力资源管理、应用文写作、礼仪学、酒店英语等课程，成绩优秀，曾发表论文多篇。熟悉各种办公室软件的操作，英语熟练，普通话运用自如。

去年下半学期，我曾在×××五星级酒店实习四个月，积累了一些实际工作经验。我热爱酒店管理工作，希望能成为贵酒店的一员，和大家一起为促进酒店发展竭尽全力，做好工作。

随信附上我的个人简历及相关材料，如能给我面谈的机会，我将不胜荣幸。我的联系地址：××大学工商管理系酒店管理班，邮编××××××；联系电话：139××××××××。

感谢您阅读此信并考虑我的应聘要求！

此致

敬礼！

×××

××××年××月××日

个人简历，又称履历表，是说明求职者身份、学业和经历等的书面材料。简历一般包括个人的基本情况(姓名、性别、出生年月、民族、政治面貌等)、学习情况(就学院校、专业、学制、学位等)、奖惩情况、特长及爱好、主要经历(学习、实践等)、照片、联系方式等。由于内容的特殊性，简历一般是单独撰写，独立成篇，尽量格式化写作。

简单明确。写简历，突出一个“简”字，要用简短而富有感召力的语言表达应聘目标、个人特长、业绩或工作经历等。内容精简，用语精当，重点突出，层次分明。简历不要过长，最好以一页为限。

突出经历。简历中要重点突出过往的学习经历和实践经历，尤其要详细介绍与招聘职位相关的经历。用人单位往往是从应聘者的经历上来了解其经验、能力和发展潜力的。

制作精良。简历最好用电脑写作、编排、打印。制作简历时，简历中的空行要宽，标题用粗体，段落首行要缩进，或用粗体圆点之类突出标记，它能迅速引导招聘方的视线。纸张选用 A4 纸为宜，白色最理想，版面四周须留出足够的空白，以求文面整洁美观，便于阅读。

写简历时，最好从目前或最近的工作情况或学习经历开始，依次从后往前倒着写，这样便于招聘者对你现在的情况有概要的了解。

2. 面试时的礼仪

求职面试过程中，得体的仪表、文雅的谈吐，不仅能反映出求职者个人形象、个性修养等基本素质，还能增强人际吸引力，给招聘者留下良好的第一印象，为求职成功打开大门。

(1)仪容整洁

面试前，必须净发、净面、整理发型、修剪指甲、清除口腔异味等。女士可适当化妆，略施粉黛，但宜淡不宜浓，要自然、协调，不要染艳色指甲；若留披肩长发，应梳理整齐，整体给人优雅从容的印象。男士要刮净胡须，不留长发与长须，不染发，整体形象要干净利落。

三封介绍信

(2)服饰端庄

着装要庄重素雅、大方得体，有教养和职业化。不必穿得太奢华，但也不能太随便。男士可穿西装套装或长袖衬衫配西裤，女士可穿着搭配协调的职业套

装。当然，着装还应考虑不同职位的要求，如应聘公关职位就要适当地注意时尚，而应聘文秘、财会职位就应相对庄重保守些。

(3)掌握时间

遵时守约是最基本的礼仪。求职者应特别注意守时，一般应提前一刻钟到达面试地点，以便有充裕的时间熟悉环境、检查仪表、资料，调适心态；面试时，要把握谈话时间，一般可视面试内容而定，宜控制在半小时左右，既不能超长，也不能过短。

(4)举止得体

当到达面试地点时，应轻叩房门，得到许可后方可入内。入室后，轻关房门，面对考官，面带微笑，礼貌招呼。待主考官示意就座时，先道谢，方可在指定的座位坐下。坐姿端正，目光正视主考官，表情自然、亲切、平和。

(5)言谈有度

注视对方讲话的神情，静心聆听问题的内容，然后从容回答，不离题，不啰唆，不半途插嘴、反问。对任何问题必须诚实回答，不可谎话连篇、夸夸其谈。提问要适时、具体、恰当。声音不能太小，语速不要太快，音调不宜太高，最好讲普通话。

(6)礼貌道别

当主考官说"感谢你来面试""谢谢你对我们工作的支持"等话语时，便意味着面试的结束。此时，应面带微笑，轻轻站起，向对方致谢，后握手道别，并将椅子放至原处，轻关房门方可离去。离去时，应向外面接待人员致谢、告辞。

面试后，出于礼貌，最好给招聘者写一封简短的致谢函。这样做可以弥补面试的不足，增加招聘单位的好感。

礼仪·小看板

面试中常见问题的考查方向①

1. 自我介绍。(考查仪表、仪态、表达能力)

2. 为什么应聘这个岗位？(考查对企业、岗位的认识)

3. 怎样看待自己的专业？印象、态度如何？(考查职业取向和业务水平)

4. 你学过哪些与应聘岗位相关的专业知识？(考查专业素质)

5. 你认为自己最大的长处和短处是什么？(考查自我认识能力)

6. 你与同学、同事相处如何？(考查团队精神)

7. 你最喜欢和最不喜欢的人是谁？(考查个人价值取向)

8. 在过去的工作、学习中，你解决过什么样的问题、取得过怎样的成就？(考查解决具体问题能力)

9. 你希望的薪水是多少？(考查心理期望值)

① 王佳，张健，姚圆鑫．大学生职业生涯规划与就业指导[M]．北京：国家行政学院出版社，2017：193.

（二）上岗礼仪

如果说应聘是推销自我的话，上岗则是展示自我能力的开始。作为职场新人，了解、掌握并恰当地应用上岗礼仪有助于树立和塑造职业形象，可以为你成功打开职场之门。

小贴士

报到后，应及时与就业单位签订就业合同并办理相关的证件。就业合同事关双方的权利和义务，一定要认真阅读条款，慎重签名。

学习笔记

1. 及时沟通，准时到达

被录取后，单位一般会口头或书面通知被录取者携带相关证件在规定的时间去报到。应聘者应及时与单位沟通，以确定未来工作的时间和工作的具体安排。确定了上岗时间之后，应按照单位的要求准时上班，切忌迟到。这是基本的职业道德。

2. 修饰仪表，言行有礼

整洁的仪容、得体的着装、礼貌的言行，是树立自信、获取好感的关键。作为新人，上岗时应按规定穿着符合企业和部门形象的着装，修饰仪容，整洁清爽。初来乍到，应礼貌问候同事，主动进行自我介绍，被介绍时一定要仔细听清并记住同事们的姓名，尽早区分认识。行为举止要彬彬有礼、落落大方，无人引导不要随意走动。

3. 规章制度，全面了解

上岗时要全面了解公司的各项规章制度和有关奖惩措施，如上下班时间、请假、休假、加班等。详尽了解管理各项工作的负责人姓名及职责，以尽快进入工作状态。

4. 若有疑难，坦诚求助

遇到困难时，应主动求助他人。有疑难坦诚求助，不仅能使自己工作少犯错误，而且能让同事觉得你很谦虚好学，从而建立起和谐的同事关系。

礼仪·小看板

职场八字诀①

工作压力大，“薪金”不如意，职业倦怠，觉得工作没有意义……如何应对种种职场烦心事，职业指导师向职场中人传授了情绪减压“八字诀”。

这八个字是“明、定、平、进、信、达、诚、调”。

“明”就是要认识自我、明确自我，明白自己喜欢干什么，适合干什么，最看中什么。

“定”就是要有明确的定位和目标，了解自己和职业要求的差距。

“平”就是要保持一颗平常心，摆脱浮躁。

“进”就是要有进取心，常给自己施加压力，规划好自己的事业，开拓人际关系。

① 向红丁．向红丁细说1001个健康细节[M]．青岛：青岛出版社，2016：185．

“信”就是要树立自信心，克服自卑心理。

“达”就是要心胸豁达，气量大。工作的容量要大，眼界要大。

“诚”就是要真诚，保持本色不做作，不掩饰自己的缺陷，不否认自己的过错。

“调”就是要及时调整心态，发现压力源对症下药。第一步：从生活细节出发，适当减压放松。第二步：从工作出发，改善工作效率。第三步：适当调整生活方式和价值观。

（三）辞职礼仪

在市场经济时代，为谋求更好的发展空间，辞职已成为职场中司空见惯的现象。一个成熟的职场人，应在辞职之时多考虑一下自己的离开对原公司可能造成的冲击，辞职时应做到有礼有节。

1. 三思而行

辞职是一个既涉及情感，又关乎法律的问题，最容易出现纠纷。辞职应是权衡之后的选择，既要考虑辞职对自己今后发展是否有利，也要顾及辞职给单位或公司造成的损失和影响，千万不要轻易冒险，应慎重考虑，三思而行。

2. 不伤感情

做出辞职决定后，要在适当时机以书面或口头方式，心平气和地向主管上司或部门领导提出，不要在单位或公司急需用人的非常时期提出辞职，不可冲动吵闹、负气走人。离开时不能将原单位的机密文件和技术资料顺手带走，离开后也不要随意批评原单位的领导和同事，更不要挖原单位的墙脚。

3. 递交辞呈

如果决定辞职，一封理由充分，措辞诚恳、委婉的辞职信是不可缺少的，这样既可达到离职的目的，又能维护当事双方的面子和情感，给上司及公司留下好印象。辞职信的主体内容应包括四大要素：受文者名称；辞职的理由；感谢公司给予自己的工作机会，在工作上获得的宝贵技能及经验；并祝愿公司发展顺利。

【例文】

辞职信

尊敬的李经理：

您好！很遗憾在这个时候向公司正式提出辞职。

我来公司也快一年了，很荣幸自己成为瀚海公司的一员。在公司工作的一年中，我学到了很多知识与技能，非常感激公司给予我在这样良好环境中工作和学习的机会。我确信在瀚海公司里的这段经历和经验，将为我今后的职业发展带来非常大的利益。

但因个人原因我需要辞职，我新购住房在城南，到公司的距离超过 15 公里，每天往返公司的时间超过 3 小时，这对我的工作已造成不良影响，因此，我不得不离开现在的岗位。

学习笔记

学习笔记

我希望在5月31日之前完成工作交接，请领导安排工作交接人选。在未离开岗位之前，我一定会站好最后一班岗，一定会尽自己全职，做好应该做的事。

我希望公司领导在百忙之中抽出时间受理我的离职事项。

祝您身体健康，事业顺心。并祝公司事业蓬勃发展。

此致

敬礼！

申请人：××

××××年××月××日

4. 认真交接

离职前要办理好相关的手续，要善始善终地站好最后一班岗，认真负责地做好移交工作，保证原单位和企业的正常运转，这是基本的职业操守。

5. 真诚谢别

离职时要真诚地向领导、同事道别，向给予自己工作上帮助和支持的领导和同事表达谢意，切忌不辞而别。

礼仪·小看板

离职礼仪①

1. 离职报告不可缺

提交辞呈是离职的第一道手续，在辞呈中，你最好诚实地说明离职的原因。来到公司，抱着学习和肯干的态度，离开时也应带走工作的心得，留下无限的感激。

2. 站好最后一班岗

在离职报告已提交，但离职批准尚未下来的这段时间，理论上你依然是公司的职工，需要站好最后一班岗。

3. 控制自己的情绪

有些人离职的原因是在公司受了委屈，内心很想一吐为快，不是抱怨这个吐槽那个。但是，最明智的做法是管住舌头。

4. 不带走任何不属于自己的物品

离职时，需要尽量清楚地交接自己手中正在使用的公物，不要拿走公司的任何资料。甚至连名片夹也不要带走，你只应拿走属于你的私人用品和你本人的名片。

5. 做一回好老师

对于接替你工作岗位的新人，可做一回好老师，把自己工作的经验教训毫无保留地告诉他，让

① 桑楚. 做最好的自己：你的形象价值千万(超值全彩珍藏版)[M]. 北京：北京联合出版公司，2017：238.

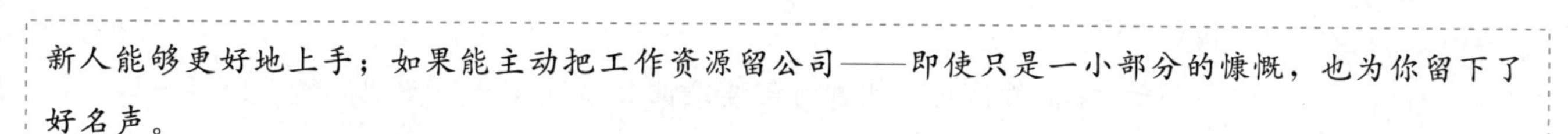

新人能够更好地上手；如果能主动把工作资源留公司——即使只是一小部分的慷慨，也为你留下了好名声。

6. 与原来的同事保持联系

离开公司，虽然原来的同事不再是同事关系了，可大家还是朋友，经常打个电话、发个微信、或写封电子邮件，回原单位与老同事、老领导们叙叙旧，是一件非常愉快的事情。在新单位遇到什么疑问，可向原来的同事、领导请教；如果原来的同事、领导或者单位有什么需要帮助的，尽力去做。

活动平台

学习笔记

活动一　明明白白“我是谁?”

[活动目的]

训练大学生与人初次见面交往的技巧。

[活动要求]

1. 地点：新生接待处、宿舍、班主任办公室。

2. 方式。

(1)5 人一组演示。

(2)1 人扮演新生，1 人扮演接待新生的老生，1 人扮演辅导员，2 人扮演同宿舍新生。

[活动内容]

1. 在新生接待处，新生和老生互做自我介绍。

2. 在宿舍，新生向先来的同宿舍同学做自我介绍。先来的同学逐个向新生做自我介绍。

3. 在班主任办公室，新生向班主任介绍自己。

4. 学生互议，老师点评。

活动二　礼品馈赠大调查

[活动目的]

了解大学生对礼品的认知。

[活动要求]

1. 地点：校园。

2. 方式。

(1)4 人一组。

(2)教师节礼品校园问卷调查。

[活动内容]

1. 设计与制作教师节礼品问卷调查表 2 份，1 份是教师问卷，1 份是学生

学习笔记

问卷。

2. 实施问卷调查，调查对象要求涉及不同年龄、性别的教师以及不同年级、专业的学生。

3. 分析、归纳与总结问卷调查结果，并撰写调查报告。

4. 师生组成评委，评选出其中优秀者。

活动三 手机短信大比拼

[活动目的]

掌握手机短信的撰写、发送和回复的礼仪规范。

[活动要求]

1. 地点：多媒体教室。

2. 方式。

(1)2 人一组。

(2)模拟手机短信的撰写、发送和回复。

[活动内容]

1. 撰写教师节祝贺短信。

2. 互相发送和回复短信。

3. 相互评论对方短信发送和回复不合礼仪之处。

4. 选出 4 封优秀短信播放出来。

5. 教师总结。

活动四 手拉手跳起舞来

[活动目的]

掌握舞会礼仪应有的仪容、服饰、仪态、舞姿等行为规范。

[活动要求]

1. 地点：校园活动中心。

2. 方式。

(1)4 人一组，2 人表演，2 人主持。

(2)采用表演和解说相结合的形式介绍舞会礼仪。

(3)举行舞会。

[活动内容]

1. 准备。

(1)布置场地。

(2)准备乐曲。

(3)撰写解说词。

2. 程序。

(1)主持人宣布舞会表演开始。

学习笔记

(2)主持人介绍舞会中的各种礼仪，表演者表演礼仪规范。

第一组：仪表。男士西服革履，女士裙装婀娜。

第二组：邀舞。男士邀请女士。

第三组：拒邀。女士委婉拒绝男士邀请。

第四组：舞姿。女士优雅，男士绅士。

第五组：谢舞。舞曲终了，男士礼送女士，双方互相致意。

(3)主持人邀请全体共舞。

(4)主持人宣布舞会结束。

3. 总结。

舞会之后，由教师和同学代表组成评议团，评出一对最佳舞者。

案例分析

“女士优先”应如何体现

在一个秋高气爽的日子里，迎宾员小贺，着一身剪裁得体的新制服，第一次独立地走上了迎宾员的岗位。一辆白色高级轿车向饭店驶来，司机熟练而准确地将车停靠在饭店豪华大转门的雨棚下。小贺看到后排坐着两位男士，前排副驾驶座上坐着一位身材较高的外国女宾。小贺一步上前，以优雅姿态和职业性动作，先为后排客人打开车门，做好护顶姿势，并目视客人，礼貌亲切地问候，动作麻利而规范、一气呵成。

关好车门后，小贺迅速走向前门，准备以同样的礼仪迎接那位女宾下车，但那位女宾满脸不悦，使小贺茫然不知所措。

问题：

这位女宾为什么不悦？小贺错在哪里？

自我检测

社交礼仪知识小测验

通过学习，你是不是学到很多社交礼仪知识呢？不妨将下面这个简单的自我测验做一做。用“√”或“×”填入题后括号内。

1. 在社交场合，在别人面前称呼自己的父母，可用“家父”“家母”，对别人的父母，则可用“令尊”“令堂”。（　）

2. 在社交场合，应先将女士介绍给男士。（　）

3. 长辈与晚辈握手，应由长辈先伸手。（　）

4. 社交场合女士能戴着配礼服的薄纱手套与人握手。（　）

5. 给别人递送名片时，应将名片正面朝向对方。（　）

6. 初次拜访他人时，时间一般不可超过 30 分钟。（　）

7. 家里来了客人，在为客人奉茶时，为表敬意应将茶水倒满杯。（　）

学习笔记

8. 招待客人时，为表诚意，应再三请客人喝茶。（ ）

9. 宾主并排而坐时，应将客人礼让到主人的右座或离门较远的位置。（ ）

10. 登门拜访他人时，未经主人邀请和许可，不可进入卧室。（ ）

11. 在私人居所，可以穿着睡衣接待来宾。（ ）

12. 拨打电话时，通话时间最好控制在3分钟之内。（ ）

13. 结束通话时，要等对方挂机后，自己才能挂机。（ ）

14. 接受礼品时，为表客气应推辞再三才能接受。（ ）

15. 接过礼品后，不能当着送礼人的面打开欣赏，以免让对方感觉你没有礼貌。（ ）

16. 在楼梯、电梯、路口等公共场合可以旁若无人地接听电话。（ ）

17. 进入无人操控电梯，陪同人员应该请客人先进入并操控电梯。（ ）

18. 在安排西餐座次时，应安排女主宾坐在女主人右侧。（ ）

19. 在餐厅就餐时尽量不要主动打电话与人谈笑闲聊。（ ）

20. 接待客人，客人登门时，应由客人先伸手为礼。（ ）

21. 中餐宴请时，离主桌远的右边桌次比离主桌近的左边桌次要高。（ ）

22. 引导客人上楼梯时，应自己走在前面，让客人走在后面。（ ）

23. 观看交响音乐会时，演到精彩之处，随时都可以鼓掌。（ ）

24. 西餐中暂时离开时，可将刀口向内，叉齿向上并排放在餐盘中。（ ）

25. 参加自助餐宴请时，为减少取菜次数，应尽量把各种菜品装在同一个盘子里。（ ）

26. 乘坐自动扶梯时，应站立在中间。（ ）

27. 宴会上，如果你不想饮酒了，可将酒杯倒扣于桌子上。（ ）

28. 吃西餐时，应左手拿刀、右手持叉。（ ）

29. 编发短信时，应在内容后面署名。（ ）

30. 撰写英文邮件时不可全部采用大写字母。（ ）

31. 托人转交的信件，信封一般要封口，以示郑重。（ ）

32. 参加宴请时，若汤太热，你可用嘴轻轻吹凉以后再喝。（ ）

33. 西餐宴请时，如不慎将酒水溅到异性身上，应亲自为其擦拭。（ ）

34. 依据惯例，跳舞时所有人的舞步都必须按照逆时针方向行进。（ ）

35. 参加舞会时可以穿民族服装。（ ）

36. 同学之间，未经许可，不能翻看别人的日记和信件。（ ）

37. 旅游住店，临走前可将没有用过的沐浴乳、杯子、毛巾、浴巾、牙刷等带回家做纪念。（ ）

38. 在求职信中不应涉及工资、福利、待遇等个人利益问题。（ ）

39. 为表郑重，邮寄求职信时应寄挂号信。（ ）

学习笔记

40. 离职时，可将原单位的机密文件和技术资料带走，以利今后的工作。

（　　）

学以致用

1. 以下行为是否符合礼仪要求，如果不符合，请说出正确的做法。

2. 某外国公司总经理史密斯先生在得知与中国某公司的合作很顺利时，便决定前来中方公司进一步考察。中方翻译小李陪同公司的张总经理前来迎接，在机场出口见面时，经介绍后张总经理热情地与外方公司总经理握手问好。

问题：

(1)若你是小李，怎样介绍才能收到如此良好的效果？

(2)若你是张总，怎么与史密斯先生握手才是正确的。

3. 某公司召开全国客户联络会，公司刘总经理亲自驾车带着王秘书到机场迎接来自香港某集团的张总经理。为表示对张总的尊敬，刘总请张总坐到轿车的后排，并让王秘书在后排作陪。张总到宾馆入住后，对王秘书说，明天上午八点的会，他会自己打的到现场，就不麻烦刘总亲自去接了。

问题：

(1)张总为什么会这样说？

(2)刘总在座位安排上有什么不妥？

(3)请你谈谈对迎送往来中乘车礼仪的看法？

模块实训

实训一　见面礼仪训练

[实训目的]

熟悉并熟练运用称呼、介绍、握手、名片等见面礼仪的行为规范，创造良好的第一印象。

[实训要求]

1. 地点。

礼仪实训室。

2. 道具。

名片若干。

3. 方式。

(1)2～3人一组实训。

(2)各组成员上台演示，其他同学观看评述，教师做总结性点评。

学习笔记

[实训内容]

1. 称呼、问候。

正式称呼，礼貌问候。

2. 自我介绍。

内容切合语境，完整准确。

3. 握手。

顺序、表情、姿势、语言。

4. 递接名片。

顺序、递送、接受。

5. 介绍他人。

顺序、姿势。

实训二　接访礼仪训练

[实训目的]

了解并熟练掌握接待、拜访过程中的礼仪规范，能正确引导和招待来宾，做一个热情友善的东道主和彬彬有礼的拜访者。

[实训要求]

1. 地点。

礼仪实训室、楼梯、走廊。

2. 道具。

数张椅子、一张长桌，若干茶具、一个茶叶筒。

3. 方式。

(1)4人一组情境演示。

(2)可用椅子摆放成模拟的一部轿车和一间电梯。

(3)模拟一个商务会谈的接待室环境。摆放长条桌，两边放置数张椅子，桌椅的摆放要符合商务会谈位次安排的礼仪。

(4)结合案例，分配角色，2人扮演来访者，2人扮演接待者，排演接访情境。

(5)各组成员上台演示，其他同学观看评述，教师做总结性点评。

(6)演示完毕后，可互换角色，再演示一遍，以充分体会接待、拜访的不同礼仪要求。

[实训内容]

1. 背景案例。

上海正道集团是一家生产电动车的企业，北京汉海集团是一家生产蓄电池的大型企业。双方为进一步加强合作，商定在上海正道集团接待室举行商务会谈。正道集团王总经理安排秘书张彦乘坐轿车去宾馆迎接对方陈总经理及赵主任二

学习笔记

人，把他们接到会谈现场。会谈结束后，并安排送行。

2. 情景模拟。

(1)引导来宾乘坐轿车。

(2)引导客人前往接待室。

(3)引导客人乘坐电梯或上楼梯。

(4)客人进入接待室。

(5)为主客双方做介绍、引导客人就座。

(6)为客人奉茶。

(7)陪同总经理送客。

实训三　宴请礼仪训练

[实训目的]

掌握中、西餐宴请桌席位次安排及就餐礼仪，做一个举止优雅的赴宴者。

[实训要求]

1. 地点。

餐饮服务实训室或礼仪实训室。

2. 道具。

圆桌、长桌各一张，桌布两套，中、西餐具各一套，咖啡具一套，水果若干。

3. 方式。

(1)10人一组分工合作实训。

(2)用照相机或摄像机摄录整个过程，然后回放。

(3)学生分组自评，教师点评。

(4)学生代表和教师合议打分，评出“最佳团队”。

[实训内容]

1. 中、西餐席位安排。

(1)中餐宴会。

根据“面门为主，主宾居右，右高左低，穿插安排，好事成双”原则安排10人就餐席位(至少两种)，摆放座位牌。

(2)西餐宴会。

根据以右、中为上，右高左低，交叉入座原则安排10人就餐席位(至少两种)，摆放座位牌。

2. 中餐礼仪。

(1)入座。

男士协助女士，左入左出。

学习笔记

(2)就餐。

用筷、用匙、用骨碟、用牙签。

3. 西餐礼仪。

(1)入座。

男士协助女士，左入左出。

(2)就餐。

餐巾、刀叉、酒杯、水盂的使用，吃牛排，喝汤，吃水果，饮咖啡。

实训四　电话礼仪训练

[实训目的]

掌握接听固定电话和手机的礼仪规范、技巧与方法，在社会交往中树立良好的形象。

[实训要求]

1. 地点。

教室。

2. 道具。

固定电话、手机(可用道具代替)若干；留言本若干。

3. 方式。

(1)2人一组情境实训。

(2)设计场景，分角色演示。

(3)学生互评，教师总结。

[实训内容]

1. 场景设计。

(1)双方第一次业务联系。

(2)下级向上级汇报工作。

(3)上级向下级交代工作。

(4)接电话时，对方要找的人不在。

(5)正在和客户交谈时，手机震动提示有来电。

(6)看电影时，必须手机接听的重要来电。

2. 模拟训练。

(1)接电话实训。

①程序：接起，问候—自报家门—询问事宜—结束道别—礼貌挂机。

②表情：微笑。

③语气：柔和。

④姿势：坐姿端正、话筒与嘴唇相距3厘米左右。

⑤时间：3分钟原则。

学习笔记

(2)打电话实训。

①程序：准备—问候—自报家门—确认电话对象—结束道别—礼貌挂机。

②其他实训内容同打电话实训。

(3)代接电话。

①告知对方“请稍等片刻”，立即找人。

②若对方要找的人外出，告知对方，并询问对方何人、何事、是否需要留言等。

③做好留言记录。

④其他实训内容同打电话实训。

实训五　求职面试礼仪训练

[实训目的]

掌握求职应聘应有的仪容、服饰、仪态、交谈等行为规范，树立良好的职业形象。

[实训要求]

1. 地点。

礼仪实训室。

2. 道具。

一张桌子；三条凳子；电话；文件材料若干；废纸篓一个。

3. 方式。

(1)5 人一组，分角色进行小品表演。

(2)人物。

招聘者：人事部王经理、销售部李经理 、接待人员小张。

应聘者：大学生 A（女）、大学生 B(男)。

(3)学生评议，教师总结。

[实训内容]

1. 应聘场景一。

内容：人事部王经理、销售部李经理进场就座，小张倒茶后出门等候。

画外音：

××通信股份有限公司是一个高科技企业。因公司发展需要，特招聘销售业务员若干名。

(小张请进第一位应聘者大学生 A，大学生 A 在途中看到一张小纸片掉在地上，就弯腰把它捡起，丢到了废纸篓)

A：您好！(向人事部经理)您好！(向销售部经理)我是××职业技术学院××届营销专业的学生。

王：请坐！(手示意坐下)

A：谢谢！(双手递上个人简历，并坐下。坐姿端正)

学习笔记

李：请问你在做业务这方面有哪些经验？

A：在校期间我参加过学校组织的顶岗实习，做的都是业务员。我在寒暑假期间进入一些销售公司实习，跟优秀业务员一起外出跑业务，并取得了很好的销售成绩，这些在我的简历中都有说明。

李：你认为做业务员最重要的是什么？而你又具备哪些？

A：就我个人来说，我认为做业务员首先要有吃苦耐劳的精神，因为做业务员经常要在外面跑，如果没有吃苦耐劳的精神根本就无法胜任这个工作。其次应该是有优秀的口才，没有口才就没有所谓的业务成绩。这两点是最重要的，而其他的当然也要具备，其实做一个优秀的业务员就是做一个优秀的人。当然我也不是没有缺点的，但我相信我会在实践中不断地完善自己。

王：那就先这样吧，3 天后我们会给你答复(起身，握手)。

2. 应聘场景二。

(小张请进大学生 B)。

(B 入场，外套敞开，走路摇摆无序，途中踩到小纸片，小纸片被黏到脚上，继续往前走。走到位置上未经招聘者示意就一屁股坐到椅子上，头朝一边歪着，同时把自己的简历丢到招聘者面前。人事部经理、销售部经理眉头一皱)

王：请问一下你为什么选择我们公司？

B：我喜欢这项工作，当然，我相信以我的能力完全可以胜任这项工作。(手机响起)哦！有电话（接电话的同时，不知不觉地跷起二郎腿）喂，谁啊？胖子？我现在没空。正在应聘。(看见脚底小纸片，顺手扯下，丢到地上)什么？今晚上在香格里拉吃饭？你请客？……

李：对不起，请你去外面接电话。

B：(看李一眼，继续说)好的，我一定来，晚上 8 点不见不散，拜拜(挂断手机)。啊，我刚才说到哪里来着？

王：不必了，我们已经知道了，你可以走了。

B：(猛地起身)什么？走？我还没说完呢。

李：虽然有可能在销售方面你是个人才，但你这样的人才，我们不敢用。

B：(一把拿过自己的简历)不用我是你们的损失！(气呼呼地转身就走)

(王与李相视一笑，摇摇头)

学习反思

参考文献

[1]梁莉芬．商务沟通[M]．北京：中国建材工业出版社，2003.
[2]张喜春，刘康声，盛暑寒．人际交流艺术[M]．北京：清华大学出版社，北京交通大学出版社，2009.
[3]杜慕群．管理沟通[M]．北京：清华大学出版社，2009.
[4]吕叔春．活学活用沟通技巧[M]．北京：中国纺织出版社，2010.
[5]侯志春．管理沟通理论与实务[M]．北京：清华大学出版社，2010.
[6]沈杰．沟通无处不在[M]．北京：新世界出版社，2009.
[7]陈龙海，韩庭卫．沟通激励游戏[M]．深圳：海天出版社，2007.
[8]戴媛．如何提升人际交往能力[M]．北京：北京大学出版社，2004.
[9]金正昆．接待礼仪第二版[M]．北京：中国人民大学出版社，2015.
[10]金正昆．商务礼仪[M]．北京：北京联合出版公司，2019.
[11]蒋璟萍．现代礼仪[M]．北京：清华大学出版社，2009.
[12]未来之舟．商务礼仪[M]．北京：中国经济出版社，2006.
[13]未来之舟．礼仪手册[M]．北京：海洋出版社，2005.
[14]张国斌．外交官说礼仪[M]．北京：华文出版社，2009.
[15]胡成富．社交礼仪[M]．北京：中国财政经济出版社，2005.
[16]史锋．商务礼仪第5版[M]．北京：高等教育出版社，2021.
[17]李兴国．社交礼仪[M]．北京：高等教育出版社，2006.
[18]林友华．社交礼仪第5版[M]．北京：高等教育出版社，2019.
[19]李莉．实用礼仪教程[M]．北京：中国人民大学出版社，2006.
[20][日]古谷治子．日常交际礼仪(职场篇)[M]．刘霞译，北京：电子工业出版社，2006.
[21]花不脱．沟通的方法[M]．北京：新星出版社，2021.
[22]周李加．涉外礼仪[M]．北京：机械工业出版社，2017.
[23]林莹，毛永年．西餐礼仪[M]．北京：中央编译出版社，2010